Fundamentos da Contabilidade

A Contabilidade no Contexto Global

Respeite o direito autoral

O GEN | Grupo Editorial Nacional – maior plataforma editorial brasileira no segmento científico, técnico e profissional – publica conteúdos nas áreas de ciências sociais aplicadas, exatas, humanas, jurídicas e da saúde, além de prover serviços direcionados à educação continuada e à preparação para concursos.

As editoras que integram o GEN, das mais respeitadas no mercado editorial, construíram catálogos inigualáveis, com obras decisivas para a formação acadêmica e o aperfeiçoamento de várias gerações de profissionais e estudantes, tendo se tornado sinônimo de qualidade e seriedade.

A missão do GEN e dos núcleos de conteúdo que o compõem é prover a melhor informação científica e distribuí-la de maneira flexível e conveniente, a preços justos, gerando benefícios e servindo a autores, docentes, livreiros, funcionários, colaboradores e acionistas.

Nosso comportamento ético incondicional e nossa responsabilidade social e ambiental são reforçados pela natureza educacional de nossa atividade e dão sustentabilidade ao crescimento contínuo e à rentabilidade do grupo.

Mara Jane Contrera **MALACRIDA**
Marina Mitiyo **YAMAMOTO**
João Domiraci **PACCEZ**

Fundamentos da Contabilidade

A Contabilidade no Contexto Global

2.ª edição

Os autores e a editora empenharam-se para citar adequadamente e dar o devido crédito a todos os detentores dos direitos autorais de qualquer material utilizado neste livro, dispondo-se a possíveis acertos caso, inadvertidamente, a identificação de algum deles tenha sido omitida.

Não é responsabilidade da editora nem dos autores a ocorrência de eventuais perdas ou danos a pessoas ou bens que tenham origem no uso desta publicação.

Apesar dos melhores esforços dos autores, do editor e dos revisores, é inevitável que surjam erros no texto. Assim, são bem-vindas as comunicações de usuários sobre correções ou sugestões referentes ao conteúdo ou ao nível pedagógico que auxiliem o aprimoramento de edições futuras. Os comentários dos leitores podem ser encaminhados à **Editora Atlas Ltda.** pelo e-mail faleconosco@grupogen.com.br.

Direitos exclusivos para a língua portuguesa
Copyright © 2019 by
Editora Atlas Ltda.
Uma editora integrante do GEN | Grupo Editorial Nacional

Reservados todos os direitos. É proibida a duplicação ou reprodução deste volume, no todo ou em parte, sob quaisquer formas ou por quaisquer meios (eletrônico, mecânico, gravação, fotocópia, distribuição na internet ou outros), sem permissão expressa da editora.

Rua Conselheiro Nébias, 1384
Campos Elísios, São Paulo, SP — CEP: 01203-904
Tels.: 21-3543-0770/11-5080-0770
faleconosco@grupogen.com.br
www.grupogen.com.br

Designer de capa: Ricardo Lima
Imagem de capa: filborg | iStockphoto
Editoração eletrônica: LBA Design

CIP-BRASIL. CATALOGAÇÃO NA PUBLICAÇÃO
SINDICATO NACIONAL DOS EDITORES DE LIVROS, RJ

Y18f
2. ed.

Malacrida, Mara Jane Contrera
Fundamentos da contabilidade: a contabilidade no contexto global / Mara Jane Contrera Malacrida, Marina Mitiyo Yamamoto, João Domiraci Paccez. – 2. ed. – São Paulo: Atlas, 2019.

ISBN 978-85-97-02005-2

1. Contabilidade. I. Paccez, João Domiraci. II. Malacrida, Mara Jane Contrera. III. Título.

18-54370 CDD: 657
  CDU: 657

Meri Gleice Rodrigues de Souza - Bibliotecária CRB-7/6439

APRESENTAÇÃO

A ideia deste livro originou-se a partir da experiência vivenciada no desafio de ensinar contabilidade em cursos de graduação e em programas de treinamento para diversas empresas. O envolvimento e a participação no desenvolvimento de cursos para diversas turmas simultâneas, ora ministrando aulas, ora preparando material ou coordenando as diversas atividades dos participantes, tarefas estas desenvolvidas por mais de dez anos, possibilitaram-nos adquirir experiência substancial para contribuir com um material de qualidade para dar suporte ao ensino da contabilidade no Brasil.

Para a concretização desta obra contamos com a participação de muitos colaboradores a quem somos gratos. Alguns destes persistiram e contribuíram de forma decisiva para a viabilização deste livro e são os coautores: o professor João Domiraci Paccez, homenageado desde que eu o conheço como docente, em todas as turmas de graduação do Departamento de Contabilidade e Atuária da Faculdade de Economia, Administração e Contabilidade da Universidade de São Paulo (FEA-USP), e a professora Mara Jane Contrera Malacrida, minha aluna quando iniciamos este projeto e hoje uma consagrada docente do Departamento de Contabilidade e Atuária da FEA-USP.

A contribuição daqueles que participaram das diversas turmas do programa de treinamento da Ernst & Young foi de grande valia para o desenvolvimento da estrutura deste livro, que possui o encadeamento aprimorado com a experiência adquirida ao longo de vários anos no exercício da docência em contabilidade no curso de graduação em ciências contábeis da FEA-USP. Destacamos e agradecemos a participação de docentes e colaboradores: Maisa de Souza Ribeiro, Nena Gerusa Cei, Flavio Donizetti Batistela, Gerlando Augusto Lima, Gilberto Donadon, Edison Ryu Ishikura, Letícia Garrenho, Luiz Fernando Distádio, Renê Coppe Pimentel, Ricardo Hirata Ikeda, Ronaldo Campos, William Carlo Brasil Cei dos Santos, entre outros que também contribuíram e a quem pedimos desculpas pela omissão involuntária.

Nosso especial agradecimento ao professor Bruno Meirelles Salotti, que revisou alguns capítulos e cujas contribuições foram valiosas.

Não poderíamos deixar de citar o apoio incondicional ao nosso projeto do nosso querido professor Iran Siqueira Lima (*in memoriam*), ex-presidente da FIPECAFI.

Nesta segunda edição, apresentamos a atualização de vários assuntos abordados, decorrentes das alterações introduzidas nas normas contábeis após a primeira edição. Também ampliamos e aprofundamos temas considerados relevantes e introduzimos um capítulo específico (Capítulo 11) abordando as operações de arrendamento, em função da relevância que esse tema passa a ter a partir de 2019. Esperamos com esses ajustes contribuir para melhorar o conteúdo para aqueles que desejam aprender contabilidade.

Marina Mitiyo Yamamoto

PREFÁCIO À 2ª EDIÇÃO

O processo de convergência da contabilidade brasileira aos padrões internacionais, com a implantação dos conceitos constantes das normas definidas nas IFRS (*International Financial Reporting Standards*), iniciou-se formalmente em 2010. Os desafios iniciais para a implementação das normas, principalmente com a necessidade da mudança de filosofia e postura dos contadores, continuam sendo ponto crucial para a consolidação dessas normas globais pelos profissionais de contabilidade, além da necessidade de adaptação dos usuários da informação contábil. As modificações nos padrões contábeis em âmbito internacional refletem o compromisso do IASB (*International Accounting Standards Board*) em desenvolver um conjunto único de normas contábeis de alta qualidade, que acaba exigindo a constante atualização e pesquisa por parte dos contadores.

Nesse contexto de transformações, aos professores de contabilidade cabe a responsabilidade de repassar esses novos conceitos e normas de forma clara para os alunos. Tarefa desafiadora!

A segunda edição deste livro tem como propósito incorporar as principais alterações ocorridas nas normas contábeis relacionadas aos assuntos tratados na primeira edição, ampliar as discussões de alguns temas para melhor entendimento, como, por exemplo, operações financeiras e investimentos, e incluir um capítulo dedicado às operações de arrendamento, alvo de muitas controvérsias em passado recente. Além disso, modificações foram realizadas em alguns parágrafos e termos para melhor compreensão dos textos e conceitos.

Com o intuito de contribuir para o processo de ensino-aprendizado, novos exercícios e testes foram inseridos nos capítulos.

Assim, o que pretendemos oferecer é uma obra atualizada, com uma linguagem simples (na medida do possível) e que atenda às necessidades daqueles que precisam de conhecimentos contábeis iniciais.

Para finalizar, não poderíamos deixar de mencionar o prefácio à primeira edição assinado pelo saudoso Prof. Dr. Iran Siqueira Lima (*in memoriam*), então presidente da FIPECAFI (Fundação Instituto de Pesquisas Contábeis, Atuariais e Financeiras), a quem seremos eternamente gratos pelo apoio incondicional para a elaboração desta obra.

Os autores

PREFÁCIO À 1ª EDIÇÃO

Dentro da vasta bibliografia contábil existente hoje, é com muita satisfação que vemos chegar, aos diversos usuários das demonstrações contábeis, esta obra de enorme valor, que, certamente, irá contribuir para o aprendizado em contabilidade.

A experiência e o conhecimento dos autores – que participaram como professores, sob a coordenação geral da professora doutora Marina Mitiyo Yamamoto, do treinamento em contabilidade básica para *trainees* de auditoria e outras áreas da Ernst & Young por vários anos – em muito contribui para que o livro pudesse ser desenvolvido de maneira concisa e didática, facilitando o entendimento dos assuntos abordados.

A obra trata com bastante profundidade os principais conceitos contábeis – como Ativo, Passivo, Patrimônio Líquido, Receita e Despesas –, apresentando de forma objetiva, com exemplos numéricos e exercícios em todos os capítulos. Além disso, os assuntos abordados no livro encontram-se devidamente ajustados pela nova legislação (Lei nº 11.638 e alterações posteriores), bem como pelas novas tendências da contabilidade internacional.

A FIPECAFI sente-se muito recompensada e orgulhosa em saber que um de seus importantes treinamentos em contabilidade básica acabou se transformando em uma obra profícua e oportuna, em que os resultados de pesquisas acadêmicas podem transformar-se em benefícios para todos os interessados no aprendizado em contabilidade.

Os autores estão de parabéns, pois tiveram a iniciativa de trazer esta obra de enorme valia para todos os que buscam expandir seu conhecimento nessa importante área do conhecimento.

Professor Doutor Iran Siqueira Lima
Presidente da Fundação Instituto de Pesquisa Contábeis,
Atuariais e Financeiras (FIPECAFI).

Material Suplementar

Este livro conta com os seguintes materiais suplementares:

- Apêndices *on-line*
- Gabarito dos testes
- Resolução de exercícios
- Resolução de exercícios (restrito a docentes):
  - Capítulo 3 – Exercício 4
  - Capítulo 4 – Exercício 3
  - Capítulo 5 – Exercício 6
  - Capítulo 7 – Exercício 3
  - Capítulo 8 – Exercício 5
  - Capítulo 9 – Exercício 4
  - Capítulo 10 – Exercício 6
- *Slides* (restrito a docentes)

O acesso aos materiais suplementares é gratuito. Basta que o leitor se cadastre em nosso *site* (www.grupogen.com.br), faça seu *login* e clique em GEN-IO, no menu superior do lado direito.

É rápido e fácil. Caso haja dificuldade de acesso, entre em contato conosco (gendigital@grupogen.com.br).

GEN-IO (GEN | Informação Online) é o repositório de materiais suplementares e de serviços relacionados com livros publicados pelo GEN | Grupo Editorial Nacional, maior conglomerado brasileiro de editoras do ramo científico-técnico-profissional, composto por Guanabara Koogan, Santos, Roca, AC Farmacêutica, Forense, Método, Atlas, LTC, E.P.U. e Forense Universitária. Os materiais suplementares ficam disponíveis para acesso durante a vigência das edições atuais dos livros a que eles correspondem.

SUMÁRIO

Capítulo 1 – Objetivos e características da informação contábil-financeira

1.1	Introdução	1
1.2	Objetivos da contabilidade	1
1.3	Usuários e suas necessidades de informação	2
1.4	Principais relatórios gerados	3
1.5	Principais características da informação contábil	4
	1.5.1 Características qualitativas fundamentais	5
	1.5.2 Características qualitativas de melhoria	5
1.6	Limitações da contabilidade	6

Capítulo 2 – Balanço patrimonial

2.1	Introdução	9
2.2	Grupos que compõem o balanço patrimonial	10
	2.2.1 Ativo	10
	2.2.2 Passivo	11
	2.2.3 Patrimônio líquido	11
2.3	Classificação dos itens que compõem o balanço patrimonial	14
	2.3.1 Ativo	15
	2.3.2 Passivo	17
	2.3.3 Patrimônio líquido	17
2.4	Estrutura do balanço patrimonial	17

2.5	Critérios de avaliação dos itens que compõem o balanço patrimonial	20
	2.5.1 Ativo	21
	2.5.2 Passivo e patrimônio líquido	22
2.6	Aspectos operacionais	22
	2.6.1 Exemplo de alterações no balanço patrimonial	23
	2.6.2 Registro das operações	27
	2.6.3 Partidas dobradas	31

Exercício resolvido 33
Exercícios propostos 38
Testes 42
Anexo 46

Capítulo 3 – Demonstração do resultado

3.1	Introdução	49
3.2	Resultado	49
	3.2.1 Conceito de receita	50
	3.2.2 Conceito de despesa	52
	3.2.3 Reconhecimento de receitas e despesas	53
	3.2.4 Regime de competência de exercícios	55
3.3	Exemplo sobre receitas e despesas	58
3.4	Demonstração do resultado	67
3.5	Contabilização de receitas e despesas	70
	3.5.1 Apuração do resultado do período	70
	3.5.2 Transferência para a conta Lucros acumulados	71
3.6	Exemplo de contabilização de receitas e despesas	72
3.7	Estrutura da demonstração do resultado do exercício	81
3.8	Recebimentos e pagamentos antecipados	84
	3.8.1 Exemplo 1 – Adiantamento recebido de clientes	84
	3.8.2 Exemplo 2 – Adiantamento a um fornecedor de bens ou serviços	86
3.9	Aspectos complementares relacionados com a mensuração da receita	87
	3.9.1 Exemplo de contabilização de venda a prazo	89
3.10	Aspectos legais no Brasil	91
3.11	Aspectos fiscais no Brasil	92

Exercício resolvido 95
Exercícios propostos 99
Testes 105

Capítulo 4 – Patrimônio líquido e demonstração das mutações do patrimônio líquido

4.1	Introdução	109
4.2	Capital social	110
4.3	Reservas de capital	110
	4.3.1 Ágio na emissão de ações	111
	4.3.2 Alienação de partes beneficiárias	111
	4.3.3 Alienação de bônus de subscrição	111
	4.3.4 Destinação das reservas de capital	112
4.4	Ajustes de avaliação patrimonial	112
4.5	Reservas de lucros	112
	4.5.1 Reserva legal	112
	4.5.2 Reservas estatutárias	113
	4.5.3 Reservas para contingências	113
	4.5.4 Reservas de incentivos fiscais	113
	4.5.5 Reservas de lucros a realizar	114
	4.5.6 Reservas de lucros para expansão	114
	4.5.7 Limite do saldo das reservas de lucros	115
4.6	Ações em tesouraria	115
4.7	Lucros ou prejuízos acumulados	115
4.8	Dividendos	116
	4.8.1 Dividendos mínimos obrigatórios	116
	4.8.2 Dividendos adicionais	116
4.9	Alterações introduzidas pela Lei nº 11.638/2007 e Lei nº 11.941/2009	117
4.10	Destinação do lucro	117
Exercício resolvido		117
4.11	Demonstração das mutações do patrimônio líquido	119
	4.11.1 Considerações gerais	119
	4.11.2 Estrutura da DMPL	119
Exercício resolvido		120

4.12	Demonstração de lucros ou prejuízos acumulados	122
Exercícios propostos		123
Testes		125

Capítulo 5 – Estoques

5.1	Introdução	129
5.2	Sistemas de inventário	131
	5.2.1 Sistema de inventário periódico	131
	5.2.2 Sistema de inventário permanente	133
5.3	Critérios de valoração dos estoques	133
	5.3.1 Custo específico	134
	5.3.2 PEPS	134
	5.3.3 Custo médio ponderado	136
	5.3.4 Comparação dos resultados	138
5.4	Aspectos específicos relacionados com os estoques	139
	5.4.1 Eventos relacionados com as compras	139
	5.4.2 Eventos relacionados com as vendas	142
5.5	Descontos comerciais sobre compras e vendas	145
5.6	Diferença entre descontos comerciais e abatimentos	146
5.7	Descontos financeiros	146
5.8	Ajuste a valor presente	147
5.9	Tributos sobre compra e sobre venda	150
	5.9.1 Tributos sobre vendas	150
	5.9.2 Tributos sobre compras	151
5.10	Forma de apresentação da demonstração do resultado	153
Exercícios resolvidos		155
Exercícios propostos		165
Testes		172

Capítulo 6 – Provisões

6.1	Introdução	175
6.2	Caracterização das provisões	175
6.3	Reconhecimento e evidenciação	177

Exercício resolvido 177

Exercícios propostos 179

Testes 180

Capítulo 7 – Redução ao valor recuperável de ativos (*impairment*)

7.1 Introdução 183

7.2 Caracterização 184

7.3 Mensuração do valor recuperável 184

    7.3.1 Valor justo líquido das despesas de venda 184

    7.3.2 Valor em uso 185

7.4 Reconhecimento de uma perda por desvalorização 185

7.5 Estimativa de perdas com créditos de liquidação duvidosa 186

7.6 Estimativa para redução do valor dos estoques 187

Exercício resolvido 188

Exercícios propostos 190

Testes 194

Capítulo 8 – Operações financeiras

8.1 Introdução 197

8.2 Aplicações financeiras 197

    8.2.1 Aplicação em títulos de renda fixa com taxa de juros variável diariamente 199

    8.2.2 Aplicação em títulos de renda fixa com taxa de juros fixada, atualizada pela variação de um indexador 200

    8.2.3 Aplicação em títulos de renda fixa com taxa de juros prefixada 203

    8.2.4 Aplicações em renda variável 206

8.3 Captações financeiras 206

    8.3.1 Cessão de recebíveis 207

    8.3.2 Empréstimos e financiamentos 209

Exercícios propostos 216

Testes 222

Capítulo 9 – Investimentos

9.1 Introdução 225

9.2 Critérios de avaliação aplicáveis 225

9.3 Participações societárias 226
    9.3.1 Definição do critério de avaliação 226
9.4 Métodos de avaliação 228
    9.4.1 Método de custo 228
    9.4.2 Método de equivalência patrimonial 230
Exercício resolvido (de acordo com a Lei nº 6.404/1976) 231
Exemplo (de acordo com os critérios do CPC 18) 235
    9.4.3 Aspectos adicionais 243
9.5 Sociedade de propósito específico (SPE/EPE) 243
Exercícios resolvidos 244
Exercícios propostos 248
Testes 257

Capítulo 10 – Ativo imobilizado[1]

10.1 Introdução 259
10.2 Critérios de avaliação 259
    10.2.1 Mensuração inicial 259
    10.2.2 Mensuração subsequente 260
10.3 Apropriação da despesa 261
    10.3.1 Conceito de depreciação 261
    10.3.2 Variáveis a serem consideradas no cálculo da depreciação 261
    10.3.3 Métodos de cálculo da depreciação 262
    10.3.4 Nomenclatura usual 263
    10.3.5 Contabilização 264
10.4 Redução ao valor recuperável de ativos (*impairment*) 264
10.5 Venda ou baixa de imobilizado 265
    10.5.1 Contabilização da venda de um bem depreciável 265
10.6 Tratamento dos gastos com manutenção de bens 266
Exercícios resolvidos 266
Exercícios propostos 273
Testes 283

Capítulo 11 – Arrendamentos

11.1 Introdução 285
11.2 Identificação do arrendamento 286

11.3 Mensuração do arrendamento 287
        11.3.1 Mensuração do arrendamento no arrendatário 288
        11.3.2 Mensuração do arrendamento no arrendador 290
Exercícios resolvidos 292
Testes 302

Capítulo 12 – Ativo intangível

12.1 Introdução 305
12.2 Identificação de um ativo intangível 305
12.3 Reconhecimento e mensuração 306
12.4 Principais formas para obtenção de um ativo intangível 306
12.5 Mensuração após reconhecimento 308
        12.5.1 Critérios para definição da vida útil do ativo intangível 308
        12.5.2 Ativo intangível com vida útil definida 308
        12.5.3 Ativo intangível com vida útil indefinida 309
12.6 Baixa e alienação 309
Exercício resolvido 309
Exercícios propostos 311
Testes 313

Apêndice – Remuneração de pessoal .... (*on-line*)

Apêndice – Importância dos controles para a contabilidade .... (*on-line*)

1 OBJETIVOS E CARACTERÍSTICAS DA INFORMAÇÃO CONTÁBIL-FINANCEIRA

1.1 Introdução

O surgimento e a evolução da contabilidade estão diretamente associados ao desenvolvimento econômico da sociedade, sendo que esta evolução foi lenta até a criação da moeda. No início, os registros se limitavam aos inventários físicos, mas, com o surgimento da moeda, tornou-se possível mensurar a variação da riqueza. Na era mercantilista, a contabilidade tinha como objetivo mensurar apenas a variação do patrimônio; no entanto, com a necessidade de obtenção de recursos para financiar as grandes navegações, tornou-se necessária a apuração de lucros ou perdas com estes projetos para prestação de contas aos financiadores. Isto ocasionou um grande impulso para a evolução da contabilidade.

A partir da Revolução Industrial, surgiu a necessidade de avaliar os produtos fabricados, e, com isto, a contabilidade evoluiu para a apuração do custo dos produtos elaborados e para a geração de informações de caráter gerencial para dar apoio à tomada de decisões dos usuários internos da empresa (gestores).

Posteriormente, com o surgimento do mercado de crédito e de capitais, houve a necessidade de novas informações para atrair possíveis investidores, e, para atender as exigências dos usuários externos, a contabilidade tem buscado uma forma objetiva e padronizada de gerar estas informações. A importância dos mercados de capitais globalizados, como forma de financiamento para as grandes corporações, fez com que os possíveis investidores exigissem cada vez mais transparência das informações fornecidas pelas empresas, para que pudessem tomar suas decisões com segurança. Atualmente, nesse cenário de globalização, tem-se buscado não somente a transparência das informações, mas a convergência internacional das normas contábeis.

1.2 Objetivos da contabilidade

No Brasil, a contabilidade passou por um processo intenso de mudanças com a adoção das normas internacionais de contabilidade, as quais sofreram mudanças significativas e ainda continuam sendo objeto de novas alterações. Esta convergência, contudo, passa por desafios para a implementação das normas, pois implica mudança de filosofia, de postura e de pensamento, envolvendo aspectos legais, culturais, técnicos, organizacionais e educacionais.

O *International Accounting Standards Board* (IASB)[1] tem o compromisso de desenvolver um conjunto único de normas contábeis de qualidade a serem usadas na preparação de demonstrações financeiras, normas estas que estão materializadas nas *International Financial Reporting Standards* (IFRS). No Brasil, as promulgações das Leis nº 11.638/2007 e nº 11.941/2009 permitiram as mudanças nas normas contábeis brasileiras rumo à adoção das IFRS, que foram implantadas em 2010 para todas as empresas.

As demonstrações financeiras elaboradas de acordo com estas novas normas possuem maior poder preditivo, oferecendo melhores condições para a tomada de decisões.

Neste sentido, o Pronunciamento Conceitual Básico (R1) – Estrutura Conceitual para Elaboração e Divulgação de Relatório Contábil-financeiro estabelece, no item OB2, o seguinte objetivo para a contabilidade:

> *O objetivo do relatório contábil-financeiro de propósito geral é fornecer informações contábil-financeiras acerca da entidade que reporta essa informação (reporting entity) que sejam úteis a investidores existentes e em potencial, a credores por empréstimos e a outros credores, quando da tomada de decisão ligada ao fornecimento de recursos para a entidade. Essas decisões envolvem comprar, vender ou manter participações em instrumentos patrimoniais e em instrumentos de dívida, e a oferecer ou disponibilizar empréstimos ou outras formas de crédito.*

O mesmo pronunciamento esclarece, no item OB12, quais são os tipos de informações fornecidas pela contabilidade:

> *Relatórios contábil-financeiros de propósito geral fornecem informação acerca da posição patrimonial e financeira da entidade que reporta a informação, a qual representa informação sobre os recursos econômicos da entidade e reivindicações contra a entidade que reporta a informação. Relatórios contábil-financeiros também fornecem informação sobre os efeitos de transações e outros eventos que alteram os recursos econômicos da entidade que reporta a informação e reivindicações contra ela. Ambos os tipos de informação fornecem dados de entrada úteis para decisões ligadas ao fornecimento de recursos para a entidade.*

1.3 Usuários e suas necessidades de informação

Entre os vários usuários que podem ter interesse nas demonstrações contábeis das empresas incluem-se, entre outros, investidores atuais e potenciais, funcionários,

---

[1] O *International Accounting Standards Board* é uma entidade privada e independente, que foi criada em 1973 para estudar, preparar e emitir normas com padrões internacionais de contabilidade. Com sede em Londres, é constituída por mais de 140 entidades profissionais de todo o mundo, incluindo o Brasil.

financiadores, fornecedores, clientes, sindicatos, governo e o público em geral. Embora muitos usuários possam necessitar de informações que são comuns, também podem precisar de informações específicas às suas decisões particulares. A geração de informações para cada tipo de usuário, para atender as necessidades específicas de cada um, geraria um alto custo para a entidade que reporta as informações, e, neste sentido, as entidades optaram pela apresentação das informações que atendam a um número maior de usuários, mesmo que outros usuários não sejam totalmente atendidos.

Sobre estes aspectos, o Pronunciamento Conceitual Básico (R1) apresenta, nos itens OB6 e OB8, os seguintes esclarecimentos:

> *OB6. Entretanto, relatórios contábil-financeiros de propósito geral não atendem e não podem atender a todas as informações de que investidores, credores por empréstimo e outros credores, existentes e em potencial, necessitam. Esses usuários precisam considerar informação pertinente de outras fontes, como, por exemplo, condições econômicas gerais e expectativas, eventos políticos e clima político, e perspectivas e panorama para a indústria e para a entidade.*

> *OB8. Usuários primários individuais têm diferentes, e possivelmente conflitantes, desejos e necessidades de informação. Este Comitê de Pronunciamentos Contábeis, ao levar à frente o processo de produção de suas normas, irá procurar proporcionar um conjunto de informações que atenda às necessidades do número máximo de usuários primários. Contudo, a concentração em necessidades comuns de informação não impede que a entidade que reporta a informação preste informações adicionais que sejam mais úteis a um subconjunto particular de usuários primários.*

Acrescenta ainda, o mesmo pronunciamento, que usuários internos podem necessitar de outras informações, mas têm condição de obtê-las internamente. Alguns usuários externos, como órgãos reguladores, podem obtê-las por imposição de normas que devam ser atendidas pela entidade que reporta a informação.

1.4 Principais relatórios gerados

O Pronunciamento Técnico CPC 26 (R1) – Apresentação das Demonstrações Contábeis exibe no item 10 uma listagem das demonstrações contábeis a serem divulgadas. O conjunto completo das demonstrações contábeis, parte integrante das informações financeiras divulgadas por uma entidade, inclui o balanço patrimonial (**BP**), a demonstração do resultado do exercício (**DRE**), a demonstração do resultado abrangente (**DRA**), a demonstração das mutações do patrimônio líquido (**DMPL**), a demonstração dos fluxos de caixa (**DFC**) e, para algumas entidades, a demonstração do valor adicionado (**DVA**). Devem ser apresentadas, também, notas explicativas compreendendo um resumo das políticas contábeis significativas e outras informações elucidativas. Adicionalmente, a entidade deve apresentar um relatório da administração analisando os principais aspectos relacionados com o desempenho da instituição e com os riscos a que a entidade está sujeita.

O balanço patrimonial (**BP**) apresenta a posição financeira e patrimonial da empresa em determinada data. As informações sobre os recursos econômicos controlados pela entidade e a sua capacidade, no passado, de modificar esses recursos são úteis para prever a capacidade que a entidade tem de gerar caixa no futuro. Informações sobre a estrutura financeira são úteis para prever as futuras necessidades de financiamento e como os lucros futuros e os fluxos de caixa serão distribuídos entre aqueles que têm participação na entidade, e também para ajudar a avaliar a probabilidade de que a entidade seja bem-sucedida no levantamento de financiamentos adicionais. As informações sobre liquidez e solvência são úteis para prever a capacidade que a entidade tem de cumprir seus compromissos financeiros nos respectivos vencimentos.

A demonstração do resultado do exercício (**DRE**) evidencia as operações realizadas pela empresa durante o exercício social, detalhando a composição do resultado líquido obtido (lucro ou prejuízo do exercício). As informações referentes ao desempenho da entidade, especialmente sua rentabilidade, são requeridas com a finalidade de avaliar possíveis mudanças necessárias na composição dos recursos econômicos que serão controlados pela entidade. As informações sobre os resultados são úteis não só para prever a capacidade que a entidade tem de gerar fluxos de caixa a partir dos recursos atualmente controlados por ela, bem como para avaliar a eficácia com que a entidade poderia usar recursos adicionais.

A demonstração das mutações do patrimônio líquido (**DMPL**) evidencia as movimentações ocorridas nas contas que compõem o patrimônio líquido, permitindo a verificação da consistência da movimentação dos recursos próprios da empresa, em determinado período.

A demonstração dos fluxos de caixa (**DFC**) mostra as alterações ocorridas no caixa e equivalentes de caixa, permitindo aos usuários avaliarem a capacidade de geração de caixa pela entidade, bem como suas necessidades. As informações referentes às mutações na posição financeira da entidade são úteis para avaliar as suas atividades de investimento, de financiamento e operacionais durante o período abrangido pelas demonstrações contábeis.

A demonstração do valor adicionado (**DVA**) tem por objetivo evidenciar a riqueza criada pela entidade e sua distribuição, durante determinado período. A **DVA** está fundamentada em conceitos macroeconômicos, buscando apresentar a parcela de contribuição que a entidade possui na formação do Produto Interno Bruto (PIB) do país. Essa demonstração determina quanto a entidade agrega de valor aos insumos adquiridos de terceiros e que são vendidos ou consumidos durante determinado período e, adicionalmente, como ocorre a distribuição deste valor adicionado entre pessoal, governo, financiadores e investidores.

1.5 Principais características da informação contábil

Para que as demonstrações contábeis sejam úteis para os usuários, as informações divulgadas devem apresentar algumas características fundamentais, relacionadas com sua qualidade. O Pronunciamento Conceitual Básico (R1) apresenta, no Capítulo 3, as características qualitativas para que uma informação contábil-financeira seja útil, dividindo-as em duas categorias: (i) características qualitativas fundamentais; e (ii) características qualitativas de melhoria. Estas características são analisadas resumidamente a seguir.

1.5.1 Características qualitativas fundamentais

As características qualitativas fundamentais são **relevância** e **representação fidedigna**.

▼ *Relevância*

Uma informação contábil-financeira é relevante se for capaz de fazer diferença nas decisões tomadas pelos usuários, mesmo que alguns usuários não a considerem em suas decisões. A informação, para ser relevante, deve ter valor preditivo ou confirmatório.

Outro aspecto da relevância é a materialidade da informação. A informação é material se a sua omissão ou sua divulgação distorcida tiver influência nas decisões que os usuários tomam. A materialidade pode ser baseada na natureza ou na magnitude dos itens para os quais a informação está relacionada e, por isto, não se pode especificar um limite quantitativo uniforme para materialidade ou predeterminar o que seria julgado material para uma situação particular.

▼ *Representação fidedigna*

A informação contábil-financeira deve representar um fenômeno econômico em palavras e números e esta representação deve ser feita com fidedignidade. Para isso, a informação deve ser **completa**, **neutra** e **livre de erro**. Embora não haja informação perfeita, a representação fidedigna deve contemplar estes atributos na melhor extensão possível.

O retrato completo de uma realidade econômica deve incluir toda informação necessária para que o fenômeno econômico que está sendo retratado seja compreendido.

A representação fidedigna requer que as informações sejam livres de viés na seleção ou apresentação da informação. O Pronunciamento Conceitual Básico (R1) define, no item QC14, que *"Um retrato neutro não deve ser distorcido com contornos que possa receber dando a ele maior ou menor peso, ênfase maior ou menor, ou qualquer outro tipo de manipulação que aumente a probabilidade de a informação contábil-financeira ser recebida pelos seus usuários de modo favorável ou desfavorável"*.

A representação fidedigna requer, também, que as informações sejam livres de erros, mas isto não significa que a informação é exata em todos os aspectos. Um retrato é entendido como livre de erros se não há erros ou omissões no fenômeno retratado, e o processo utilizado para produzir a informação foi selecionado e aplicado livre de erros.

1.5.2 Características qualitativas de melhoria

As características qualitativas de melhoria são **comparabilidade**, **verificabilidade**, **tempestividade** e **compreensibilidade**.

▼ *Comparabilidade*

A informação contábil-financeira será mais útil se puder ser comparada com informação similar de outras entidades e com informação similar da mesma entidade para outro período ou para outra data. A comparabilidade permite que os usuários identifiquem e compreendam similaridades dos itens e diferenças entre eles. A comparabilidade, contudo, não significa uniformidade, mas apenas permite que se comparem itens com natureza semelhantes para que se possa tomar alguma decisão.

▼ *Verificabilidade*

A verificabilidade significa que diferentes observadores independentes podem chegar a um consenso quanto à representação fidedigna de uma realidade econômica em particular. Isso não significa que devam chegar a um completo acordo, mas a verificabilidade ajuda a assegurar aos usuários que a informação representa fidedignamente o fenômeno econômico.

A verificação pode ser direta, como, por exemplo, verificar um montante ou outra representação por meio de observação, ou pode ser uma verificação indireta, que corresponde à análise de dados de entrada do modelo, fórmula ou outra técnica e ao recálculo dos resultados obtidos por meio da aplicação da mesma metodologia.

▼ *Tempestividade*

A tempestividade está relacionada com a disponibilidade da informação a tempo de poder influenciar os tomadores de decisão. Informações antigas, em geral, têm menos utilidade, embora alguma informação possa ter sua tempestividade prolongada para, por exemplo, identificar e avaliar tendências.

▼ *Compreensibilidade*

A compreensibilidade está relacionada com a clareza e concisão com que a informação é apresentada. A classificação e caracterização ajudam a tornar a informação compreensível.

Relatórios contábil-financeiros são elaborados para usuários que têm conhecimento razoável de negócios e de atividades econômicas. Por vezes, contudo, mesmo estes usuários podem sentir a necessidade de procurar ajuda para compreensão da informação sobre um fenômeno econômico complexo.

1.6 Limitações da contabilidade

As demonstrações contábeis não conseguem fornecer todas as informações de que os usuários possam necessitar, tendo em vista que não incluem informações não financeiras e também não contemplam itens cuja mensuração não possa ser obtida com confiabilidade. Adicionalmente, os critérios estabelecidos no Pronunciamento Conceitual Básico (R1) para o reconhecimento dos elementos das demonstrações contábeis conduzem, em alguns casos, ao não reconhecimento de ativos, passivos, receitas ou despesas por não serem atendidos os respectivos critérios para reconhecimento. Para que ativos, passivos, receitas e despesas sejam reconhecidos nas demonstrações contábeis, eles precisam, além de atender a respectiva definição, ser mensuráveis, ou seja, deve ser possível atribuir um valor que possa ser medido em bases confiáveis. Assim, esses fatores, atrelados a outros não comentados, fazem com que a contabilidade não apresente as informações de todos os eventos econômicos que, eventualmente, afetaram a estrutura da empresa e, consequentemente, não apresenta o valor de mercado da empresa.

Este livro aborda apenas os aspectos da contabilidade societária, de acordo com a Lei nº 6.404/1976 e alterações posteriores e com as normas do Comitê de Pronunciamentos Contábeis (CPC), não abrangendo as normas específicas de órgãos reguladores de setores específicos da economia.

Embora tenham sido feitos comentários sobre os principais relatórios que são gerados na contabilidade, este livro, por tratar de aspectos fundamentais, abordará apenas o balanço patrimonial (**BP**), a demonstração do resultado do exercício (**DRE**), a demonstração do resultado abrangente (**DRA**) e a demonstração das mutações do patrimônio líquido (**DMPL**). Assim, não são aqui abordadas a demonstração dos fluxos de caixa (**DFC**) e a demonstração do valor adicionado (**DVA**).

2 BALANÇO PATRIMONIAL

2.1 Introdução

Este capítulo analisa um dos principais relatórios gerados pela contabilidade: o **balanço patrimonial**. Esse relatório apresenta, de forma ordenada, uma descrição do conjunto de bens, direitos, obrigações e o patrimônio líquido[1] da entidade, e seus respectivos saldos em determinada data.

O Comitê de Pronunciamentos Contábeis (CPC) apresenta, no item OB12 do Pronunciamento Conceitual Básico (R1) – Estrutura Conceitual para Elaboração e Divulgação de Relatório Contábil-Financeiro, uma análise sobre os objetivos dos relatórios contábil-financeiros:

> *Relatórios contábil-financeiros de propósito geral fornecem informação acerca da posição patrimonial e financeira da entidade que reporta a informação, a qual representa informação sobre os recursos econômicos da entidade e reivindicações contra a entidade que reporta a informação. Relatórios contábil-financeiros também fornecem informação sobre os efeitos de transações e outros eventos que alteram os recursos econômicos da entidade que reporta a informação e reivindicações contra ela. Ambos os tipos de informação fornecem dados de entrada úteis para decisões ligadas ao fornecimento de recursos para a entidade.*

No Capítulo 4 do mesmo pronunciamento, o item 4.2 expõe que:

> *As demonstrações contábeis retratam os efeitos patrimoniais e financeiros das transações e outros eventos, por meio do grupamento dos mesmos em classes amplas de acordo com as suas características econômicas. Essas classes amplas são denominadas de elementos das demonstrações contábeis. Os elementos diretamente relacionados à mensuração da posição patrimonial e financeira no balanço patrimonial são os ativos, os passivos e o patrimônio líquido. [...]*

---

[1] O Capítulo 4 apresenta uma análise detalhada do patrimônio líquido.

O balanço patrimonial é uma demonstração que fornece informações sobre a situação patrimonial e financeira da entidade em determinada data, possibilitando a obtenção de indicadores de liquidez, endividamento, estrutura de financiamento, concentração da dívida, entre vários outros possíveis.

Com o objetivo de fornecer informações que possibilitem o entendimento do balanço patrimonial, os principais conceitos relacionados com esta demonstração são apresentados a seguir.

2.2 Grupos que compõem o balanço patrimonial

O balanço patrimonial é dividido em três grandes grupos: **ativo**, **passivo** e **patrimônio líquido**. Esses grupos são analisados detalhadamente a seguir.

2.2.1 Ativo

É a relação do conjunto de recursos controlados pela entidade, na data do balanço, dos quais se esperam futuros benefícios econômicos. Se transferirmos esse conceito para a nossa vida pessoal, os ativos correspondem a tudo o que controlamos, ou seja, imóveis, veículos, terrenos, roupas, estoque de alimentos, dinheiro no bolso, dinheiro no banco e, também, os direitos a receber decorrentes de alguma aplicação financeira ou empréstimo concedido.

O Pronunciamento Conceitual Básico (R1), no item 4.4, apresenta a seguinte definição de ativo:

> [...]
> *(a) ativo é um recurso controlado pela entidade como resultado de eventos passados e do qual se espera que fluam futuros benefícios econômicos para a entidade.*
> [...]

Percebe-se, da definição, que os ativos devem **sempre** representar **benefícios econômicos** futuros para quem os utiliza, pois, caso contrário, perdem a característica essencial de um ativo. Como exemplo, se você possui um veículo quebrado que não tem mais conserto, ele não representa um ativo do ponto de vista econômico, porque não gera nenhum benefício (apesar de representar um bem do ponto de vista físico). Se você tem um estoque de alimentos com prazo de validade vencido, este também não gera benefícios, ou seja, não representa um ativo. Se você possui o direito de receber um valor de alguém que está falido e não tem condições de pagar, esse direito não será convertido em dinheiro e, portanto, não representa um ativo.

Na empresa, esse conceito apresenta a mesma conotação, ou seja, os ativos são reconhecidos no balanço patrimonial apenas se representarem benefícios econômicos futuros. Dessa forma, estoques obsoletos, créditos incobráveis ou máquinas que não funcionam devem ser eliminados da lista de ativos da empresa.

Importante salientar que muitos ativos são bens tangíveis (apresentam forma física), mas esta característica não é essencial para a existência de um ativo; por exemplo, as patentes e os direitos autorais não são bens corpóreos (são intangíveis) e podem ser considerados ativos, caso gerem benefícios econômicos futuros e sejam controlados pela empresa.

2.2.2 Passivo

É a relação do conjunto de obrigações existentes para a entidade, na data do balanço, e que são derivadas de eventos ocorridos no passado. Os passivos representam as obrigações que a empresa tem com terceiros e a liquidação dessas obrigações resultará em futura saída de recursos econômicos da empresa, tanto na forma de recursos financeiros como na forma de entrega de produtos ou serviços.

O Pronunciamento Conceitual Básico (R1), no item 4.4, apresenta a seguinte definição de passivo:

> *[...]*
> *(b) passivo é uma obrigação presente da entidade, derivada de eventos passados, cuja liquidação se espera que resulte na saída de recursos da entidade capazes de gerar benefícios econômicos.*
> *[...]*

Transferindo esse conceito para a nossa vida pessoal, o passivo representaria nossas dívidas, como empréstimos bancários, dívidas em lojas de roupas, financiamentos imobiliários, contas de supermercado a pagar etc.

2.2.3 Patrimônio líquido

Corresponde ao valor residual dos ativos da entidade após a dedução dos seus passivos. Pode-se dizer que o patrimônio líquido representa os valores que já estariam disponíveis para os acionistas ou proprietários, na data do balanço, em função da atividade desempenhada pela empresa até o momento. Representa a riqueza residual que pertence aos seus proprietários.

O Pronunciamento Conceitual Básico (R1), no item 4.4, também apresenta a seguinte definição de patrimônio líquido:

> *[...]*
> *(c) patrimônio líquido é o interesse residual nos ativos da entidade depois de deduzidos todos os seus passivos.*
> *[...]*

Novamente, transferindo esse conceito para a nossa vida pessoal, o patrimônio líquido representa a riqueza líquida, ou seja, os valores dos ativos que controlamos menos os valores dos passivos que deveremos cumprir.

Para entender o conceito de patrimônio líquido, elaborou-se um exemplo simples:

Um grupo de cinco pessoas decide abrir uma empresa no ramo de papelaria (Papelaria Reciclar), investindo o valor de $ 10.000 cada um e formando um capital social inicial de $ 50.000. Depois de cumprir todas as etapas burocráticas para a abertura de uma empresa, as atividades são iniciadas e, nesse momento, surge uma nova entidade (a empresa) que possui o controle dos recursos, realiza operações, assume responsabilidades e obtém direitos.

A contabilidade deve separar o que pertence a essa nova entidade e o que pertence aos donos do capital, considerando a empresa completamente distinta da figura dos sócios. Essa distinção caracteriza um princípio fundamental da contabilidade conhecido como **Princípio da Entidade**, ou seja, os recursos da empresa não se confundem com os recursos dos sócios ou proprietários, devendo ser controlados separadamente.

Essa entidade, antes de qualquer outra atividade, já pode apresentar seu primeiro balanço patrimonial, da seguinte forma:

Papelaria Reciclar			
Ativo		Passivo	
Caixa	$ 50.000		
		Patrimônio líquido	
		Capital social	$ 50.000
TOTAL	$ 50.000	TOTAL	$ 50.000

Este balanço apresenta, do lado esquerdo, a destinação dos recursos pela empresa (por enquanto, os recursos estão na forma de dinheiro no seu caixa). Do lado direito, o balanço demonstra de onde vieram os recursos que a empresa aplicou no seu ativo. Nesse caso, os recursos vieram dos proprietários da empresa, representados na linha Capital social. Todos os recursos pertencentes aos acionistas ou proprietários são registrados dentro do grupo patrimônio líquido do balanço patrimonial.

Pode parecer estranho, em um primeiro momento, que o mesmo valor de $ 50.000 esteja representado em dois lugares do balanço patrimonial. Isso acontece em razão do método utilizado pela contabilidade para registro das operações de uma entidade. Esse método é conhecido como **Método das Partidas Dobradas** e vem do princípio de que toda aplicação de recursos no ativo tem uma fonte correspondente ou, em outras palavras, "tudo vem de algum lugar e vai para algum lugar". Esse conceito é fundamental para a compreensão da contabilidade e será abordado novamente em momentos oportunos.

Voltando ao balanço da Papelaria Reciclar, para que esta funcione, os proprietários precisam de uma estrutura mínima, como um local para se instalar, mercadorias para revender, balcões, prateleiras etc. Decidem, então, comprar mercadorias que custam $ 5.000 junto a fornecedores, os quais concederam um prazo de 90 dias para pagamento dessas compras.

Logo depois da compra das mercadorias, o novo balanço patrimonial da empresa seria representado da seguinte maneira:

Papelaria Reciclar			
Ativo		Passivo	
Caixa	$ 50.000	Fornecedores	$ 5.000
Estoques	$ 5.000	*Patrimônio líquido*	
		Capital social	$ 50.000
TOTAL	$ 55.000	TOTAL	$ 55.000

Agora, percebe-se que o total de ativos da papelaria aumentou de $ 50.000 para $ 55.000, pois os estoques passaram a integrar a lista de ativos. O lado direito mostra que os recursos para a compra dos estoques vieram de terceiros, mais especificamente dos fornecedores, e que a empresa não utilizou os recursos dos sócios para essa compra. Depois de registrada essa operação de compra, o total do ativo passa a ser $ 55.000, idêntico à soma do valor do passivo mais o valor do patrimônio líquido. Essa igualdade **sempre** será verificada no balanço patrimonial, uma vez que todos os registros indicam as fontes e as destinações dos recursos. Nesse caso, as fontes são representadas pelos recursos obtidos junto aos sócios e pela dívida assumida com fornecedores, enquanto as aplicações são representadas pelo estoque adquirido e pelos recursos que se encontram disponíveis em caixa.

Suponha que, durante o primeiro mês de atividades, a empresa consiga vender todas as mercadorias por $ 7.200, à vista. Após esse evento, de um lado, o caixa da papelaria aumenta em $ 7.200 (pela venda das mercadorias) e, portanto, passa a ser de $ 57.200. De outro lado, os estoques não existem mais para a empresa, pois foram vendidos e entregues aos compradores. Dessa maneira, o total de ativos da empresa, que era de $ 55.000, foi para $ 57.200, representado pelos recursos que estão no caixa da empresa.

Analisando-se a situação da empresa após a venda das mercadorias, pode-se indagar de onde vieram os recursos que foram aplicados na empresa. Percebe-se que a dívida com fornecedores, ainda não paga, representa uma parte das fontes dos recursos, no valor de $ 5.000, e os outros $ 50.000 correspondem aos recursos iniciais dos proprietários da empresa. De onde surgiu, então, a diferença correspondente aos $ 2.200 que estão faltando?

Da análise anterior verifica-se que esse valor de $ 2.200 provocou aumento do ativo em função da atividade da empresa. O fato de a papelaria ter conseguido vender estoques que haviam custado $ 5.000 por $ 7.200 gerou um aumento de $ 2.200 no patrimônio líquido e no caixa da empresa. Esse acréscimo de valor pertence aos proprietários e, enquanto não for distribuído, é apresentado no lado direito do balanço patrimonial no grupo do patrimônio líquido. A seguir ele é apresentado na linha denominada Lucros:[2]

Papelaria Reciclar			
Ativo		Passivo	
Caixa	$ 57.200	Fornecedores	$ 5.000
		Patrimônio líquido	
		Capital social	$ 50.000
		Lucros	$ 2.200
TOTAL	$ 57.200	TOTAL	$ 57.200

A conta Lucros indica que os recursos de $ 2.200 foram originados da operação da empresa (compra e venda), os quais pertencem aos acionistas, e que, enquanto não forem distribuídos, estarão financiando os ativos da empresa.

Resumindo, a figura do balanço patrimonial indica, do lado esquerdo, os bens e direitos da entidade, os quais devem representar benefícios econômicos futuros. Do lado direito, temos o passivo, representado pelas dívidas junto a terceiros, e o patrimônio líquido, que representa a riqueza residual da entidade e é composto pelo Capital social (recursos advindos dos proprietários) e pelos lucros obtidos nas atividades realizadas pela empresa e que ainda não foram distribuídos aos proprietários da empresa.

2.3 Classificação dos itens que compõem o balanço patrimonial

A apresentação dos componentes do balanço patrimonial deve ser feita de acordo com os critérios definidos pela Lei nº 6.404/1976 e alterações posteriores. Esta Lei se aplica às sociedades por ações mas a classificação foi estendida para todos os tipos de empresas.

De acordo com a Lei nº 6.404/1976, os ativos são classificados em função do prazo de realização, ou seja, prazo em que serão vendidos, consumidos ou recebidos, e os passivos em função do prazo de exigibilidade, ou seja, prazo em que serão liquidados ou cumpridos, e são divididos em dois grupos: **circulante** (curto prazo) e **não circulante** (longo prazo). O "divisor de águas" para os dois grupos é padronizado pela regulamentação em um período de um ano, ou seja, consideram-se no grupo circulante os itens que se realizam ou se exigem em até um ano, contados a partir da data do balanço; por sua vez, no grupo não circulante são registrados os itens que se realizarão ou serão exigidos em um período superior a um ano, contados a partir da data do balanço.

---

[2] Os efeitos ocasionados no balanço patrimonial em função de receitas e despesas serão abordados detalhadamente no próximo capítulo.

Se, contudo, a empresa apresentar ciclo operacional[3] maior do que um ano, a classificação no grupo circulante e no grupo não circulante terá por base o prazo desse ciclo.

O objetivo dessas classificações no balanço patrimonial é permitir uma avaliação mais adequada da situação financeira da entidade em relação ao tempo de recebimentos e pagamentos.

2.3.1 Ativo

No **ativo**, as contas são dispostas em ordem decrescente do grau de liquidez, ou seja, das que apresentam maior grau de conversibilidade em recursos financeiros para as de menor grau.

▼ Ativo circulante

A Lei nº 6.404/1976 define ativo circulante como: "*bens e direitos realizados ou utilizados dentro do ciclo operacional da empresa ou no período de 12 meses da data do balanço, o que for maior*".

A título de exemplo, no balanço patrimonial de um supermercado, a maior parte dos ativos é composta por itens de rápida realização, fazendo com que o ciclo operacional seja pequeno, portanto, o período de um ano para a separação dos ativos de curto e longo prazos é adequado. Contudo, no caso de uma indústria naval, a adoção do critério de um ano classificaria boa parte dos seus ativos no realizável a longo prazo, uma vez que o processo de fabricação de navios é lento e, geralmente, requer mais de um ano. Será que essa classificação seria adequada para a análise da situação financeira dessa empresa? Parece que não, pois, para essa empresa, o prazo de um ano é muito pequeno para caracterizar curto e longo prazos, uma vez que seu horizonte de operações é muito maior.

Em função disso, quando o ciclo operacional de uma empresa é superior a um ano, o "divisor de águas" dos dois grupos, circulante e não circulante, passa a ser o período do ciclo operacional. Quando o período do ciclo operacional das empresas é inferior a um ano, mantém-se como critério de separação, em circulante e não circulante, o período de um ano.

▼ Ativo não circulante

O ativo não circulante é dividido nos seguintes subgrupos: **realizável a longo prazo**, **investimentos**, **imobilizado** e **intangível**, os quais serão analisados a seguir.

■ Realizável a longo prazo

No subgrupo do realizável a longo prazo serão classificados:

- Bens e direitos realizáveis após 12 meses da data do balanço ou em período maior do que o ciclo operacional da empresa.

---

[3] Conforme o item 68 do Pronunciamento Técnico CPC 26 (R1) – Apresentação das Demonstrações Contábeis, o ciclo operacional de uma empresa corresponde ao tempo entre a aquisição de ativos para processamento e sua realização em caixa ou seus equivalentes. Quando o ciclo operacional normal da entidade não for claramente identificável, pressupõe-se que sua duração seja de doze meses.

- Bens e direitos oriundos de negócios não operacionais realizados com empresas coligadas ou controladas, acionistas, diretores, ou seja, com partes relacionadas.

Os direitos a receber decorrentes de operações não usuais da entidade ou de meros empréstimos de recursos com partes relacionadas devem ser classificados como realizável a longo prazo, independentemente do prazo de vencimento. Isso se caracteriza como uma exceção prevista na legislação brasileira, pois contraria os critérios de separação apresentados.

Partes relacionadas são o conjunto de entidades, físicas ou jurídicas, que possuam algum vínculo com a empresa, de modo que haja uma relação de dependência ou influência entre elas. Isso significa que os negócios existentes entre elas são realizados de forma diferenciada daquelas realizadas com terceiros não relacionados com a empresa.

Exemplos de partes relacionadas são empresas coligadas ou controladas, diretores, acionistas ou participantes dos lucros da empresa.

Investimentos

No subgrupo investimentos, registram-se as participações permanentes em outras sociedades e os direitos de qualquer natureza, não classificáveis no ativo circulante e no realizável a longo prazo, e que não se destinem à manutenção da atividade da companhia.

Imobilizado

No subgrupo imobilizado, são registrados os direitos que tenham por objeto bens corpóreos destinados à manutenção das atividades da companhia ou exercidos com essa finalidade, inclusive os decorrentes de operações que transfiram à companhia os benefícios, riscos e controle desses bens. Pode-se dizer que esse grupo é composto pelos ativos que formam, em geral, a estrutura necessária para que a empresa exerça suas atividades de comprar, produzir, administrar e comercializar.

Intangível

No subgrupo intangível, são registrados os direitos que tenham por objeto bens incorpóreos destinados à manutenção da companhia ou exercidos com essa finalidade. Embora também estejam voltados à manutenção das atividades da empresa, diferenciam-se do imobilizado por não apresentarem característica física.

Percebe-se que a classificação dos ativos no balanço patrimonial da empresa baseia-se em intenção, uma vez que os dois primeiros grupos de ativos (circulante e realizável a longo prazo) representam bens e direitos cuja intenção da entidade é a realização financeira ou utilização, enquanto os três últimos grupos (investimentos, imobilizado e intangível) indicam ativos para os quais a intenção da entidade é a permanência. A intenção, contudo, não obriga a empresa a manter a mesma classificação para sempre. Por exemplo, se a empresa tem um imóvel que está usando nas suas operações, esse ativo estará registrado no grupo do imobilizado, pois a empresa não tem intenção de vendê-lo. Isso não significa que a venda desse imóvel é proibida. Se, em um período seguinte, a empresa desocupa o imóvel e decide colocá-lo à venda, então esse imóvel deve ser transferido de grupo e passará a ser classificado no ativo circulante ou no realizável a longo prazo. A distinção entre esses dois grupos de ativos depende do prazo de realização.

2.3.2 Passivo

No **passivo**, as contas são dispostas em ordem decrescente do grau de exigibilidade, ou seja, das que vencem em menor prazo para as de maior prazo para pagamento.

▼ *Passivo circulante*

Constituído pelas obrigações da entidade com vencimento dentro do período de 12 meses contados da data do balanço ou dentro do ciclo operacional.

▼ *Passivo não circulante*

Formado por obrigações da entidade exigíveis em um período posterior a 12 meses da data do balanço ou em período maior do que o ciclo operacional da empresa.

2.3.3 Patrimônio líquido[4]

É apresentado separadamente dos passivos (circulante e não circulante) e composto por:

- Capital social
- Reservas
- Ajustes de avaliação patrimonial
- Ações em tesouraria
- Prejuízos acumulados

É importante mencionar que, para alguns autores, o patrimônio líquido, grupo que representa os recursos dos proprietários, também é denominado passivo. Nesse caso, está sendo assumido um conceito mais genérico de passivo, o qual representa todas as fontes de recursos. Porém, em um sentido mais restrito, passivos são apenas os recursos que possam ser exigidos por terceiros e são também denominados **capital de terceiros**. O patrimônio líquido, portanto, poderia ser entendido como um passivo não exigível imediatamente, pois os sócios e acionistas não têm a intenção imediata de exigir o retorno financeiro desses recursos, sendo também denominado **capital próprio** da empresa. A soma do capital de terceiros com o capital próprio é conhecida como **capital total** à disposição da empresa.

2.4 Estrutura do balanço patrimonial

Para melhor visualização e entendimento, apresenta-se a seguir uma representação gráfica do balanço patrimonial:

---

[4] O Capítulo 4 apresenta uma análise mais detalhada deste grupo.

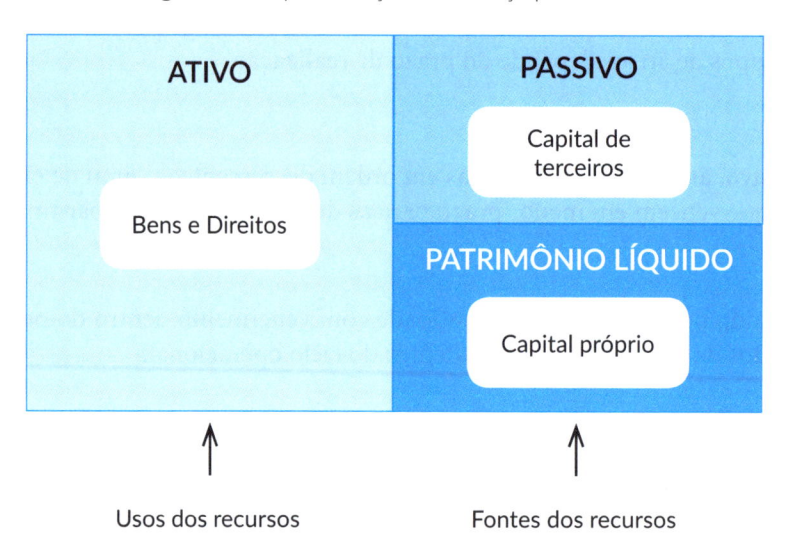

Figura 2.1 Representação do balanço patrimonial

ATIVO	PASSIVO
Bens e Direitos	Capital de terceiros
	PATRIMÔNIO LÍQUIDO
	Capital próprio
↑ Usos dos recursos	↑ Fontes dos recursos

Pode-se observar na Figura 2.1 que o total das fontes é igual ao total das destinações, ou seja, todas as fontes de recursos estão aplicadas nos ativos da empresa. Em outras palavras, o total do ativo é igual ao total do passivo mais o patrimônio líquido.

A igualdade a que nos referimos baseia-se no conceito fundamental da contabilidade (Método das Partidas Dobradas), em que para cada destinação existe uma fonte, e é dessa forma que as operações devem ser controladas pela contabilidade.

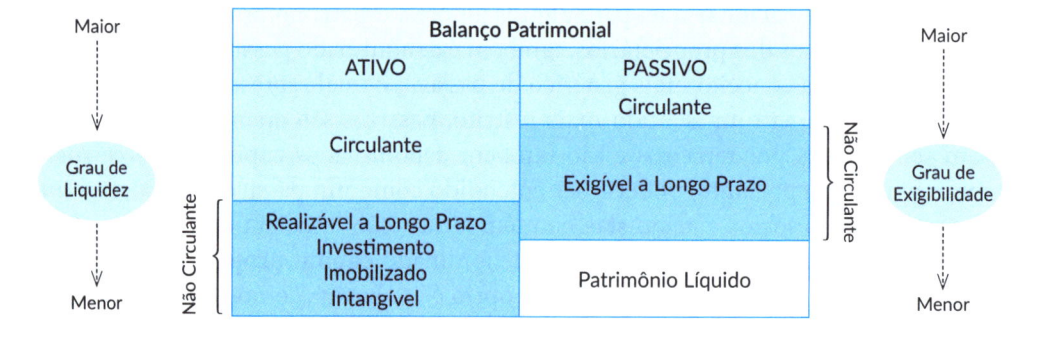

Figura 2.2 Estrutura do balanço patrimonial

	Balanço Patrimonial	
	ATIVO	PASSIVO
		Circulante
	Circulante	Exigível a Longo Prazo
	Realizável a Longo Prazo Investimento Imobilizado Intangível	Patrimônio Líquido

Grau de Liquidez: Maior ↓ Menor
Grau de Exigibilidade: Maior ↓ Menor

Analisando a estrutura do balanço patrimonial (Figura 2.2), verifica-se que, do lado esquerdo, encontra-se o ativo devidamente classificado pelos seus grupos em ordem decrescente de liquidez e, do lado direito, o passivo e o patrimônio líquido, também devidamente classificados por ordem decrescente de exigibilidade.

A seguir, é apresentado na Tabela 2.1 o balanço patrimonial publicado da Companhia Brasileira de Distribuição (mais conhecida como Pão de Açúcar) relativo ao ano de 2017, para ilustração e melhor visualização dos aspectos tratados até o momento.

Tabela 2.1 Balanço divulgado

Companhia Brasileira de Distribuição Balanço Patrimonial em 31 de dezembro de 2017 (em milhões de reais)			
ATIVO		**PASSIVO**	
Ativo circulante	<u>33.220</u>	*Passivo circulante*	<u>28.992</u>
Caixa e equivalentes de caixa	3.792	Fornecedores	8.128
Contas a receber	632	Empréstimos e financiamentos	1.251
Outras contas a receber	271	Salários e encargos sociais	640
Estoques	4.822	Impostos e contribuições a recolher	301
Tributos a recuperar	596	Partes relacionadas	153
Ativos mantidos para venda	22.961	Dividendos propostos	78
Outros ativos	146	Financiamento por compra de ativos	116
		Aluguéis a pagar	128
		Receitas a apropriar	146
		Passivo sobre ativos mantidos para venda	17.824
		Outros passivos	227
Ativo não circulante	<u>14.708</u>	*Passivo não circulante*	<u>5.644</u>
Contas a receber	80	Empréstimos e financiamentos	3.337
Tributos a recuperar	1.747	Imposto de renda e contribuição social diferidos	394
Imposto de renda e contribuição social diferidos	121	Impostos parcelados	566
Partes relacionadas	25	Provisão para demandas judiciais	1.107
Depósitos para recursos judiciais	762	Provisão para perda de investimento em associadas	165
Outros ativos	713	Outros passivos	75
Propriedade para investimentos	21	*Patrimônio líquido*	<u>13.292</u>
Investimentos	177	Capital social	6.822
Imobilizado	9.138	Reservas de capital	355
Intangíveis	1.924	Reservas de lucro	3.174
		Outros resultados abrangentes	(18)
		Participação de acionistas não controladores	2.959
Total do ativo	47.928	Total do passivo + patrimônio líquido	47.928

Fonte: www.cvm.gov.br.

Pode-se observar, pela leitura do balanço patrimonial apresentado, alguns detalhes importantes que, às vezes, não são perceptíveis para quem não tem familiaridade com o assunto, como a razão social da empresa e a data do balanço, que são de fundamental importância para a sua identificação e a data a que se referem as informações.

Observa-se que o total do ativo é igual ao total do passivo mais o patrimônio líquido, igualdade explicada em função de que o total dos recursos aplicados nos ativos são financiados pelas fontes, ou seja, os mesmos valores são apresentados de dois pontos de vista: fontes e destinações. O **total do ativo é de $ 47.928 milhões** e representa onde os recursos foram aplicados. O passivo de **$ 34.636 milhões** ($ 28.992 milhões no circulante e $ 5.644 milhões no não circulante) representa as fontes de terceiros (credores de forma geral), que, somado ao valor de **$ 13.292 milhões** (patrimônio líquido e participação de acionistas não controladores[5]), totalizam os mesmos **$ 47.928 milhões**.

Analisando a composição do ativo, verifica-se que o **total do ativo circulante**, composto por Caixa e equivalentes de caixa, Contas a receber, Estoques, entre outros, e que deverão ser transformados em dinheiro até o próximo exercício social da empresa, é de **$ 33.220 milhões**. O **ativo não circulante**, composto por Contas a receber, Tributos a recuperar, Investimentos, imobilizado e intangível, totaliza **$ 14.708 milhões**.

Como pode ser observado, o ativo circulante é o grupo de maior representação em 31/12/2017, correspondendo a cerca de 69% do total do ativo da empresa. Os recursos mais duradouros (Investimentos, Propriedade para investimentos, imobilizado e intangível) correspondem a cerca de 23% do mesmo total.

Em relação às fontes dos recursos, pode-se observar que a maior parcela para financiar os ativos é proveniente de recursos de terceiros, representando cerca de 72%. As dívidas de longo prazo no **passivo não circulante**, vencíveis após o encerramento do próximo exercício social, totalizam **$ 5.644 milhões**, representando cerca de 12% do total de recursos. As dívidas de curto prazo totalizam **$ 28.992 milhões** e correspondem a cerca de 60% do total. Os recursos dos acionistas, representados pelo patrimônio líquido de **$ 13.292 milhões**, representam cerca de 28% do total de recursos.

2.5 Critérios de avaliação dos itens que compõem o balanço patrimonial

Em relação ao balanço patrimonial, a Lei nº 6.404/1976 e alterações posteriores, no artigo 176, obriga a sua elaboração ao final de cada exercício social e consequente publicação, com indicação também dos valores correspondentes à demonstração do período anterior.

O processo de mensuração consiste em determinar os valores pelos quais os elementos do ativo e passivo devem ser reconhecidos e apresentados no balanço patrimonial, sempre expressos em valores monetários na moeda do país. Embora existam várias alternativas para a avaliação de ativos e passivos, a mais usual é o custo histórico, que representa o custo de aquisição do elemento do ativo ou do passivo.

---

[5] A participação de acionistas não controladores pode surgir no balanço patrimonial consolidado de um grupo econômico, em função da consolidação das demonstrações financeiras entre controladora e controladas. Para mais informações, ver o Capítulo 41 – Consolidação das Demonstrações Contábeis e Demonstrações Separadas, do *Manual de Contabilidade Societária*. 3. ed. São Paulo: Atlas, 2018.

2.5.1 Ativo

Em relação à avaliação de ativos, a Lei nº 6.404/1976 e alterações posteriores estabelece, em seu artigo 183, os seguintes critérios de avaliação:

1. Os saldos de caixa e bancos são representados pelos efetivos saldos que a empresa mantém depositado junto a instituições financeiras ou em seu próprio poder.
2. As aplicações em instrumentos financeiros, inclusive derivativos, e em direitos e títulos de crédito classificados no ativo circulante ou no realizável a longo prazo, são avaliadas pelos seguintes critérios:[6]
    a) Pelo seu valor justo[7] quando forem destinadas à negociação ou disponíveis para a venda.
    b) Pelo valor de custo de aquisição ou emissão, atualizado conforme disposições legais ou contratuais, quando forem destinadas para manutenção até seu vencimento. Devem ser ajustadas pelo valor provável de realização, quando este for inferior ao valor contabilizado.
3. Os estoques devem ser avaliados pelo custo de aquisição ou produção, deduzidos de provisão para ajuste ao valor de mercado, quando este for inferior.
4. Os estoques de mercadorias fungíveis destinadas à venda podem ser avaliados pelo valor de mercado, quando este for o costume mercantil aceito pela técnica contábil.
5. Os elementos do ativo decorrentes de operações de longo prazo serão ajustados a valor presente. Caso o efeito de ajuste a valor presente em operações de curto prazo seja relevante, deverá ser aplicado o critério também para esses itens.
6. Os investimentos classificados como participação no capital social de outras sociedades, quando caracterizem investimentos em coligadas, controladas e em outras sociedades que façam parte do mesmo grupo da investidora ou estejam sob controle comum, são avaliados pelo Método de Equivalência Patrimonial (MEP), conforme o artigo 248 da Lei nº 6.404/1976. Os demais investimentos são avaliados pelo custo de aquisição, deduzido de provisão para perdas prováveis na realização do seu valor.
7. Os demais investimentos, que não caracterizem participação no capital social de outras sociedades, são avaliados pelo custo de aquisição, deduzido de provisão para atender às perdas prováveis na realização do seu valor, ou para a redução do custo de aquisição ao valor de mercado, quando este for inferior.[8]
8. O imobilizado deve ser avaliado pelo custo de aquisição (incluindo todos os gastos necessários para que o ativo esteja em condição de uso na atividade da empresa), deduzido do saldo da respectiva conta de depreciação, amortização ou exaustão.
9. O intangível deve ser avaliado pelo custo incorrido na sua aquisição, deduzido do saldo da respectiva conta de amortização, se o ativo tiver vida *útil* definida ou limitada por aspectos contratuais e legais.

---

[6] Estes critérios sofreram algumas alterações na regulamentação vigente, os quais serão discutidos detalhadamente no Capítulo 8.

[7] Valor justo é definido como o preço que seria recebido pela venda de um ativo ou que seria pago pela transferência de um passivo em uma transação não forçada entre participantes do mercado na data de mensuração (CPC 46).

[8] As propriedades para investimento, também classificadas no subgrupo investimentos do ativo não circulante, não são previstas na lei. O CPC 28 – Propriedades para Investimento, contudo, estabelece no item 30 a possibilidade de mensuração a valor justo para este tipo de ativo.

10. O imobilizado e o intangível estão sujeitos à análise de recuperabilidade dos valores registrados contabilmente para refletir eventuais perdas de valor econômico. Essa análise é conhecida como "teste de impairment".

2.5.2 Passivo e patrimônio líquido

Em relação aos passivos, o artigo 184 da Lei nº 6.404/1976 e alterações posteriores estabelece que são avaliados pelo valor atualizado até a data do balanço, e as obrigações em moeda estrangeira são convertidas em moeda nacional à taxa de câmbio em vigor na data do balanço.

As obrigações, os encargos e os riscos classificados no passivo não circulante serão ajustados a valor presente, sendo os demais passivos circulantes ajustados quando houver efeito relevante.

O patrimônio líquido é apresentado pelo valor original investido pelos proprietários e pelos lucros não distribuídos.

Os critérios de avaliação aqui mencionados serão discutidos com mais detalhes nos capítulos posteriores, que tratarão de cada grupo de ativo e passivo mais especificamente.

2.6 Aspectos operacionais

Como já comentado, o balanço patrimonial apresenta como característica fundamental a igualdade entre o ativo e a soma do passivo mais patrimônio líquido. Essa igualdade é resultado de uma metodologia de registro em que toda operação é vista de dois ângulos: **fontes** e **destinações**.

Apresentam-se a seguir as características dos eventos que provocam alterações na situação patrimonial das empresas em função das operações que vão sendo realizadas no desempenho de suas atividades:

a) Aumento de ativo com aumento de passivo
   Exemplo: compra de material a prazo.

Ativo	↑	Passivo	↑

b) Aumento de ativo com aumento de patrimônio líquido
   Exemplo: integralização de capital em dinheiro.

Ativo	↑	Patrimônio líquido	↑

c) Diminuição de ativo com diminuição de passivo

Exemplo: pagamento de fornecedores.

Ativo ↓	Passivo ↓

d) Diminuição de ativo com diminuição de patrimônio líquido

Exemplo: diminuição do capital social por retirada de um dos sócios.

Ativo ↓	Patrimônio líquido ↓

e) Manutenção do valor do ativo com mudanças em sua composição

Exemplo: compra de máquinas à vista.

↓ Ativo ↑	

f) Manutenção do valor do passivo mais patrimônio líquido com alteração em sua composição

Exemplo: dívida de longo prazo que passa a ser de curto prazo em função da aproximação do prazo de vencimento.

	↓ Passivo ↑

2.6.1 Exemplo de alterações no balanço patrimonial

Para melhor entendimento desse mecanismo, apresentam-se a seguir exemplos ilustrativos em que diversas operações que alteram a situação patrimonial da empresa são demonstradas nos balanços patrimoniais, uma a uma.

A empresa Bicicletas Baloi S.A. iniciou suas operações em 01/01/X0 com o objetivo de revender bicicletas aos pequenos comerciantes e realizou as seguintes operações:

1º evento: Em 01/01/X0, houve a integralização do capital inicial em dinheiro, no valor de $ 50.000.

Análise do evento: Os recursos integralizados pelos proprietários ocasionaram um aumento no patrimônio líquido da empresa, evidenciando a origem dos recursos. Esses mesmos recursos foram aplicados na conta corrente bancária, refletindo o aumento do ativo da empresa, os quais estão disponíveis para serem utilizados na geração de seus benefícios. O balanço patrimonial da empresa, após o primeiro evento, apresenta a seguinte situação:

Bicicletas Baloi S.A. Balanço Patrimonial em 01/01/X0			
Ativo		Passivo	
Ativo circulante	$ 50.000	Patrimônio líquido	$ 50.000
Depósitos bancários	$ 50.000	Capital social	$ 50.000
Total do ativo	$ 50.000	Total do passivo + PL	$ 50.000

2º evento: Em 02/01/X0, a empresa comprou um imóvel por $ 30.000, tendo pago 40% à vista. O restante será pago em 30/04/X2 e a empresa assinou uma promissória como garantia do pagamento.

Análise do evento: Embora tenha havido a aquisição de um ativo de $ 30.000, o total do aumento do ativo foi de apenas $ 18.000, uma vez que parte do aumento do ativo (imóvel) foi compensada com a diminuição da conta Depósitos bancários. Assim, as origens dos recursos são: $ 12.000 provenientes do patrimônio líquido (cujo recurso estava disponível na conta bancária) e $ 18.000 provenientes de uma dívida de longo prazo (representada pela nota promissória), os quais foram aplicados na aquisição do imóvel.

O balanço patrimonial da empresa, após o segundo evento, apresenta a seguinte situação:

Bicicletas Baloi S.A. Balanço Patrimonial em 02/01/X0			
Ativo		Passivo	
Ativo circulante	$ 38.000	Passivo não circulante	$ 18.000
Depósitos bancários	$ 38.000	Nota promissória a pagar	$ 18.000
Ativo não circulante	$ 30.000	Patrimônio líquido	$ 50.000
Imóvel	$ 30.000	Capital social	$ 50.000
Total do ativo	$ 68.000	Total do passivo + PL	$ 68.000

3º evento: Em 20/01/X0, a empresa adquiriu instalações, à vista, necessárias para o funcionamento da empresa por $ 10.000.

Análise do evento: A empresa adquiriu instalações com recursos disponíveis na conta Depósitos bancários. Assim, a origem dos recursos de $ 10.000 foi o capital integralizado pelos sócios (cujo recurso estava ainda disponível na conta bancária), os quais foram aplicados na aquisição das instalações.

O balanço patrimonial da empresa, após o terceiro evento, apresenta a seguinte situação:

Bicicletas Baloi S.A. Balanço Patrimonial em 20/01/X0			
Ativo		Passivo	
Ativo circulante	*$ 28.000*		
Depósitos bancários	$ 28.000	*Passivo não circulante*	*$ 18.000*
Ativo não circulante	*$ 40.000*	Nota promissória a pagar	$ 18.000
Instalações	$ 10.000	*Patrimônio líquido*	*$ 50.000*
Imóvel	$ 30.000	Capital social	$ 50.000
Total do ativo	$ 68.000	Total do passivo + PL	$ 68.000

4º evento: Em 31/01/X0, a empresa comprou, a prazo, mercadorias, para comercialização por $ 20.000, sendo que $ 4.000 seriam pagos em 28/02/X0 e o restante em 13/03/X0.

Análise do evento: A compra de mercadorias gera para a empresa um aumento no ativo (mercadorias) no valor de $ 20.000. A origem dos recursos de $ 20.000 foi a dívida de curto prazo assumida junto aos fornecedores, os quais foram aplicados na aquisição das mercadorias.

O balanço patrimonial da empresa, após o quarto evento, apresenta a seguinte situação:

Bicicletas Baloi S.A. Balanço Patrimonial em 31/01/X0			
Ativo		Passivo	
Ativo circulante	*$ 48.000*	*Passivo circulante*	*$ 20.000*
Depósitos bancários	$ 28.000	Fornecedores	$ 20.000
Mercadorias	$ 20.000	*Passivo não circulante*	*$ 18.000*
Ativo não circulante	*$ 40.000*	Nota promissória a pagar	$ 18.000
Instalações	$ 10.000	*Patrimônio líquido*	*$ 50.000*
Imóvel	$ 30.000	Capital social	$ 50.000
Total do ativo	$ 88.000	Total do passivo + PL	$ 88.000

5º evento: Em 01/02/X0, a empresa comprou um terreno no valor de $ 16.000, que será pago em quatro parcelas mensais iguais, a partir do mês seguinte.

Análise do evento: A aquisição de um terreno gera para a empresa a entrada de um ativo (terreno) no valor de $ 16.000. A origem dos recursos de $ 16.000 foi a dívida de curto prazo assumida junto a terceiros.

O balanço patrimonial da empresa, após o quinto evento, apresenta a seguinte situação:

Bicicletas Baloi S.A. Balanço patrimonial em 01/02/X0			
Ativo		Passivo e PL	
Ativo circulante	*$ 48.000*	*Passivo circulante*	*$ 36.000*
Depósitos bancários	$ 28.000	Fornecedores	$ 20.000
Mercadorias	$ 20.000	Contas a pagar	$ 16.000
Ativo não circulante	*$ 56.000*	*Passivo não circulante*	*$ 18.000*
Terreno	$ 16.000	Nota promissória a pagar	$ 18.000
Instalações	$ 10.000	*Patrimônio líquido*	*$ 50.000*
Imóveis	$ 30.000	Capital social	$ 50.000
Total do ativo	$ 104.000	Total do passivo + PL	$ 104.000

6º evento: Em 10/02/X0, a empresa aumentou o capital no valor de $ 15.000, sendo 60% com mercadorias e o restante em dinheiro.

Análise do evento: O aumento de capital gera para a empresa entradas no ativo (Mercadorias e Depósitos bancários) no valor total de $ 15.000. A origem dos recursos foi o aumento de capital realizado pelos sócios, os quais foram aplicados em mercadorias e na conta bancária da empresa.

O balanço patrimonial da empresa, após o sexto evento, apresenta a seguinte situação:

Bicicletas Baloi S.A. Balanço Patrimonial em 10/02/X0			
Ativo		Passivo	
Ativo circulante	*$ 63.000*	*Passivo circulante*	*$ 36.000*
Depósitos bancários	$ 34.000	Fornecedores	$ 20.000
Mercadorias	$ 29.000	Contas a pagar	$ 16.000
		Passivo não circulante	*$ 18.000*
Ativo não circulante	*$ 56.000*	Nota promissória a pagar	$ 18.000
Terreno	$ 16.000		
Instalações	$ 10.000	*Patrimônio líquido*	*$ 65.000*
Imóvel	$ 30.000	Capital social	$ 65.000
Total do ativo	$ 119.000	Total do passivo + PL	$ 119.000

7º evento: Em 28/02/X0, a empresa pagou mercadorias adquiridas no dia 31/01/X0 no valor de $ 4.000.

Análise do evento: O pagamento de uma dívida causa para a empresa uma redução do ativo (Depósitos bancários) e uma redução do passivo (Fornecedores).

O balanço patrimonial da empresa, após o sétimo evento, apresenta a seguinte situação:

Bicicletas Baloi S.A. Balanço Patrimonial em 28/02/X0			
Ativo		Passivo	
Ativo circulante	*$ 59.000*	*Passivo circulante*	*$ 32.000*
Depósitos bancários	$ 30.000	Fornecedores	$ 16.000
Mercadorias	$ 29.000	Contas a pagar	$ 16.000
		Passivo não circulante	*$ 18.000*
Ativo não circulante	*$ 56.000*	Nota promissória a pagar	$ 18.000
Terreno	$ 16.000		
Instalações	$ 10.000	*Patrimônio líquido*	*$ 65.000*
Imóvel	$ 30.000	Capital social	$ 65.000
Total do ativo	**$ 115.000**	**Total do passivo + PL**	**$ 115.000**

Nessa sequência de operações da Bicicletas Baloi S.A., pode-se observar que todos os eventos realizados pela empresa são refletidos em sua situação patrimonial, sempre obedecendo ao critério de causa e efeito, ou seja, fontes e aplicações de recursos. Com esse procedimento, é possível demonstrar a igualdade entre origens e aplicações de recursos, mantendo-se o equilíbrio Ativo = Passivo + Patrimônio líquido.

O registro de cada operação diretamente no balanço patrimonial não é uma forma eficiente de controle, pois, dependendo do porte e da complexidade da empresa, a quantidade de registros pode chegar a milhares. Assim, no dia a dia das empresas, não é difícil supor que sejam necessárias outras formas de registros e controles das operações, em vez da elaboração de um balanço após cada operação, pois esse sistema seria inviável para as mais simples das organizações.

Nesse sentido, uma das principais formas de controle das operações de uma empresa é por meio do registro em contas, que utiliza o mesmo princípio e conceito, apenas operacionalizando de maneira mais eficiente e racional. Esse assunto será tratado a seguir.

2.6.2 Registro das operações

a) Contas

A contabilidade utiliza-se de **contas** para acompanhar as alterações na estrutura patrimonial da empresa que são causadas pelos diversos eventos que ocorrem no seu dia a dia, os quais podem aumentar ou diminuir os saldos de várias contas.

Uma conta pode ser entendida como uma unidade de registro e acumulação dos valores referentes aos fatos que a afetam. Dependendo do grau de detalhamento desejado pela empresa, uma conta pode acumular valores de fatos específicos ou de fatos semelhantes que possam ser agrupados. Como exemplo, podemos citar uma conta para registro de estoques: uma empresa pode utilizar uma única conta para registrar todos os tipos de elementos de estoques existentes ou usar uma conta específica para cada elemento. De um lado, se a empresa utilizar uma única conta, todos os valores referentes à movimentação de qualquer elemento de estoque serão nela registrados; do outro lado, se a empresa usar uma conta específica para cada elemento do estoque, as movimentações de valores de cada elemento deverão ser registradas em cada conta de estoque específica.

Para facilidade de controle, as contas são separadas por sua natureza: ativo, passivo ou patrimônio líquido, e cada uma dessas contas é diferenciada das demais pela sua denominação. No entanto, elementos com características semelhantes podem ser representados em uma mesma conta.

Exemplo: a conta **Valores a receber de clientes** deve ser definida como uma conta do ativo onde constam os valores a receber decorrentes de vendas a prazo realizadas pela empresa, relacionadas com o seu objeto principal.

b) Plano de contas

O plano de contas consiste na organização das contas utilizadas pela empresa para o registro das transações. Essa organização fica a critério de cada empresa, que o elabora de acordo com suas necessidades, sendo o principal objetivo assegurar a uniformidade nos registros dos eventos que ocorrem. Um plano de contas deve definir claramente a função de cada conta, estabelecendo os eventos que devem ser registrados em cada uma delas para assegurar a uniformidade desejada. Como exemplo, o setor financeiro utiliza um plano de contas padronizado pelo Banco Central do Brasil, denominado Plano Contábil das Instituições do Sistema Financeiro Nacional (Cosif). Nesse plano de contas, são definidos claramente em quais contas devem ser registrados os eventos que ocorrem no desenvolvimento das atividades de uma instituição financeira. De forma semelhante, o setor de empresas seguradoras também dispõe de um plano padronizado definido pela Superintendência de Seguros Privados (Susep). Assim, a estruturação e padronização de um plano de contas são de fundamental importância para que uma empresa consiga ter uma contabilidade com um grau adequado de qualidade.

De maneira geral, as contas, no plano de contas, são separadas em quatro ou cinco grandes grupos, sendo cada grupo dividido em subgrupos, até que se atinja o nível da conta. Exemplos em contas do ativo e passivo são apresentadas a seguir:

Grupo – Ativo

Subgrupo – Circulante

Conta – Caixa

Grupo – Passivo

Subgrupo – Passivo não circulante

Conta – Empréstimos

c) **Razonetes**

Para fins didáticos, a conta é apresentada em uma forma gráfica denominada **razonete**, em que são anotados apenas os valores de acréscimo ou decréscimo em função dos eventos que vão ocorrendo. Para que se possa entender essa representação gráfica, é apresentado na Figura 2.3 um modelo simples de algumas contas onde são registrados os fatos que a afetam.

Figura 2.3 Modelo de contas

Nome da Conta: DEPÓSITOS BANCÁRIOS				Código: 1.1.2	
				Saldo	
Data	Histórico	Débito	Crédito	D/C	Valor
31/12	Saldo anterior			D	2.000,00
02/01	Recebimento da NF Nº 1234	3.000,00		D	5.000,00
04/01	Pagto. ao Fornecedor X (NF 012)		1.500,00	D	3.500,00

Nome da Conta: EQUIPAMENTOS				Código: 1.3.2	
				Saldo	
Data	Histórico	Débito	Crédito	D/C	Valor
10/01	Aquisição de máquina (NF 025)	8.000,00		D	8.000,00
15/01	Aquisição de máquina (NF 048)	3.000,00		D	11.000,00

Nome da Conta: FORNECEDORES				Código: 2.1.2	
				Saldo	
Data	Histórico	Débito	Crédito	D/C	Valor
03/01	Aquisição de veículos (NF 058)		12.000,00	C	12.000,00
05/01	Pagto. do fornecedor Y (NF 063)	3.000,00		C	9.000,00

Pode-se notar que são registrados nas contas vários detalhes dos eventos que as afetam, incluindo data do evento, um histórico descritivo do fato, se o valor é de acréscimo ou decréscimo e o saldo atualizado. O conjunto de todas as contas utilizadas por uma empresa é comumente chamado **Razão**.

O razonete, utilizado didaticamente, corresponde apenas à área ressaltada nos registros apresentados e traz apenas a parte na qual são registrados os valores de acréscimo ou decréscimo da respectiva conta. Essa representação gráfica é normalmente conhecida como conta T, razonete em T ou, simplesmente, razonete. A seguir, apresenta-se o formato genérico de um razonete para melhor visualização:

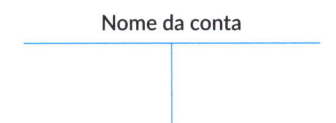

Nome da conta

▼ Mecanismo de débito e crédito

O razonete sempre apresenta, na parte superior, o nome da conta a que se refere. O lado esquerdo demonstra o registro de débitos e o lado direito o registro dos créditos, sendo essa representação gráfica imutável, ou seja, o lado do débito é sempre o lado esquerdo e o lado do crédito é sempre o lado direito, independentemente do tipo de conta que representa.

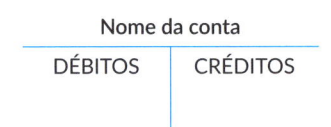

Nome da conta	
DÉBITOS	CRÉDITOS

Se o total dos débitos for maior que o total dos créditos, a conta tem saldo **devedor** e, em caso contrário, seu saldo é **credor**.

▼ Convenções de débito e crédito

A convenção adotada na contabilidade para a utilização dos razonetes é a seguinte:

- Contas de **ativo**: Aumentam por lançamentos de débito e diminuem por lançamentos de crédito. Essas contas apresentam, em geral, **saldo devedor** ou **nulo**, ou seja, recebem mais registros de débitos do que registros de créditos. Isso se justifica pelo fato de não poder ocorrer o uso de ativos em valor superior ao que foi registrado quando de sua obtenção (por exemplo: se a empresa deposita $ 5.000 em uma conta bancária e registra na conta Depósitos bancários com um débito, não poderá retirar da conta bancária um valor superior a $ 5.000 e, portanto, o crédito nessa conta não poderá ser superior a esse valor).
- Contas de **passivo**: Aumentam por lançamentos de crédito e diminuem por lançamentos de débito. Essas contas apresentam, em geral, **saldo credor** ou **nulo**, ou seja, recebem mais registros de créditos do que registros de débitos. Isso se justifica pelo fato de não

poder ocorrer o pagamento de passivo em valor superior ao que foi registrado quando de sua obtenção (por exemplo: se a empresa faz uma compra a prazo no valor de $ 3.000, registra esse fato com um crédito em Contas a pagar. Quando for efetuar o pagamento não vai pagar um valor superior a $ 3.000 e, portanto, o débito nessa conta não poderá ser superior a esse valor).

- Contas de **patrimônio líquido**: Apresentam os mesmos princípios de registro e funcionamento das contas do Passivo.

Ressalta-se que embora estas sejam as regras, há exceções em que as contas apresentam saldos inversos, ou seja, há algumas contas de ativo que podem apresentar saldos credores, bem como contas de passivo que podem apresentar saldos devedores. Essas contas são normalmente caracterizadas como contas retificadoras de outras contas e, por isso, apresentam saldos invertidos. Também no patrimônio líquido podem ocorrer contas com saldo invertido, como a conta Prejuízos acumulados.

Os efeitos nos razonetes podem ser resumidos nas representações a seguir:

Contas de ativo

DÉBITOS	CRÉDITOS
Aumentos	Diminuições

Contas de passivo

DÉBITOS	CRÉDITOS
Diminuições	Aumentos

Contas de patrimônio líquido

DÉBITOS	CRÉDITOS
Diminuições	Aumentos

2.6.3 Partidas dobradas

O Método das Partidas Dobradas implica que, para cada destinação, existe uma fonte correspondente, resultando na igualdade do balanço. Esse procedimento é a base em que se desenvolvem todos os registros em contabilidade, para os quais a soma dos valores de débito deve ser igual à soma dos valores de crédito. Resumidamente, tem-se:

a) um evento sempre gera um ou mais lançamentos de débitos e de créditos em diversas contas;

b) o valor total dos débitos em uma ou mais contas deve ser sempre igual ao valor total dos créditos em uma ou mais contas.

Para melhor entendimento, os registros das operações da Bicicletas Baloi S.A., já abordados no item 2.6.1, são reapresentados a seguir:

1. 01/01/X0 – Integralização do capital social em dinheiro, no valor de $ 50.000.
2. 02/01/X0 – Compra de um imóvel por $ 30.000, sendo pago 40% à vista e o restante mediante uma promissória com vencimento em 30/04/X2.
3. 20/01/X0 – Compra de instalações, à vista, necessárias para o funcionamento da empresa por $ 10.000.
4. 31/01/X0 – Compra de mercadorias, a prazo, para comercialização por $ 20.000, sendo que $ 4.000 seriam pagos em 28/02/X0 e o restante em 13/03/X0.
5. 01/02/X0 – Compra de um terreno, no valor de $ 16.000, a ser pago em quatro vezes iguais a partir do mês seguinte.
6. 10/02/X0 – Aumento de capital no valor de $ 15.000, sendo 60% em mercadorias e o restante em dinheiro.
7. 28/02/X0 – Pagamento das mercadorias adquiridas no dia 31/01/X0, no valor de $ 4.000.

Ativo

	Depósitos bancários				Imóvel			Instalações	
(1)	50.000	12.000	(2)	(2)	30.000		(3)	10.000	
(6)	6.000	10.000	(3)						
		4.000	(7)						
	30.000				30.000			10.000	

	Mercadorias			Terrenos	
(4)	20.000		(5)	16.000	
(6)	9.000				
	29.000			16.000	

Passivo e patrimônio líquido

	Contas a pagar				Fornecedores			Promissórias a pagar – LP	
		16.000	(5)	(7)	4.000	20.000	(4)		18.000	(2)
		16.000				16.000			18.000	

	Capital Social	
	50.000	(1)
	15.000	(6)
	65.000	

Observe-se que, para cada operação, existem lançamentos de débitos e de créditos:

a) a operação 1, por exemplo, possui um lançamento de débito e um lançamento de crédito nas contas Depósitos bancários e Capital social, respectivamente;

b) a operação 2, por sua vez, possui um lançamento de débito de $ 30.000 na conta Imóvel e dois lançamentos de créditos em Depósitos bancários e Promissórias a pagar de $ 12.000 e $ 18.000, respectivamente, sendo a soma dos débitos igual à dos créditos;

c) a operação 3 possui um lançamento de débito e um de crédito nas contas Instalações e Depósitos bancários, respectivamente;

d) a operação 4 possui um lançamento de débito e um de crédito nas contas Mercadorias e Fornecedores, respectivamente;

e) a operação 5 possui um lançamento de débito (Terrenos) e um de crédito em Contas a pagar;

f) a operação 6 possui dois lançamentos de débitos (Depósitos bancários e Mercadorias) e um de crédito (Capital social);

g) a operação 7 possui um lançamento de débito e um de crédito nas contas Fornecedores e Depósitos bancários, respectivamente.

▶ EXERCÍCIO RESOLVIDO

A Cia. Criativa iniciou suas atividades em 1º de setembro de X0, tendo realizado as seguintes operações durante o mês:

1. 01/09/X0 – Integralização do capital social, no valor de $ 200.000, sendo 80% em dinheiro e 20% em terrenos.
2. 05/09/X0 – Compra de computadores para revenda, à vista, por $ 50.000.
3. 08/09/X0 – Compra, a prazo, de computadores para revenda pelo valor de $ 80.000.
4. 12/09/X0 – Devolução de 25% da compra do dia 8 por defeito na mercadoria.
5. 14/09/X0 – Pagamento de $ 40.000 relativos à parte da compra efetuada no dia 8.
6. 17/09/X0 – Compra de um terreno por $ 140.000, sendo $ 20.000 à vista e o saldo a ser pago daqui a 720 dias, mediante assinatura de nota promissória.
7. 19/09/X0 – Compra de computadores para revenda, no valor de $ 200.000, a prazo.
8. 21/09/X0 – Aumento de capital social em dinheiro no valor de $ 100.000.
9. 29/09/X0 – Pagamento de parte da compra de computadores realizada no dia 19, no valor de $ 40.000.
10. 30/09/X0 – Compra de móveis e utensílios para uso próprio por $ 80.000, a ser pago em 60 dias.

A partir dessas informações, pede-se:

a) Efetue o levantamento do balanço patrimonial da Cia. Criativa após cada transação.
b) Registre as operações nos razonetes apropriados.

▷ Solução

a) Balanços sucessivos[9]

CIA. CRIATIVA Balanço Patrimonial em 01/09/X0			
Ativo		Passivo	
Ativo circulante	$ 160.000		
Depósitos bancários	$ 160.000		
Ativo não circulante	$ 40.000	*Patrimônio líquido*	$ 200.000
Terrenos	$ 40.000	Capital social	$ 200.000
Total do ativo	$ 200.000	Total do passivo + PL	$ 200.000

CIA. CRIATIVA Balanço Patrimonial em 05/09/X0			
Ativo		Passivo	
Ativo circulante	$ 160.000		
Depósitos bancários	$ 110.000		
Estoques de computadores	$ 50.000		
Ativo não circulante	$ 40.000	*Patrimônio líquido*	$ 200.000
Terrenos	$ 40.000	Capital social	$ 200.000
Total do ativo	$ 200.000	Total do passivo + PL	$ 200.000

CIA. CRIATIVA Balanço Patrimonial em 08/09/X0			
Ativo		Passivo	
Ativo circulante	$ 240.000	*Passivo circulante*	$ 80.000
Depósitos bancários	$ 110.000	Fornecedores	$ 80.000
Estoques de computadores	$ 130.000		
Ativo não circulante	$ 40.000	*Patrimônio líquido*	$ 200.000
Terrenos	$ 40.000	Capital social	$ 200.000
Total do ativo	$ 280.000	Total do passivo + PL	$ 280.000

---

[9] A metodologia de balanços sucessivos consiste na elaboração de balanços patrimoniais a cada transação e é utilizada apenas para fins didáticos.

CIA. CRIATIVA			
Balanço Patrimonial em 12/09/X0			
Ativo		Passivo	
Ativo circulante	*$ 220.000*	*Passivo circulante*	*$ 60.000*
Depósitos bancários	$ 110.000	Fornecedores	$ 60.000
Estoques de computadores	$ 110.000		
Ativo não circulante	*$ 40.000*	*Patrimônio líquido*	*$ 200.000*
Terrenos	$ 40.000	Capital social	$ 200.000
Total do ativo	$ 260.000	Total do passivo + PL	$ 260.000

CIA. CRIATIVA			
Balanço Patrimonial em 14/09/X0			
Ativo		Passivo	
Ativo circulante	*$ 180.000*	*Passivo circulante*	*$ 20.000*
Depósitos bancários	$ 70.000	Fornecedores	$ 20.000
Estoques de computadores	$ 110.000		
Ativo não circulante	*$ 40.000*	*Patrimônio líquido*	*$ 200.000*
Terrenos	$ 40.000	Capital social	$ 200.000
Total do ativo	$ 220.000	Total do passivo + PL	$ 220.000

CIA. CRIATIVA			
Balanço Patrimonial em 17/09/X0			
Ativo		Passivo	
Ativo circulante	*$ 160.000*	*Passivo circulante*	*$ 20.000*
Depósitos bancários	$ 50.000	Fornecedores	$ 20.000
Estoques de computadores	$ 110.000	*Passivo não circulante*	*$ 120.000*
Ativo não circulante	*$ 180.000*	Nota promissória	$ 120.000
Terrenos	$ 180.000	*Patrimônio líquido*	*$ 200.000*
		Capital social	$ 200.000
Total do ativo	$ 340.000	Total do passivo + PL	$ 340.000

CIA. CRIATIVA			
Balanço Patrimonial em 19/09/X0			
Ativo		Passivo	
Ativo circulante	*$ 360.000*	*Passivo circulante*	*$ 220.000*
Depósitos bancários	$ 50.000	Fornecedores	$ 220.000
Estoques de computadores	$ 310.000	*Passivo não circulante*	*$ 120.000*
Ativo não circulante	*$ 180.000*	Nota promissória	$ 120.000
Terrenos	$ 180.000	*Patrimônio líquido*	*$ 200.000*
		Capital social	$ 200.000
Total do ativo	$ 540.000	Total do passivo + PL	$ 540.000

CIA. CRIATIVA
Balanço Patrimonial em 21/09/X0

Ativo		Passivo	
Ativo circulante	**$ 460.000**	*Passivo circulante*	**$ 220.000**
Depósitos bancários	$ 150.000	Fornecedores	$ 220.000
Estoques de computadores	$ 310.000	*Passivo não circulante*	**$ 120.000**
Ativo não circulante	**$ 180.000**	Nota promissória	$ 120.000
Terrenos	$ 180.000	*Patrimônio líquido*	**$ 300.000**
		Capital social	$ 300.000
Total do ativo	$ 640.000	Total do passivo + PL	$ 640.000

CIA. CRIATIVA
Balanço Patrimonial em 29/09/X0

Ativo		Passivo	
Ativo circulante	**$ 420.000**	*Passivo circulante*	**$ 180.000**
Depósitos bancários	$ 110.000	Fornecedores	$ 180.000
Estoques de computadores	$ 310.000	*Passivo não circulante*	**$ 120.000**
Ativo não circulante	**$ 180.000**	Nota promissória	$ 120.000
Terrenos	$ 180.000	*Patrimônio líquido*	**$ 300.000**
		Capital social	$ 300.000
Total do ativo	$ 600.000	Total do passivo + PL	$ 600.000

CIA. CRIATIVA
Balanço Patrimonial em 30/09/X0

Ativo		Passivo	
Ativo circulante	**$ 420.000**	*Passivo circulante*	**$ 260.000**
Depósitos bancários	$ 110.000	Fornecedores	$ 180.000
Estoques de computadores	$ 310.000	Contas a pagar	$ 80.000
Ativo não circulante	**$ 260.000**	*Passivo não circulante*	**$ 120.000**
Móveis e utensílios	$ 80.000	Nota promissória	$ 120.000
Terrenos	$ 180.000	*Patrimônio líquido*	**$ 300.000**
		Capital social	$ 300.000
Total do ativo	$ 680.000	Total do passivo + PL	$ 680.000

b) Lançamentos em razonetes

Contas do ativo

Depósitos bancários			
(1) 160.000	50.000	(2)
(8) 100.000	40.000	(5)
	20.000	(6)
	40.000	(9)
110.000		

Estoques de computadores			
(2) 50.000	20.000	(4)
(3) 80.000		
(7) 200.000		
310.000		

Móveis e utensílios		
(10) 80.000		
80.000		

Terrenos		
(1) 40.000		
(6) 140.000		
180.000		

Contas do passivo e patrimônio líquido

Contas a pagar (CP)		
	80.000	(10)
	80.000	

Fornecedores			
(4) 20.000	80.000	(3)
(5) 40.000	200.000	(7)
(9) 40.000		
	180.000	

Nota promissória (LP)		
	120.000	(6)
	120.000	

Capital social		
	200.000	(1)
	100.000	(8)
	300.000	

▶ EXERCÍCIOS PROPOSTOS

▷ Exercício 1

A Empresa Reguladora S.A. apresentava as seguintes contas e seus respectivos saldos em 31/12/X0, em reais:

Contas a receber (longo prazo)	3.000	Estoques	210.000
Adiantamentos a fornecedores	45.000	Fornecedores	181.000
Aplicações financeiras	120.000	Investimentos em outras empresas	300.000
Caixa e equivalentes de caixa	30.000	Máquinas e equipamentos	630.000
Capital social	1.019.500	Empréstimos a pagar (curto prazo)	519.500
Valores a receber de clientes	500.000	Empréstimos a pagar (longo prazo)	373.000
Tributos a pagar	115.000	Veículos	60.000
Imóveis	550.000	Salários a pagar	240.000

A partir dessas informações, pede-se:

a) Elabore o balanço patrimonial em 31/12/X0, de acordo com a legislação vigente.

b) Determine os seguintes totais:
- Ativo circulante: _____.
- Passivo exigível a longo prazo: _____.
- Ativo imobilizado: _____.
- Parcela do patrimônio pertencente aos acionistas: _____.

▷ Exercício 2

Durante o mês de janeiro de X0, a empresa Alpha Ltda. apresentou as seguintes transações contábeis nas respectivas datas:

1. 02/01 – Constituição da empresa mediante integralização do capital inicial no valor de $ 50.000, em dinheiro.
2. 05/01 – Compra à vista de mercadorias no valor de $ 5.000.
3. 07/01 – Aquisição de terrenos a prazo no valor de $ 3.000.
4. 08/01 – Compra de móveis e utensílios no valor de $ 2.000 à vista.
5. 30/01 – Aquisição de máquinas e equipamentos no valor de $ 20.000 à vista.
6. 31/01 – Obtenção de empréstimo junto ao Banco ABC no valor de $ 10.000 mediante emissão de nota promissória.

A partir dessas informações, pede-se:

a) Efetue o levantamento do balanço patrimonial da Alpha após cada transação.

▷ Exercício 3

A Cia. Alta Plaza apresentava as seguintes situações patrimoniais nas datas a seguir:

Cia. Alta Plaza
Balanço Patrimonial em 01/10/X0

Ativo		Passivo	
Depósitos bancários	$ 8.000		
		Capital social	$ 8.000
Total do ativo	$ 8.000	Total do passivo + PL	$ 8.000

Cia. Alta Plaza
Balanço Patrimonial em 03/10/X0

Ativo		Passivo	
Depósitos bancários	$ 5.000		
Terrenos	$ 3.000		
		Capital social	$ 8.000
Total do ativo	$ 8.000	Total do passivo + PL	$ 8.000

Cia. Alta Plaza
Balanço Patrimonial em 06/10/X0

Ativo		Passivo	
Depósitos bancários	$ 4.000	Fornecedores	$ 2.000
Estoques	$ 3.000		
Terrenos	$ 3.000	Capital social	$ 8.000
Total do ativo	$ 10.000	Total do passivo + PL	$ 10.000

Cia. Alta Plaza
Balanço Patrimonial em 12/10/X0

Ativo		Passivo	
Depósitos bancários	$ 5.000	Fornecedores	$ 2.000
Estoques	$ 3.000		
Terrenos	$ 3.000	Capital social	$ 9.000
Total do ativo	$ 11.000	Total do passivo + PL	$ 11.000

Cia. Alta Plaza
Balanço Patrimonial em 14/10/X0

Ativo		Passivo	
Depósitos bancários	$ 5.000	Fornecedores	$ 2.000
Estoques	$ 3.000	Contas a pagar	$ 4.000
Veículos	$ 4.000		
Terrenos	$ 3.000	Capital social	$ 9.000
Total do ativo	$ 15.000	Total do passivo + PL	$ 15.000

Cia. Alta Plaza
Balanço Patrimonial em 15/10/X0

Ativo		Passivo	
Depósitos bancários	$ 5.000	Fornecedores	$ 2.000
Estoques	$ 3.000	Contas a pagar	$ 1.000
Veículos	$ 4.000	Capital social	$ 9.000
Total do ativo	$ 12.000	Total do passivo + PL	$ 12.000

Cia. Alta Plaza
Balanço Patrimonial em 20/10/X0

Ativo		Passivo	
Depósitos bancários	$ 4.000	Fornecedores	$ 4.000
Estoques	$ 5.000		
Veículos	$ 4.000	Capital social	$ 9.000
Total do ativo	$ 13.000	Total do passivo + PL	$ 13.000

Cia. Alta Plaza
Balanço Patrimonial em 31/10/X0

Ativo		Passivo	
Depósitos bancários	$ 2.000	Fornecedores	$ 7.000
Estoques	$ 10.000		
Veículos	$ 4.000	Capital social	$ 9.000
Total do ativo	$ 16.000	Total do passivo + PL	$ 16.000

A partir dessas informações, pede-se:

a) Analise as alterações nas situações patrimoniais e identifique as operações realizadas.

▷ Exercício 4

A Comércio de Computadores Fa-Jutos Ltda. iniciou suas atividades em 1º de agosto de X4, tendo realizado as seguintes operações durante o mês:

Data	Operação
01	Integralização do capital inicial de $ 200.000 em dinheiro, depositado em conta corrente
02	Compra, a prazo, de terreno para uso próprio por $ 80.000, a ser pago em parcelas até 30/11/X4.
05	Compra de computadores para revenda, à vista, por $ 120.000
08	Compra, a prazo, de computadores para revenda pelo valor de $ 80.000
12	Devolução de 25% da compra do dia 8 por defeito na mercadoria
14	Pagamento de $ 40.000 relativos à parte da compra efetuada no dia 8
15	Pagamento de $ 10.000 da dívida relativa à compra de terrenos (dia 2)
17	Compra de um terreno por $ 140.000, sendo $ 20.000 à vista e o saldo para ser pago em 31/8, 30/9 e 31/10
19	Compra de computadores para revenda, a prazo, pelo valor de $ 200.000
21	Aumento de capital em dinheiro no valor de $ 100.000
31	Pagamento de $ 20.000 por conta do terreno adquirido no dia 17

A partir dessas informações, pede-se:

a) Elabore o balanço patrimonial da empresa após cada evento.

b) Refaça o exercício registrando, em razonetes, os eventos ocorridos durante o mês de agosto/X4, e elabore o balanço patrimonial da empresa no dia 31/08/X4.

▷ **Exercício 5**

Os eventos apresentados a seguir, relativos ao mês de janeiro de X0, foram realizados pela Comércio de Softwares Pi-Ratas Ltda.:

Data	Evento
03/01	Integralização do capital inicial no valor de $ 100.000, depositado em conta corrente
05/01	Compra de um imóvel, à vista, no valor de $ 26.000, para a construção da sede
10/01	Compra de material de informática para comercialização no valor de $ 20.000 que será pago em fevereiro/X0
15/01	Compra, a prazo, de softwares para revenda no valor de $ 40.000
20/01	Pagamento de $ 20.000 relativo à compra efetuada em 15/01/X0
25/01	Aumento de capital com veículos que estão avaliados em $ 10.000
30/01	Compra de móveis de escritório para uso na atividade pelo valor de $ 5.000, à vista

A partir dessas informações, pede-se:

a) Elabore o balanço patrimonial da Comércio de Softwares Pi-Ratas Ltda. após cada evento.

b) Refaça o exercício registrando, em razonetes, os eventos ocorridos durante o mês de janeiro/X0, e elabore o balanço patrimonial da empresa no dia 31/01/X0.

▶ TESTES

1. Conforme a Estrutura Conceitual Básica, ativo é um
   a) bem ou direito de posse da empresa para venda.
   b) recurso de natureza tangível ou intangível de propriedade da empresa com o objetivo de geração de caixa.
   c) recurso controlado pela entidade como resultado de eventos passados e do qual se espera que fluam benefícios econômicos para a entidade.
   d) investimento de natureza tangível capaz de proporcionar benefícios econômicos futuros para a entidade.
   e) bem ou direito que gere benefício econômico futuro por mais de um exercício social.

2. Assinale a alternativa errada:
   a) No lado esquerdo do balanço patrimonial encontramos as contas patrimoniais de ativo.
   b) Todos os elementos componentes do passivo acham-se discriminados no lado direito do balanço patrimonial.
   c) Todos os componentes do patrimônio líquido encontram-se discriminados no lado esquerdo do balanço patrimonial.
   d) A equação patrimonial é representada por: Ativo = Passivo + Patrimônio líquido.

3. A aquisição de um bem à vista:
   a) Diminui o caixa e o total do ativo.
   b) Não altera o total do ativo.
   c) Aumenta o total do ativo.
   d) Aumenta o ativo circulante.

4. A compra de matéria-prima em 12 parcelas sem entrada:
   a) Aumenta o ativo e diminui o passivo.
   b) Aumenta o passivo e o ativo.
   c) Não altera em nada o balanço patrimonial.
   d) Diminui o ativo e o passivo.

5. O lado esquerdo do balanço patrimonial é denominado:
   a) Passivo.
   b) Passivo e patrimônio líquido.
   c) Ativo.
   d) Capital de terceiros.

6. São contas de ativo:
   a) Caixa, Reservas de lucros e Veículos.
   b) Caixa, Imóveis e Clientes.
   c) Despesa de salários, Mercadorias e Caixa.
   d) Fornecedores, Salários a pagar e Clientes.

7. O lado esquerdo de uma conta T é chamado:
   a) Débito.
   b) Crédito.
   c) Ativo.
   d) Passivo.

8. Indique a alternativa correta:
   a) As contas T possuem apenas um lado.
   b) As contas possuem dois lados, o esquerdo (crédito) e o direito (débito).
   c) Se o total do lado esquerdo de uma conta for maior do que o total do lado direito, então o saldo da conta é devedor.
   d) Débito significa algo desfavorável e crédito favorável.

9. As contas patrimoniais de ativo possuem saldo:
   a) Negativo.
   b) Devedor.
   c) Positivo.
   d) Credor.

10. Um crédito em qualquer conta de passivo representa:
    a) Uma diminuição.
    b) Um débito.
    c) Um aumento.
    d) Não afeta os saldos das contas.

11. A principal característica do Método das Partidas Dobradas é:
    a) Não há débitos sem créditos correspondentes de igual valor.
    b) Para um lançamento de débito sempre há apenas um lançamento de crédito.
    c) Para cada destinação existe uma única fonte.
    d) As fontes de recursos representam o total do passivo.

12. Com base nas informações a seguir, responda às seguintes questões:

O balancete de verificação da Empresa Segredo em 31/12/X0 apresentava os seguintes saldos nas contas (em $): Clientes 17.550 (curto prazo); Financiamento 48.692; Fornecedores 10.308; Imóvel 41.450; Capital social 151.345; Mercadorias 150.000 (curto prazo); Depósitos bancários 2.000; e Reservas de lucros 655.

12.1 Assinale a alternativa correta:
a) Total do ativo = $ 211.000 e patrimônio líquido = $ 152.000.
b) Total do passivo = $ 211.000 e patrimônio líquido = $ 152.000.
c) Total do balancete de verificação = $ 422.000 e Total do ativo = $ 422.000.
d) Total do ativo = $ 211.000 e Total do passivo + Patrimônio líquido + Balancete de verificação = $ 211.000.

12.2 Assinale a alternativa correta:
a) Total do ativo circulante: $ 167.550.
b) Total do passivo: $ 49.000.
c) Total do ativo circulante: $ 169.550.
d) Total do patrimônio líquido: $ 200.692.

12.3 Assinale a alternativa correta:
a) Total do ativo não circulante: $ 169.550.
b) Total do ativo não circulante: $ 167.550.
c) Total do ativo não circulante: $ 41.450.
d) Total do ativo não circulante: $ 39.450.

13. As contas do passivo são apresentadas no balanço patrimonial de acordo com a ordem
a) crescente de relevância.
b) crescente de liquidez.
c) decrescente de liquidez.
d) crescente de exigibilidade.
e) decrescente de exigibilidade.

14. Em 01/01/X7, a indústria Marotos S.A. realizou as seguintes transações:
- Comprou, a prazo, matéria-prima para fabricação de seu produto.
- Adquiriu um empréstimo bancário a ser pago em 31/07/X7.
- Recebeu parte do saldo da conta Clientes, que venceria em 30/09/X7.

Considerando as informações e respeitando a ordem em que foram apresentadas, é possível afirmar que o impacto no balanço patrimonial das transações descritas anteriormente foi, respectivamente:

a) aumento do ativo não circulante; aumento do ativo circulante; aumento do passivo não circulante.

b) sem impacto; aumento do passivo circulante; aumento do ativo circulante.

c) aumento do ativo circulante; aumento do passivo circulante; sem impacto.

d) sem impacto; aumento do passivo circulante; aumento do ativo não circulante.

e) aumento do ativo circulante; aumento do passivo circulante; aumento do ativo circulante.

15. Ao realizar um débito em uma conta do ativo e um crédito de igual valor em uma conta do passivo, essa transação pode indicar:

a) Venda de imobilizado.

b) Aumento de capital social.

c) Contratação de uma dívida.

d) Compra de imobilizado à vista.

16. Considere as seguintes operações realizadas pela Cia. Montes:

I – Aquisição de terreno para construção de nova sede.

II – Aquisição de direitos de exploração de terras.

III – Aquisição de máquinas para utilização na atividade principal.

Com base nestas informações, os ativos adquiridos nas operações I, II e III foram reconhecidos pela Cia. Montes, respectivamente, como:

a) imobilizado, intangível e imobilizado.

b) imobilizado, imobilizado e investimentos.

c) imobilizado, investimentos e imobilizado.

d) intangível, imobilizado e estoques.

e) intangível, imobilizado e investimentos.

▶ ANEXO

Este anexo apresenta, resumidamente, alguns instrumentos auxiliares utilizados na contabilidade para análise das operações, visando a identificar eventuais distorções ocorridas no processo de registro.

1. Balancete

O balancete é um relatório gerencial que lista cada conta do Razão com seus respectivos saldos em determinada data. A soma do total dos débitos deve ser igual à soma do total dos créditos e, caso essa igualdade não ocorra, é necessário verificar os erros incorridos e ajustá-los.

O balancete antecede a preparação dos relatórios finais em contabilidade: balanço patrimonial, demonstração do resultado e outros.

Por exemplo: A Cia. Criativa apresentava em 30/09/X0 os seguintes saldos (em $): Depósitos bancários 110.000; Fornecedores 180.000; Estoques de computadores 310.000; Nota promissória a pagar de longo prazo 120.000; Contas a pagar de curto prazo 80.000; Móveis e utensílios 80.000; Terrenos 180.000; e Capital social 300.000. O balancete (para verificação) seria o seguinte:

Balancete em 30/09/X0		
Contas	Débito	Crédito
Depósitos bancários	$ 110.000	
Fornecedores		$ 180.000
Estoques de computadores	$ 310.000	
Nota promissória (longo prazo)		$ 120.000
Contas a pagar (curto prazo)		$ 80.000
Móveis e utensílios	$ 80.000	
Terrenos	$ 180.000	
Capital social		$ 300.000
TOTAL	$ 680.000	$ 680.000

2. Quadro de ajustes

Após a elaboração do balancete, são frequentes alguns lançamentos adicionais, tanto para a correção de lançamentos errados como para os que deixaram de ser efetuados e que deveriam ter sido. Esses ajustes são realizados no quadro de ajustes e deverão ser lançados no livro razão e no livro diário.

Por exemplo: após os trabalhos de auditoria, realizados na Cia. Criativa, identificou-se que os eventos a seguir não foram registrados pela contabilidade:

1. Pagamento de $ 20.000 referente às compras de computadores realizadas no dia 08/09/X0.
2. Compra de computadores para revenda, no valor de $ 35.000, a prazo, no dia 25/09/X0.

O quadro de ajustes demonstrando os lançamentos necessários para ajustar todas as contas é:

	Quadro de ajustes 30/09/X0					
	Saldo no balancete		Ajustes		Saldo ajustado	
Contas	Débito	Crédito	Débito	Crédito	Débito	Crédito
Depósitos bancários	$ 110.000			(1) $ 20.000	$ 90.000	
Estoques de computadores	$ 310.000		(2) 35.000		$ 345.000	
Terrenos	$ 180.000				$ 180.000	
Móveis e utensílios	$ 80.000				$ 80.000	
Fornecedores		$ 180.000	(1) $ 20.000	(2) $ 35.000		$ 195.000
Contas a pagar (curto prazo)		$ 80.000				$ 80.000
Nota promissória (longo prazo)		$ 120.000				$ 120.000
Capital		$ 300.000				$ 300.000
TOTAL	$ 680.000	$ 680.000	$ 55.000	$ 55.000	$ 695.000	$ 695.000

Na elaboração do quadro de ajustes, é interessante que as contas sejam agrupadas em ativo, passivo e resultado para facilitar a análise e elaboração das demonstrações.

3. Livro diário

O livro diário é um documento obrigatório pela legislação em vigor, no qual são registradas, com individualização, clareza e caracterização do documento respectivo, todas as operações da empresa, de maneira sequencial por ordem de data. A seguir, apresenta-se um exemplo de livro diário.

Os registros no livro diário das duas operações citadas no item anterior e não registradas pela contabilidade seriam:

Data: 08/09/X0			
Débito	Crédito	Histórico	Valor
Fornecedores	Disponível	Pagamento do fornecedor J.J&S, cheque n° 12, de compra realizada no dia 08/09/X0.	$ 20.000

Data: 25/09/X0			
Débito	Crédito	Histórico	Valor
Estoques de computadores	Fornecedores	Compra, a prazo, de computadores para revenda do fornecedor MM&J, nota fiscal n° 1551.	$ 35.000

3 DEMONSTRAÇÃO DO RESULTADO

3.1 Introdução

O capítulo anterior analisou o impacto de diversos eventos sobre a situação patrimonial da empresa, mas, à exceção da integralização de capital pelos sócios, os demais eventos não causaram qualquer efeito no patrimônio líquido. Os eventos analisados impactavam somente as contas dos grupos do ativo e do passivo, caracterizando a troca de um ativo por outro, a obtenção de um ativo com recursos de terceiros, a liquidação de um passivo com a consequente redução do ativo, entre outros. Neste capítulo, serão analisados os eventos que causam efeito no patrimônio líquido da empresa os quais são decorrentes do desempenho de sua atividade.

O patrimônio líquido da empresa pode sofrer alterações ao longo do tempo em função dos seguintes eventos:

- integralização inicial e aumento de capital pelos sócios
- resultado do desempenho da atividade da empresa
- ajustes de avaliação patrimonial
- entrada de ativos não provenientes do desempenho da atividade (por exemplo, ágio na emissão de ações)
- distribuição de dividendos
- redução de capital pelos sócios

A integralização de capital já foi analisada no capítulo anterior e aqui será analisado o componente mais importante na formação do patrimônio líquido, que é o resultado proveniente da atividade da empresa. Os demais eventos citados serão analisados em capítulos específicos deste livro.

3.2 Resultado

O termo **resultado** é bastante intuitivo e conduz, de forma genérica, à ideia de desempenho em alguma atividade. O Comitê de Pronunciamentos Contábeis (CPC) apresenta em seu Pronunciamento Conceitual Básico (R1), no Capítulo 4, item 4.24, as seguintes considerações sobre o desempenho da empresa:

> O resultado é frequentemente utilizado como medida de performance ou como base para outras medidas, tais como o retorno do investimento ou o resultado por ação. Os elementos diretamente relacionados com a mensuração do resultado são as receitas e as despesas. O reconhecimento e a mensuração das receitas e despesas e, consequentemente, do resultado, dependem em parte dos conceitos de capital e de manutenção de capital adotados pela entidade na elaboração de suas demonstrações contábeis.

Na contabilidade, o termo **resultado** assume a mesma conotação de medida de desempenho e corresponde à mensuração do aumento ou da diminuição do patrimônio líquido da instituição, caracterizando-se pela confrontação das receitas obtidas pela empresa no desempenho de sua atividade, com as despesas incorridas para obtê-las. Assim, de forma bastante simples, o resultado pode ser representado matematicamente pela seguinte expressão:

Resultado = Receitas − Despesas

Se o total de receitas for superior ao total de despesas necessárias para obtê-las, diz-se que o resultado é positivo e recebe a denominação **lucro**. Na situação inversa, em que as despesas são superiores às receitas, esse resultado recebe a denominação **prejuízo**.

Nota-se que, para a determinação do resultado, é necessária a identificação das receitas e despesas em determinado período, para que se possa avaliar o efeito causado no patrimônio líquido da empresa. Para isso, é necessário definir de forma objetiva quando um evento é caracterizado como receita (gerando acréscimo de patrimônio líquido) e quando se caracteriza como despesa (gerando diminuição do patrimônio líquido), pois, embora a percepção de receita e despesa possa ser bastante intuitiva, suas caracterizações na contabilidade diferenciam-se, em muitos casos, do entendimento popular. Assim, como exemplo, é comum na linguagem popular dizer que se incorre em despesa quando são efetuadas aquisições em um supermercado; esse fato, contudo, não caracteriza uma despesa sob os conceitos adotados na contabilidade, mas apenas a troca de um ativo (dinheiro) por outro ativo (estoque de produtos).

Os termos **receita** e **despesa** são caracterizados a seguir e explicados mais detalhadamente por meio de exemplos.

3.2.1 Conceito de receita

O Pronunciamento Conceitual Básico (R1) apresenta, no Capítulo 4, item 4.25, a seguinte definição de receita:

> [...]
> (a) receitas são aumentos nos benefícios econômicos durante o período contábil, sob a forma da entrada de recursos ou do aumento de ativos ou diminuição de passivos, que resultam em aumentos do patrimônio líquido, e que não estejam relacionados com a contribuição dos detentores dos instrumentos patrimoniais.
> [...]

Assim, uma receita pode ser caracterizada como entrada ou aumento de um ativo ou redução de um passivo para a empresa, que seja proveniente de uma atividade exercida por ela, rotineira ou não, e que aumenta seu patrimônio líquido. Para haver a caracterização da receita, a empresa não pode assumir nenhuma obrigação futura em consequência do ativo recebido ou da redução de determinado passivo. As receitas são provenientes, em geral, da venda de produtos, da prestação de serviços, da venda esporádica de ativos, de acréscimos por remuneração de aplicações financeiras ou por redução de um passivo existente. Para melhor entendimento desse conceito, vamos analisar alguns eventos que são reconhecidos como receitas e analisar suas características:

Venda à vista: Quando ocorre uma venda de produtos à vista, há a entrada de um ativo para a empresa (Caixa ou Depósito bancário), que é proveniente de uma atividade rotineira (vender). Esse ativo gera um acréscimo no patrimônio líquido e não há qualquer obrigação futura para a empresa, pois é feita a transferência da propriedade do produto no momento em que a venda se concretiza. Assim, tem-se reconhecida a receita que é denominada "receita de venda".

Venda a prazo: Quando ocorre uma venda de produtos a prazo, há a entrada de um ativo para a empresa (Direito de receber), também proveniente de uma atividade rotineira (vender), e esse evento não gera qualquer obrigação futura para a empresa, pois também é feita a transferência da propriedade do produto no momento em que a venda se concretiza. Tem-se, aqui, reconhecida uma "receita de venda".

Venda com recebimento de outro ativo: Embora não seja um fato comum, caso ocorra a venda de um produto com o recebimento de outro ativo (que não seja dinheiro ou crédito a receber), a entrada desse ativo caracteriza uma receita para a empresa, porque este é proveniente de uma atividade por ela exercida e o evento não gera qualquer obrigação futura, pois já ocorreu a transferência da propriedade do produto no momento em que a venda se concretizou.

Juros sobre aplicações financeiras: Os juros gerados por uma aplicação financeira caracterizam a entrada de um ativo para a empresa (Caixa ou juros a receber), que é proveniente de uma atividade rotineira da empresa (aplicar o excedente de caixa). Esse evento não gera qualquer obrigação futura para a empresa, pois o recurso (excedente de caixa) já está à disposição da instituição financeira desde o início da aplicação. Assim, tem-se reconhecida uma receita que é comumente denominada "receita de juros" ou "receita financeira".

Liquidação de um passivo com desconto: Quando a empresa liquida um passivo e obtém um desconto, ocorre a redução de um passivo com a entrega de um montante menor de recursos, que se reflete como um aumento do patrimônio líquido. Esse desconto obtido também se caracteriza como uma receita que é comumente enquadrada na categoria das receitas financeiras.

Pode-se perceber nestes exemplos que a caracterização da receita ocorre no momento em que um ativo qualquer é gerado para a empresa como decorrência de um evento que faça parte das suas atividades, causando aumento no patrimônio líquido e não implicando obrigação futura (que caracterizaria um passivo para a empresa). Pode também ser caracterizada pela redução de um passivo quando resultar em acréscimo no patrimônio líquido.

Há algumas exceções, para atividades específicas, em que é possível o reconhecimento da receita em função da valorização do ativo no tempo. Como exemplo, podem-se citar a produção de vinho e reservas florestais, entre outras, que exigem um longo tempo de maturação do produto para que possa ser vendido e aceito pelo mercado consumidor. Nesse caso, é admissível que a receita seja reconhecida em função do aumento do valor do estoque pela maturação do produto, mesmo não tendo havido a venda e transferência para o comprador. No entanto, o reconhecimento da receita deve ser feito somente quando resultar em aumento nos benefícios econômicos futuros que possa ser determinado em bases confiáveis. Essas exceções são aceitas apenas em casos específicos e quando bem definidas e justificadas as características do produto. Outros aspectos relacionados com o momento do reconhecimento e com a mensuração da receita são abordados na subseção 3.2.4 deste capítulo.

3.2.2 Conceito de despesa

O Pronunciamento Conceitual Básico (R1) apresenta, no mesmo Capítulo 4 e item 4.25, a seguinte definição de despesa:

> *[...]*
> *(b) despesas são decréscimos nos benefícios econômicos durante o período contábil, sob a forma da saída de recursos ou da redução de ativos ou assunção de passivos, que resultam em decréscimo do patrimônio líquido, e que não estejam relacionados com distribuições aos detentores dos instrumentos patrimoniais.*
> *[...]*

Em uma visão simplificada, uma despesa pode ser entendida como o **custo do uso de bens ou serviços** ou o **custo de bens ou serviços consumidos** nas atividades da empresa visando, em geral, à obtenção de receitas.[1] Em outras palavras, pode-se dizer que despesas são sacrifícios de benefícios econômicos e devem ser reconhecidas quando surge um decréscimo nos futuros benefícios econômicos provenientes da diminuição do ativo ou do aumento de passivo.

Para melhor entendimento desse conceito, vamos analisar alguns eventos reconhecidos como despesas e analisar suas características:

Salários dos funcionários: Os valores dos salários e outros encargos remuneratórios devidos aos funcionários em determinado mês de trabalho caracterizam uma despesa, pois correspondem ao custo que a empresa teve para fazer uso dos serviços destes funcionários e representam ou representarão um sacrifício econômico. O uso dos serviços dos funcionários tem por objetivo possibilitar à empresa seu funcionamento (produção de bens ou serviços, administração e vendas) para a geração de receita, não importando se o salário é pago no próprio mês de trabalho ou em outra data qualquer.

---

[1] Esta afirmação deve ser interpretada com restrições, pois pelas normas vigentes podem ocorrer despesas que não estão obrigatoriamente associadas à geração de receitas.

Aluguel de um imóvel: O valor do aluguel de um imóvel utilizado pela empresa em determinado mês caracteriza uma despesa, pois corresponde ao custo que a empresa teve para fazer uso do imóvel de terceiros e representa ou representará um sacrifício econômico para esta. O uso desse imóvel tem por objetivo possibilitar à empresa seu funcionamento (produção de bens ou serviços, administração e vendas) para a geração de receita, não importando se o aluguel é pago no próprio mês de utilização ou em outra data qualquer.

Serviços de terceiros: O valor dos serviços prestados por terceiros para a empresa em determinado mês caracteriza uma despesa, pois corresponde ao custo que esta teve para se utilizar desses serviços no período e, também, representa ou representará um sacrifício econômico para a empresa. O uso desses serviços tem por objetivo auxiliar a empresa na produção de bens ou serviços, administração e vendas para a geração de receita. Não importa se os serviços são pagos no próprio período de utilização ou em outra data qualquer.

Consumo de estoque: Quando uma empresa comercial efetua a venda de seus produtos, ocorre o "consumo" (redução) de parte do seu estoque pela entrega da mercadoria ao cliente. O custo desse estoque consumido caracteriza uma despesa para a empresa, pois ocorreu com o objetivo de geração de receita, não importando se o estoque foi pago no passado, se é pago no próprio mês do consumo ou se será pago em outra data qualquer. Essa despesa, característica nas atividades comerciais, recebe um nome específico e tradicional: custo das mercadorias vendidas. Embora o termo "custo" não seja adequado para caracterizar uma despesa, o uso desse nome é tradicional e já se consolidou na contabilidade.

3.2.3 Reconhecimento de receitas e despesas

O confronto entre receitas e despesas, conforme dito anteriormente, representa o resultado da empresa (lucro ou prejuízo) e mede o desempenho obtido pela entidade em determinado período. Assim, é importante caracterizar o momento de reconhecimento das receitas e das despesas que reflita de forma adequada o desempenho a ser demonstrado. Para entender essas características, vamos supor a seguinte situação:

Uma empresa presta os mesmos serviços para um cliente todos os meses e cobra o valor mensal de $ 1.000. Para a prestação desses serviços, utiliza os serviços dos seus funcionários cujos salários e encargos totalizam $ 300 por mês.

No mês de janeiro, o serviço foi prestado normalmente, mas o cliente efetuou o pagamento somente no mês de fevereiro. Os salários dos funcionários, contudo, foram pagos pela empresa no próprio mês de janeiro. Uma análise simplista da situação pode conduzir à visão inadequada de que o resultado do mês de janeiro da empresa foi negativo em $ 300, pois não "entrou" nenhum recurso financeiro para a empresa, mas ocorreu o pagamento de $ 300 para os funcionários ("saída" de recursos financeiros).

Em fevereiro, o mesmo serviço foi prestado e foi pago pelo cliente no mês seguinte (março), enquanto os serviços prestados em janeiro foram recebidos pela empresa ($ 1.000). Em relação aos salários dos funcionários, a empresa combinou o pagamento apenas no mês seguinte (março), em função do prazo que esta leva para receber dos clientes. Novamente, uma análise simplista do desempenho da empresa em fevereiro pode conduzir a uma visão inadequada de que o resultado foi positivo no valor de $ 1.000, pois a empresa recebeu $ 1.000 relativos ao serviço prestado em janeiro, e não pagou os salários do mês de fevereiro.

Finalmente, em março, o mesmo serviço foi prestado e o cliente concordou em pagar o valor correspondente no próprio mês, tendo, portanto, a empresa recebido $ 2.000 ($ 1.000 correspondentes ao serviço prestado em fevereiro e $ 1.000 correspondentes ao serviço prestado no próprio mês de março). A empresa decidiu pagar seus funcionários também dentro do próprio mês e desembolsou $ 600 ($ 300 relativos aos salários de fevereiro e $ 300 aos salários de março). Novamente uma análise simplista conduziria a uma visão inadequada de que o resultado de março foi positivo em $ 1.400, pois a empresa recebeu $ 2.000 e pagou $ 600.

A Tabela 3.1 apresenta um resumo das análises simplistas das situações dos três meses descritas anteriormente.

Tabela 3.1 Análises das situações

	Janeiro	Fevereiro	Março
Receitas	–	1.000	2.000
(–) Despesas	(300)	–	(600)
(=) Resultado	(300)	1.000	1.400

A análise desses números induz à conclusão de que essa empresa está crescendo a passos largos, pois começou com prejuízo, depois passou para lucro e, com mais um mês, ainda aumentou o lucro. Será que isso é verdade? Faz sentido concluir que a empresa está crescendo?

A resposta correta é "depende", pois existem duas perspectivas de se analisar essa empresa: do ponto de vista financeiro e do ponto de vista econômico.

Financeiramente, é óbvio que a empresa está em uma situação melhor, afinal, começou com o "caixa" negativo e depois o transformou em positivo. Mas isso não significa que a empresa tem a tendência de crescimento do saldo, pois o caixa é muito suscetível a mudanças de prazos de recebimentos e pagamentos. Também não podemos concluir que a empresa está expandindo suas atividades, porque, como sabemos, ela vem prestando os mesmos serviços todo mês e com os mesmos funcionários.

Assim, se o resultado deve representar o desempenho econômico da empresa, há, aparentemente, uma incoerência. Sabemos que a empresa está "estável", mas verificamos um crescimento acentuado do resultado.

A explicação para essa incoerência está relacionada com o momento de reconhecimento das receitas e despesas, ou seja, entradas e saídas de caixa não refletem o desempenho econômico da empresa. Para uma adequada avaliação, as receitas e despesas devem ser reconhecidas de acordo com seu fato gerador e as despesas devem estar associadas com as receitas correspondentes, uma vez que tais despesas representam sacrifícios para a geração dessas receitas. Pensando dessa maneira, percebemos que os resultados dos três meses dessa empresa seriam de $ 700 (receitas mensais de $ 1.000 menos despesas mensais de $ 300), pois a empresa prestou serviços de $ 1.000 todos os meses e, para tal, necessitou do esforço dos seus funcionários, que custou $ 300 todos os meses.

3.2.4 Regime de competência de exercícios

Nas definições e análises apresentadas para receitas (subseção 3.2.1) e despesas (subseção 3.2.2), percebe-se que estes conceitos não estão associados, obrigatoriamente, ao momento da entrada ou da saída de dinheiro da empresa, mas à geração ou ao consumo de benefícios econômicos futuros. Em função disso, são discutidos a seguir os princípios que norteiam o reconhecimento das receitas e despesas para atender às definições apresentadas.

▼ *Reconhecimento das receitas*

As receitas são reconhecidas quando um evento gera um aumento de ativo ou redução de um passivo para a empresa e, simultaneamente, um acréscimo no seu patrimônio líquido. Diz-se que a receita é reconhecida em função do seu fato gerador e não em função do efetivo recebimento, embora os dois fatos possam ocorrer simultaneamente. Fato gerador de uma receita pode ser entendido como um evento ocorrido que possibilita à empresa obter um ativo ou reduzir um passivo que lhe acresce o patrimônio líquido e não gera nenhuma obrigação futura. Assim, quando uma empresa efetua a venda de um produto e transfere o controle deste para o comprador, sem assumir qualquer obrigação futura, ocorreu o fato gerador da receita, pois a transferência do controle do produto gerou para a empresa um ativo (caixa, recebível ou outro ativo) que lhe acresceu o patrimônio líquido. Quando uma empresa prestou um serviço a terceiros, ocorreu o fato gerador da receita, uma vez que o serviço prestado gerou para a empresa um ativo (caixa, recebível ou outro ativo) que lhe acresceu o patrimônio líquido, não havendo qualquer obrigação futura para a empresa, pois o serviço já foi prestado para o tomador.

O Pronunciamento Conceitual Básico (R1), nos itens 4.47 e 4.48, estabelece o momento do reconhecimento das receitas e as condições necessárias para este reconhecimento:

> *4.47 A receita deve ser reconhecida na demonstração do resultado quando resultar em aumento nos benefícios econômicos futuros relacionado com aumento de ativo ou com diminuição de passivo, e puder ser mensurado com confiabilidade. Isso significa, na prática, que o reconhecimento da receita ocorre simultaneamente com o reconhecimento do aumento nos ativos ou da diminuição nos passivos (por exemplo, o aumento líquido nos ativos originado da venda de bens e serviços ou o decréscimo do passivo originado do perdão de dívida a ser paga).*
>
> *4.48 Os procedimentos normalmente adotados, na prática, para reconhecimento da receita, como por exemplo, a exigência de que a receita tenha sido ganha, são aplicações dos critérios de reconhecimento definidos nesta Estrutura Conceitual. Tais procedimentos são geralmente direcionados para restringir o reconhecimento como receita àqueles itens que possam ser mensurados com confiabilidade e tenham suficiente grau de certeza.*

■ Comentários adicionais sobre o reconhecimento das receitas (CPC 47)[2]

O Pronunciamento Técnico CPC 47 apresenta detalhadamente os critérios aplicáveis para a identificação, mensuração e reconhecimento das receitas de contrato com clientes, e estabelece, no item 31, que a receita deve ser reconhecida quando a obrigação de desempenho contratada estiver satisfeita, conforme se depreende do texto:

> *A entidade deve reconhecer receitas* **quando (ou à medida que) a entidade satisfizer à obrigação de desempenho** *ao transferir o bem ou o serviço (ou seja, um ativo) prometido ao cliente. O ativo é considerado transferido quando (ou à medida que) o cliente obtiver o controle desse ativo.* (grifos nossos)

Entende-se por **obrigação de desempenho** o compromisso assumido pela empresa de atender as condições contratadas para o fornecimento de bens ou serviços ao cliente. O item 22 do mesmo pronunciamento (CPC 47) assim descreve a identificação da obrigação de desempenho:

> *No início do contrato, a entidade deve avaliar os bens ou serviços prometidos em contrato com o cliente e deve identificar como obrigação de desempenho cada promessa de transferir ao cliente:*
>
> *(a) bem ou serviço (ou grupo de bens ou serviços) que seja distinto; ou*
>
> *(b) série de bens ou serviços distintos que sejam substancialmente os mesmos e que tenham o mesmo padrão de transferência para o cliente (ver item 23).*

A obrigação de desempenho pode ser cumprida em um momento específico do tempo ou pode ser cumprida ao longo do tempo. Para a identificação do momento em que a receita deve ser reconhecida, a empresa deve identificar no contrato realizado quais são os desempenhos a serem cumpridos e quais condições definem estes cumprimentos.

■ Obrigação de desempenho cumprida em um momento específico do tempo

O Pronunciamento Técnico CPC 47, no item 38, apresenta algumas orientações que podem indicar quando a obrigação de desempenho é cumprida e, portanto, a receita deve ser reconhecida. Estas condições não são exclusivas individualmente nem conclusivas de forma direta.

A receita é reconhecida no momento em que o cliente **obtém o controle do ativo** prometido. Alguns indicadores que podem caracterizar o controle são:

- obrigação de pagar pelo ativo recebido;
- titularidade legal do ativo recebido;

---

[2] Sugerimos ao leitor que deseja se aprofundar nos conceitos aplicáveis à sua identificação, mensuração e evidenciação, que faça a consulta ao conteúdo do próprio **Pronunciamento Técnico CPC 47 – Receita de contrato com cliente**.

- posse física do ativo recebido;
- transferência de riscos e benefícios significativos do ativo;
- aceitação do ativo recebido.

Estas orientações não devem ser consideradas individualmente conclusivas, mas sim como potenciais indicadoras de que o desempenho contratado tenha sido cumprido. A empresa deve, contudo, analisar diversos outros aspectos para ter a certeza do cumprimento do desempenho contratado e, portanto, reconhecer, neste momento, a receita correspondente.

■ Obrigação de desempenho cumprida ao longo do tempo

O Pronunciamento Técnico CPC 47, nos itens 35 a 37, apresenta alguns critérios para determinação da **transferência do controle do ativo** para o cliente ao longo do tempo. Nesses casos, a receita é reconhecida a partir da medição do progresso da obrigação de desempenho em relação à obrigação de desempenho total a ser cumprida.

Se algum dos critérios, apresentados de forma resumida a seguir, for atendido, ocorre a transferência do controle e a receita deve ser reconhecida:

a) se o cliente recebe e consome simultaneamente os benefícios gerados pelo desempenho à medida que o contrato vai sendo executado;
b) se o cliente controla o ativo à medida que este é criado ou melhorado;
c) se o desempenho por parte da entidade não cria um ativo com uso alternativo para ela própria e esta possui direito executável (*enforcement*) ao recebimento pelo desempenho concluído até a data presente.

Ressaltamos, novamente, que estas orientações são aqui apresentadas de forma resumida e não contemplam todos os aspectos que possam estar envolvidos e que devem ser considerados na análise para identificar o momento do reconhecimento da receita.

▼ Reconhecimento das despesas

As despesas são reconhecidas no momento em que ocorre o uso ou o consumo de um bem ou de um serviço pela empresa, causando uma diminuição no seu patrimônio líquido. Diz-se, também, que a despesa é reconhecida em função do seu fato gerador e não em função do efetivo pagamento, embora os dois fatos possam ocorrer simultaneamente, sendo que o fato gerador de uma despesa é identificado pelo uso ou consumo de um bem ou serviço. Assim, se a empresa usou os serviços dos funcionários em determinado período, ocorreu o fato gerador da despesa (já ocorreu o uso), independentemente de os salários serem pagos ou não no próprio período. Quando uma empresa utilizou serviços de terceiros, ocorreu o fato gerador da despesa, pois o serviço já foi utilizado e o seu custo é o valor da despesa.

Esta característica é definida no item 4.49 do Pronunciamento Conceitual Básico (R1), cujo texto é o seguinte:

> *As despesas devem ser reconhecidas na demonstração do resultado quando resultarem em decréscimo nos benefícios econômicos futuros, relacionado com o decréscimo de um ativo ou o aumento de um passivo, e puder ser mensurado com confiabilidade. Isso significa, na prática, que o reconhecimento da despesa ocorre simultaneamente com o reconhecimento de aumento nos passivos ou de diminuição nos ativos (por exemplo, a alocação por competência de obrigações trabalhistas ou da depreciação de equipamento).*

O item 4.50 do mesmo pronunciamento estabelece que as despesas devem ser reconhecidas em associação aos correspondentes itens de receitas. Essa forma de reconhecimento das receitas e despesas é denominada confrontação entre despesas e receitas, conforme se depreende do texto legal:

> *As despesas devem ser reconhecidas na demonstração do resultado com base na associação direta entre elas e os correspondentes itens de receita. Esse processo, usualmente chamado de confrontação entre despesas e receitas (regime de competência), envolve o reconhecimento simultâneo ou combinado das receitas e despesas que resultem diretamente ou conjuntamente das mesmas transações ou outros eventos. Por exemplo, os vários componentes de despesas que integram o custo das mercadorias vendidas devem ser reconhecidos no mesmo momento em que a receita derivada da venda das mercadorias é reconhecida.* **Contudo, a aplicação do conceito de confrontação, de acordo com esta Estrutura Conceitual, não autoriza o reconhecimento de itens no balanço patrimonial que não satisfaçam à definição de ativos ou passivos**. (grifos nossos)

A frase grifada no texto indica que a despesa deve ser reconhecida mesmo que não haja reconhecimento de receitas diretamente associadas, implicando que a confrontação entre despesas e receitas é importante, mas não condiciona o reconhecimento de um item de despesa à existência de receita. Assim, caso seja identificada uma despesa, de acordo com a definição anteriormente apresentada neste capítulo, mas não haja receita que lhe corresponda, a despesa deve ser obrigatoriamente reconhecida. Assim, as receitas e despesas devem ser reconhecidas no período a que competem, independentemente do recebimento das receitas ou do pagamento das despesas, devendo prevalecer para a apropriação a ocorrência do respectivo fato gerador. Isso significa que as receitas e despesas devem ser reconhecidas no período em que são identificados os efeitos nos benefícios econômicos futuros.

3.3 Exemplo sobre receitas e despesas

Para facilitar o entendimento dos conceitos de receita e despesa apresentados no item anterior, será desenvolvido um exemplo contemplando diversos eventos que são analisados para identificar seus impactos para a empresa. Com o objetivo de simplificar o desenvolvimento do exercício, adotamos como hipótese que, quando houver a citação de que a empresa prestou serviço, estará implícito que os critérios para reconhecimento de receita foram atendidos.

A empresa Eletrônica Curto-Circuito Ltda. atua no setor de prestação de serviços de manutenção de eletrônicos e apresentava em 31/03/X3 a seguinte situação patrimonial.

Eletrônica Curto-Circuito Ltda. Balanço Patrimonial em 31/03/X3			
Ativo		Passivo	
Ativo circulante	*$ 68.000*	*Passivo circulante*	*$ 18.000*
Caixa e equivalentes de caixa	$ 8.000	Contas a pagar	$ 18.000
Estoque de peças	$ 60.000	*Patrimônio líquido*	*$ 50.000*
		Capital social	$ 50.000
Total do ativo	$ 68.000	Total do passivo e PL	$ 68.000

Os eventos que ocorreram durante o mês de abril de X3 são apresentados e analisados a seguir:

1º evento: Em 01/04/X3, a empresa obteve um empréstimo no valor de $ 40.000, a ser pago dentro de 45 dias. A taxa de juros contratada é 3% a.m.

Análise do evento: A obtenção de um empréstimo gera para a empresa a entrada de um ativo (Caixa e equivalentes de caixa), mas não se caracteriza como receita porque gera um passivo para a empresa (a obrigação de pagar o empréstimo no futuro).

A dívida relativa aos juros decorrentes do empréstimo não é registrada neste momento, porque os juros representam o custo do dinheiro no tempo. Se o tempo ainda não passou (estamos na data da obtenção do empréstimo), não há a ocorrência de juros. Em outras palavras, se a empresa, nesse mesmo dia, desistisse da obtenção do empréstimo, o banco não cobraria os juros relativos aos 45 dias, uma vez que a empresa não permaneceu esse tempo com tais recursos. Ao final deste exemplo, voltaremos a tratar do reconhecimento dos juros.

Efeito no balanço patrimonial: Ocorre um aumento no ativo (Caixa e equivalentes de caixa) e simultaneamente um aumento no passivo (Empréstimos bancários).

O balanço patrimonial da empresa, após o primeiro evento, apresenta a situação a seguir, em que as contas hachuradas e destacadas em negrito foram as que sofreram alteração em função do evento.

Eletrônica Curto-Circuito Ltda. Balanço Patrimonial em 01/04/X3			
Ativo		**Passivo**	
Ativo circulante	$ 108.000	Passivo circulante	$ 58.000
Caixa e equivalentes de caixa	$ 48.000	Contas a pagar	$ 18.000
Estoque de peças	$ 60.000	Empréstimos bancários	$ 40.000
		Patrimônio líquido	$ 50.000
		Capital social	$ 50.000
Total do ativo	$ 108.000	Total do passivo + PL	$ 108.000

2º evento: Em 02/04/X3, foram adquiridas peças para reposição no valor de $ 48.000 a serem utilizadas na prestação de serviços. Para a aquisição, a empresa obteve um empréstimo bancário que será pago após cinco meses, incidindo juros de $ 400 por mês.

Análise do evento: A aquisição de peças gera para a empresa a entrada de um ativo (Estoque de peças), mas não se caracteriza como receita porque gera um passivo para a empresa (a obrigação de pagar o empréstimo obtido).

Nesse evento, de forma análoga ao que foi analisado no evento 1, a dívida relativa aos juros ainda não é reconhecida e será tratada mais à frente.

Efeito no balanço patrimonial: Ocorre um aumento no ativo (Estoque de peças) e, simultaneamente, um aumento no passivo (Empréstimos bancários).[3]

O balanço patrimonial da empresa, após o segundo evento, apresenta a situação a seguir, em que as contas hachuradas e destacadas em negrito foram as que sofreram alteração em função do evento.

Eletrônica Curto-Circuito Ltda. Balanço Patrimonial em 02/04/X3			
Ativo		**Passivo**	
Ativo circulante	$ 156.000	Passivo circulante	$ 106.000
Caixa e equivalentes de caixa	$ 48.000	Contas a pagar	$ 18.000
Estoque de peças	**$ 108.000**	**Empréstimos bancários**	**$ 88.000**
		Patrimônio líquido	$ 50.000
		Capital social	$ 50.000
Total do ativo	$ 156.000	Total do passivo + PL	$ 156.000

[3] A compra de estoque, com a obtenção de um empréstimo bancário, é composta, na verdade, por dois eventos: (i) obtenção de um empréstimo bancário com a entrada do dinheiro no ativo; (ii) pagamento do fornecedor pela compra do estoque. No exemplo, como é apresentado o balanço após a ocorrência dos dois eventos, aparece apenas o efeito final.

3º evento: Em 05/04/X3, foi efetuado o pagamento de $ 5.000 do total de Contas a pagar.

Análise do evento: O pagamento de uma dívida causa para a empresa uma redução de ativo (Caixa e equivalentes de caixa) e uma redução de passivo (Contas a pagar). Não há a caracterização de despesa porque o pagamento não correspondeu ao uso ou consumo de um bem ou serviço no período, não ocorrendo redução no patrimônio líquido.

Efeito no balanço patrimonial: Ocorre uma diminuição no ativo (Caixa e equivalentes de caixa) e simultaneamente uma redução no passivo (Contas a pagar).

O balanço patrimonial da empresa, após o terceiro evento, apresenta a situação a seguir, na qual as contas destacadas em negrito foram as que sofreram alteração em função do evento.

Eletrônica Curto-Circuito Ltda. Balanço Patrimonial em 05/04/X3			
Ativo		Passivo	
Ativo circulante	*$ 151.000*	*Passivo circulante*	*$ 101.000*
Caixa e equivalentes de caixa	$ 43.000	Contas a pagar	$ 13.000
Estoque de peças	$ 108.000	Empréstimos bancários	$ 88.000
		Patrimônio líquido	*$ 50.000*
		Capital social	$ 50.000
Total do ativo	$ 151.000	Total do passivo + PL	$ 151.000

4º evento: Em 08/04/X3, a empresa prestou serviços no valor total de $ 25.000 para diversos clientes, cujo valor será recebido após 15 dias. Para a execução desses serviços, a empresa utilizou-se de peças que haviam custado $ 15.000 na data em que foram compradas.

Análise do evento: O evento gera para a empresa a entrada de um ativo (Direito a receber) e, como não há qualquer obrigação a ser cumprida (o serviço já foi prestado), o evento caracteriza uma receita, pois ocasiona um acréscimo no patrimônio líquido. Para a obtenção dessa receita, a empresa consumiu parte de seu estoque de peças, e este sacrifício de ativos que a empresa fez para prestar o serviço caracteriza uma despesa. O custo dos bens consumidos representa o valor da despesa em que a empresa incorreu.

É importante salientar que, embora o termo "custo" não seja adequado para caracterizar uma despesa, o consumo de estoque na prestação de serviços é tradicionalmente denominado Custo dos serviços prestados (no caso de venda de mercadorias, é denominado Custo das mercadorias vendidas). Neste exemplo, vamos manter a aderência ao conceito de despesa e denominar o consumo do estoque "Despesas com peças".

Efeito no balanço patrimonial: Ocorre um aumento no ativo (Valores a receber de clientes) que se reflete em um acréscimo no patrimônio líquido (Receita de serviços); por sua vez, ocorre uma redução em outro ativo (Estoque de peças) que se reflete em uma redução no patrimônio líquido (Despesa com peças). Como o acréscimo no ativo (Valores a receber de clientes) foi superior à redução no ativo (Estoque de peças), houve um aumento no patrimônio líquido em função do evento ocorrido.

O balanço patrimonial da empresa, após o quarto evento, apresenta a situação a seguir, em que as contas hachuradas e destacadas em negrito foram as que sofreram alteração em função do evento.

Eletrônica Curto-Circuito Ltda. Balanço Patrimonial em 08/04/X3			
Ativo		Passivo	
Ativo circulante	*$ 161.000*	*Passivo circulante*	*$ 101.000*
Caixa e equivalentes de caixa	$ 43.000	Contas a pagar	$ 13.000
Valores a receber de clientes	**$ 25.000**	Empréstimos bancários	$ 88.000
Estoque de peças	**$ 93.000**	*Patrimônio líquido*	*$ 60.000*
		Capital social	$ 50.000
		(+) Receita de serviços	**$ 25.000**
		(–) Despesas com peças	**$ (15.000)**
Total do ativo	$ 161.000	Total do passivo + PL	$ 161.000

5º evento: Em 10/04/X3, foi efetuada nova compra de peças para reposição a prazo, no valor de $ 4.000.

Análise do evento: A aquisição de peças gera para a empresa a entrada de um ativo (Estoque de peças) e um passivo (a obrigação de pagar seu fornecedor).

Efeito no balanço patrimonial: Ocorre um aumento no ativo (Estoque de peças) e, simultaneamente, um aumento no passivo (Fornecedores).

O balanço patrimonial da empresa, após o quinto evento, apresenta a situação a seguir, na qual as contas hachuradas e destacadas em negrito foram as que sofreram alteração em função do evento.

Eletrônica Curto-Circuito Ltda. Balanço Patrimonial em 10/04/X3			
Ativo		**Passivo**	
Ativo circulante	$ 165.000	*Passivo circulante*	$ 105.000
Caixa e equivalentes de caixa	$ 43.000	Fornecedores	$ 4.000
Valores a receber de clientes	$ 25.000	Contas a pagar	$ 13.000
Estoque de peças	$ 97.000	Empréstimos bancários	$ 88.000
		Patrimônio líquido	$ 60.000
		Capital social	$ 50.000
		(+) Receita de serviços	$ 25.000
		(−) Despesas com peças	$ (15.000)
Total do ativo	$ 165.000	Total do passivo + PL	$ 165.000

6º evento: Em 14/04/X3, a empresa prestou serviços no valor total de $ 18.000 para diversos clientes, tendo recebido 50% à vista e o restante foi faturado para recebimento em 30 dias. Para a execução desse serviço, a empresa utilizou-se de materiais que haviam custado $ 7.000.

Análise do evento: O evento gera para a empresa a entrada de dois ativos (Caixa e equivalentes de caixa e Direito a receber). Como não há qualquer obrigação a ser cumprida (o serviço já foi prestado), o evento caracteriza uma receita que ocasiona um acréscimo no patrimônio líquido. Para a obtenção dessa receita, a empresa consumiu parte de seus bens (Estoque de peças), caracterizando uma despesa (o custo dos bens consumidos representa o valor da despesa que a empresa incorreu com o objetivo de geração de sua receita).

Efeito no balanço patrimonial: Ocorreram acréscimos no ativo (Caixa e equivalentes de caixa e Valores a receber de clientes) que se refletem em um aumento no patrimônio líquido; por sua vez, a redução em outro ativo (Estoque de peças) reflete-se em uma redução no patrimônio líquido. Como o acréscimo no ativo foi superior à redução, ocorreu um aumento no patrimônio líquido em função do evento ocorrido.

O balanço patrimonial da empresa, após o sexto evento, apresenta a situação a seguir, em que as contas hachuradas e destacadas em negrito foram as que sofreram alteração em função do evento.

Eletrônica Curto-Circuito Ltda. Balanço Patrimonial em 14/04/X3			
Ativo		Passivo	
Ativo circulante	$ 176.000	Passivo circulante	$ 105.000
Caixa e equivalentes de caixa	$ 52.000	Fornecedores	$ 4.000
Valores a receber de clientes	$ 34.000	Contas a pagar	$ 13.000
Estoque de peças	$ 90.000	Empréstimos bancários	$ 88.000
		Patrimônio líquido	$ 71.000
		Capital social	$ 50.000
		(+) Receita de serviços	$ 43.000
		(−) Despesas com peças	$ (22.000)
Total do ativo	$ 176.000	Total do passivo + PL	$ 176.000

7º evento: Em 23/04/X3, a empresa recebeu o valor correspondente aos serviços que havia prestado em 08/04/X3 ($ 25.000).

Análise do evento: O recebimento de um direito que estava a receber causa para a empresa um acréscimo de ativo (Caixa e equivalentes de caixa) e uma redução de outro ativo (Valores a receber de clientes); dessa forma, a operação não afeta o patrimônio líquido e não se caracteriza como receita.

Efeito no balanço patrimonial: Ocorre um acréscimo em um ativo (Caixa e equivalentes de caixa) e, simultaneamente, uma redução em outro ativo (Valores a receber de clientes).

O balanço patrimonial da empresa, após o sétimo evento, apresenta a situação a seguir, na qual as contas hachuradas e destacadas em negrito foram as que sofreram alteração em função do evento.

Eletrônica Curto-Circuito Ltda. Balanço Patrimonial em 23/04/X3			
Ativo		Passivo	
Ativo circulante	$ 176.000	Passivo circulante	$ 105.000
Caixa e equivalentes de caixa	$ 77.000	Fornecedores	$ 4.000
Valores a receber de clientes	$ 9.000	Contas a pagar	$ 13.000
Estoque de peças	$ 90.000	Empréstimos bancários	$ 88.000
		Patrimônio líquido	$ 71.000
		Capital social	$ 50.000
		(+) Receita de serviços	$ 43.000
		(−) Despesas com peças	$ (22.000)
Total do ativo	$ 176.000	Total do passivo + PL	$ 176.000

8º evento: Em 28/04/X3, a empresa efetuou o pagamento das contas de água e energia elétrica correspondentes ao mês de abril de X3, no valor de $ 6.000.

Análise do evento: O evento caracteriza o uso dos serviços de terceiros (concessionárias de serviços de energia elétrica e água), que tem como objetivo permitir o funcionamento da empresa para desempenhar suas atividades. Assim, de forma indireta, esse uso contribui para a obtenção de receitas pela empresa, caracterizando uma despesa. O custo do uso desses serviços corresponde ao valor das contas faturadas contra a empresa (conta de energia elétrica e conta de água) e caracteriza a despesa da empresa com esses serviços necessários para a obtenção das receitas geradas pelo desempenho de sua atividade. Assim, temos uma redução de ativo (Caixa e equivalentes de caixa) que se reflete em uma redução no patrimônio líquido.

Efeito no balanço patrimonial: Ocorre uma diminuição no ativo (Caixa e equivalentes de caixa) e, simultaneamente, uma redução no patrimônio líquido.

O balanço patrimonial da empresa, após o oitavo evento, apresenta a situação a seguir, em que as contas hachuradas e destacadas em negrito foram as que sofreram alteração em função do evento.

Eletrônica Curto-Circuito Ltda. Balanço Patrimonial em 28/04/X3			
Ativo		*Passivo*	
Ativo circulante	**$ 170.000**	*Passivo circulante*	$ 105.000
Caixa e equivalentes de caixa	**$ 71.000**	Fornecedores	$ 4.000
Valores a receber de clientes	$ 9.000	Contas a pagar	$ 13.000
Estoque de peças	$ 90.000	Empréstimos bancários	$ 88.000
		Patrimônio líquido	**$ 65.000**
		Capital social	$ 50.000
		(+) Receita de serviços	$ 43.000
		(–) Despesas com peças	$ (22.000)
		(–) Despesas gerais	**$ (6.000)**
Total do ativo	$ 170.000	Total do passivo + PL	$ 170.000

9º evento: Em 30/04/X3, a empresa pagou o aluguel do prédio onde está instalada no valor de $ 9.000.

Análise do evento: O evento caracteriza o uso de um bem (imóvel), que tem como objetivo permitir o funcionamento da empresa para desempenhar suas atividades. Assim, de forma indireta, esse uso contribui para a obtenção de receitas pela empresa, caracterizando uma despesa. O custo do uso do imóvel corresponde ao valor do aluguel contratado e caracteriza a despesa da empresa para a obtenção das receitas geradas pelo desempenho de sua atividade. Portanto, temos uma redução de ativo (Caixa e equivalentes de caixa) que se reflete em uma redução no patrimônio líquido.

Efeito no balanço patrimonial: Ocorre uma diminuição no ativo (Caixa e equivalentes de caixa) e, simultaneamente, uma redução no patrimônio líquido.

O balanço patrimonial da empresa, após o nono evento, apresenta a situação a seguir, na qual as contas hachuradas e destacadas em negrito foram as que sofreram alteração em função do evento.

Eletrônica Curto-Circuito Ltda. Balanço Patrimonial em 30/04/X3			
Ativo		Passivo	
Ativo circulante	*$ 161.000*	*Passivo circulante*	*$ 105.000*
Caixa e equivalentes de caixa	$ 62.000	Fornecedores	$ 4.000
Valores a receber de clientes	$ 9.000	Contas a pagar	$ 13.000
Estoque de peças	$ 90.000	Empréstimos bancários	$ 88.000
		Patrimônio líquido	*$ 56.000*
		Capital social	$ 50.000
		(+) Receita de serviços	$ 43.000
		(–) Despesas com peças	$ (22.000)
		(–) Despesas gerais	$ (6.000)
		(–) Despesa de aluguel	$ (9.000)
Total do ativo	$ 161.000	Total do passivo + PL	$ 161.000

10º evento: Análise dos empréstimos obtidos em 01/04/X3 e em 02/04/X3.

Análise do evento: O empréstimo que foi obtido em 01/04/X3 ($ 40.000) tem o seu valor alterado em função da fluência do tempo. Assim, em 30/04/X3, o saldo a pagar pela empresa estará acrescido dos juros contratados (3% a.m.), que totalizam $ 1.200. Esse acréscimo corresponde ao custo que a empresa teve por "usar" os recursos de terceiros até esta data e, como esse custo tem por objetivo financiar as atividades da empresa e, de forma indireta, possibilitar a obtenção de receitas, caracteriza-se como uma despesa. Temos, então, um acréscimo de passivo (Empréstimos bancários) que se reflete em uma redução no patrimônio líquido. Por um raciocínio semelhante, há um acréscimo de juros no valor de $ 400 ao saldo do empréstimo obtido no dia 02/04/X3 (valor original = $ 48.000), que também se caracteriza como uma despesa.

Pode-se perceber agora porque esse registro foi realizado apenas ao final do mês. Os juros representam o custo pelo uso do dinheiro no tempo e, portanto, a dívida relativa a tais juros ocorre somente com a passagem do tempo. Os acréscimos correspondentes a esses juros ocorrem de forma contínua todos os dias e, em princípio, o registro deveria ocorrer também diariamente. Do ponto de vista prático, contudo, o registro diário somente se justifica se a informação for relevante para as decisões tomadas na empresa, mas, caso não haja essa importância, o registro ocorre apenas em períodos maiores, como no caso deste exercício em que o reconhecimento ocorreu apenas no final do período (mês).

Efeito no balanço patrimonial: Ocorre um acréscimo no passivo (Empréstimos bancários) e, simultaneamente, uma redução no patrimônio líquido.

O balanço patrimonial da empresa, após o décimo evento, apresenta a situação a seguir, na qual as contas hachuradas e destacadas em negrito foram as que sofreram alteração em função do evento.

Eletrônica Curto-Circuito Ltda. Balanço Patrimonial em 30/04/X3			
Ativo		Passivo	
Ativo circulante	$ 161.000	*Passivo circulante*	$ 106.600
Caixa e equivalentes de caixa	$ 62.000	Fornecedores	$ 4.000
Valores a receber de clientes	$ 9.000	Contas a pagar	$ 13.000
Estoque de peças	$ 90.000	**Empréstimos bancários**	**$ 89.600**
		Patrimônio líquido	$ 54.400
		Capital social	$ 50.000
		(+) Receita de serviços	$ 43.000
		(−) Despesas com peças	$ (22.000)
		(−) Despesas gerais	$ (6.000)
		(−) Despesa de aluguel	$ (9.000)
		(−) Despesas financeiras	**$ (1.600)**
Total do ativo	$ 161.000	Total do passivo + PL	$ 161.000

3.4 Demonstração do resultado

Analisando-se os eventos apresentados na seção 3.3, verifica-se que as receitas e despesas têm seus efeitos refletidos no patrimônio líquido da empresa: as receitas aumentam o patrimônio líquido, enquanto as despesas causam sua diminuição. Se o total de receitas for superior ao de despesas, o efeito será um acréscimo de patrimônio líquido caracterizado pela ocorrência de lucro no período; na situação inversa, em que as despesas são superiores às receitas, o efeito será uma diminuição de patrimônio líquido caracterizada pela ocorrência de prejuízo no período.

A demonstração analítica desse efeito (aumento ou diminuição do patrimônio líquido) é de extrema importância para que se possa analisar o desempenho da empresa ao longo do tempo e extrair conclusões úteis para a tomada de decisão. Com relação a isso, o Pronunciamento Conceitual Básico apresenta, no item 4.27, o seguinte comentário:

> *As receitas e as despesas podem ser apresentadas na demonstração do resultado de diferentes maneiras, de modo a serem prestadas informações relevantes para a tomada de decisões econômicas. Por exemplo, é prática comum distinguir os itens de receitas e despesas que surgem no curso das atividades usuais da entidade daqueles que não surgem. Essa distinção é feita considerando que a origem de um item é relevante para a avaliação da capacidade que a entidade tem de gerar caixa ou equivalentes de caixa no futuro. Por exemplo, atividades incidentais como a venda de um investimento de longo prazo são improváveis de voltarem a ocorrer em base regular. Quando da distinção dos itens dessa forma, deve-se levar em conta a natureza da entidade e suas operações. Itens que resultam das atividades usuais de uma entidade podem não ser usuais em outras entidades.*

Assim, embora os efeitos das receitas e despesas se reflitam no patrimônio líquido da empresa, a demonstração desses itens é feita em relatório à parte, que recebe a denominação **demonstração do resultado do período** ou **demonstração do resultado do exercício**. Dessa forma, todas as contas de receitas e despesas apresentadas dentro do patrimônio líquido na seção anterior são apresentadas separadamente nesse relatório. O resultado final obtido na demonstração do resultado é incorporado ao patrimônio líquido, possibilitando, assim, refletir no balanço patrimonial os efeitos do desempenho da empresa em determinado período.

O Quadro 3.1 mostra o destaque das contas de receitas e despesas na demonstração do resultado do exercício e a sua posterior incorporação ao patrimônio líquido na conta Lucros (ou Prejuízos) acumulados.[4]

---

[4] Para as empresas constituídas na forma de sociedades por ações, esta conta tem natureza transitória, apresentando saldo no balanço patrimonial apenas quando for prejuízo acumulado. É mantida neste exemplo para melhor compreensão do processo de incorporação do resultado ao patrimônio líquido. Para mais detalhes, ver Capítulo 4.

Cap. 3 ▸ DEMONSTRAÇÃO DO RESULTADO | 69

Quadro 3.1 Demonstração do resultado do período: destaque das contas de receitas e despesas e posterior incorporação ao patrimônio líquido na conta Lucros

ELETRÔNICA CURTO-CIRCUITO LTDA.
Balanço Patrimonial em 30/04/X3

Ativo		Passivo	
Ativo circulante	161.000	*Passivo circulante*	106.600
Caixa e equivalentes de caixa	62.000	Fornecedores	4.000
Valores a receber de clientes	9.000	Contas a pagar	13.000
Estoque de peças	90.000	Empréstimos bancários	89.600
		Patrimônio líquido	54.400
		Capital social	50.000
		Receita de serviços	43.000
		(–) Despesas com peças	(22.000)
		(–) Despesas gerais	(6.000)
		(–) Despesas de aluguel	(9.000)
		(–) Despesas financeiras	(1.600)
Total do ativo	161.000	Total do passivo + PL	161.000

ELETRÔNICA CURTO-CIRCUITO LTDA.
Demonstração do Resultado – 01/04/X3 a 30/04/X3

Receita de serviços	43.000
(–) Despesas com peças	(22.000)
(–) Despesas gerais	(6.000)
(–) Despesas de aluguel	(9.000)
(–) Despesas financeiras	(1.600)
(=) Resultado do período	**4.400**

ELETRÔNICA CURTO-CIRCUITO LTDA.
Balanço Patrimonial em 30/04/X3

Ativo		Passivo	
Ativo circulante	$ 161.000	*Passivo circulante*	106.600
Caixa e equivalentes de caixa	$ 62.000	Fornecedores	4.000
Valores a receber de clientes	$ 9.000	Contas a pagar	13.000
Estoque de peças	$ 90.000	Empréstimos bancários	89.600
		Patrimônio líquido	54.400
		Capital social	50.000
		Lucros acumulados	4.400
Total do ativo	161.000	Total do passivo + PL	161.000

3.5 Contabilização de receitas e despesas

No Capítulo 2, subseção 2.6.2, foi comentado que a contabilização dos eventos de uma empresa é realizada a cada evento com o registro nas contas envolvidas, e, didaticamente, é utilizada uma forma gráfica denominada "razonete" (representação gráfica simplificada dos registros completos que são efetuados nas contas). Foi comentado ainda que a convenção utilizada para os eventos que afetam o patrimônio líquido é a seguinte: os acréscimos de patrimônio líquido são registrados com lançamentos de crédito e as diminuições de patrimônio líquido são registradas com lançamentos de débito na conta correspondente.

Na seção 3.2, comentou-se que as receitas são caracterizadas por eventos que causam aumento no patrimônio líquido da empresa e, portanto, devem ser registradas com **lançamento de crédito nas contas de receitas**; por sua vez, as despesas são caracterizadas por eventos que causam diminuição no patrimônio líquido da empresa e, portanto, devem ser registradas com **lançamento de débito nas contas de despesas**. Dessa forma, ao longo do período, as receitas são acumuladas nas contas correspondentes por lançamentos de créditos, enquanto as despesas são acumuladas nas contas correspondentes por lançamentos de débitos. A Figura 3.1 apresenta a representação gráfica dos lançamentos.

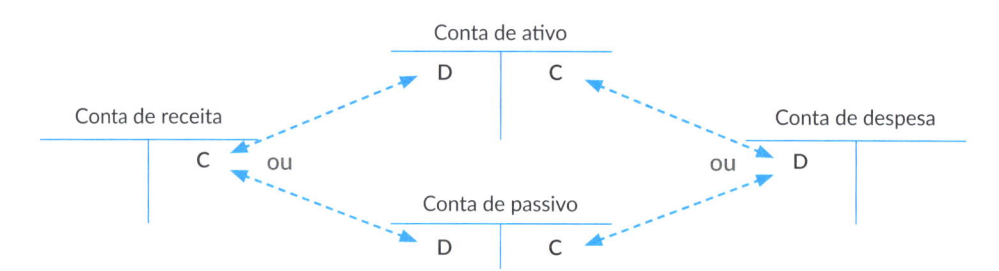

Figura 3.1 Esquema de contabilização de receitas e despesas

3.5.1 Apuração do resultado do período

No final de cada período analisado, os saldos das contas de receitas e despesas são transferidos para uma única conta, com o objetivo de apurar o resultado obtido pela empresa no desempenho de sua atividade. Essa conta única utilizada para apurar o resultado do período é tradicionalmente denominada **Apuração do resultado** ou **Resultado do período**. Assim, no final do período, são registrados os seguintes lançamentos para transferir os saldos das contas de receitas e despesas para a conta utilizada para apuração do resultado:

- débito nas contas de receitas em contrapartida de créditos na conta de apuração do resultado;
- crédito nas contas de despesas em contrapartida de débitos na conta de apuração do resultado.

Dessa maneira, após a transferência de todos os saldos das contas de receitas e despesas para a conta de apuração do resultado, as contas individuais de receitas e despesas estarão com saldo nulo e preparadas para que se inicie a acumulação das receitas e despesas do período seguinte.

Esse processo de transferência dos saldos das contas de receitas e despesas para a conta de apuração do resultado é denominado, na contabilidade, **encerramento das contas de receitas e despesas**. A Figura 3.2 apresenta esquematicamente os procedimentos.

Figura 3.2 Esquema de encerramento de receitas e despesas (apuração do resultado)

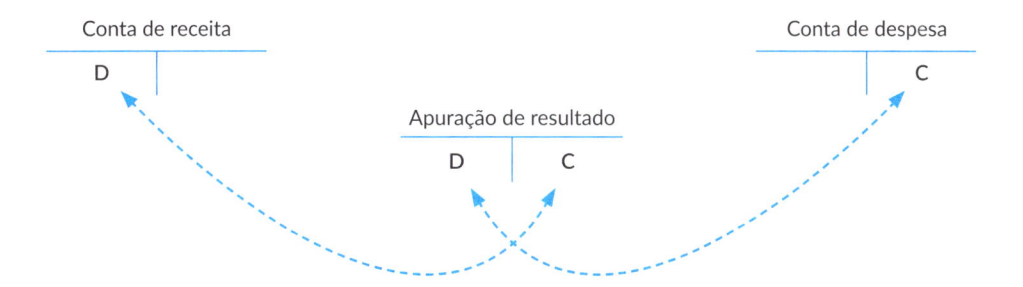

Após a transferência dos saldos de todas as contas de receitas e despesas (inclusive, contas de despesas com impostos), a conta de apuração do resultado apresentará um saldo que corresponderá ao resultado do período. Se o total dos saldos credores transferidos para essa conta (correspondente às receitas do período) for superior ao total dos saldos devedores (correspondente às despesas do período), a conta terá saldo credor e significará que a empresa obteve lucro no período. Em uma situação inversa, em que os saldos credores sejam inferiores aos saldos devedores, a conta terá saldo devedor e significará que a empresa obteve prejuízo no período.

3.5.2 Transferência para a conta Lucros acumulados

O resultado apurado no final do período é transferido para uma conta do patrimônio líquido denominada **Lucros (ou Prejuízos) acumulados**. Essa transferência é efetuada com o lançamento na conta de apuração do resultado em contrapartida da conta do patrimônio líquido. Assim, se a conta de resultado tiver saldo credor (significando um lucro), o lançamento será:

- Débito na conta de apuração do resultado em contrapartida de crédito na conta Lucros (ou Prejuízos) acumulados.

Se a conta de resultado tiver saldo devedor (significando um prejuízo), o lançamento será o seguinte:

- Crédito na conta de apuração do resultado em contrapartida de débito na conta Lucros (ou Prejuízos) acumulados.

Dessa forma, após a transferência do saldo da conta de apuração do resultado, esta apresentará saldo nulo e estará preparada para a apuração do resultado do período seguinte. Percebe-se, assim, que essa conta de apuração do resultado é transitória e apresentará saldo apenas durante o processo de encerramento do período e, após o seu encerramento, o resultado do período estará incorporado ao patrimônio líquido na conta **Lucros (ou Prejuízos) acumulados**.

3.6 Exemplo de contabilização de receitas e despesas

O exemplo apresentado na seção 3.3 será novamente desenvolvido aqui fazendo-se a contabilização de cada evento nos razonetes correspondentes. Ao final do período, o resultado será apurado e transferido para a conta do patrimônio líquido.

A seguir apresenta-se a resolução da empresa Eletrônica Curto-Circuito em razonete.

Situação inicial: A empresa Eletrônica Curto-Circuito Ltda. atua no setor de prestação de serviços de manutenção de eletrônicos e apresentava em 31/03/X3 a seguinte situação patrimonial.

Contas do balanço patrimonial

Caixa e equivalentes de caixa	Contas a pagar
8.000	18.000

Estoque de peças	Capital social
60.000	50.000

1º evento: Em 01/04/X3, a empresa obteve um empréstimo no valor de $ 40.000 a ser pago dentro de 45 dias. A taxa de juros contratada é 3% a.m.

Efeito no balanço patrimonial: Ocorre um aumento no ativo (Caixa e equivalentes de caixa) e, simultaneamente, um aumento no passivo (Empréstimos bancários).

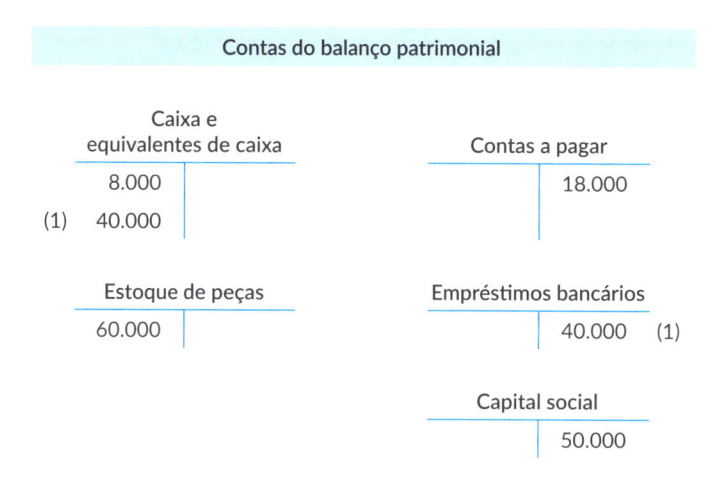

Contas do balanço patrimonial

Caixa e equivalentes de caixa	Contas a pagar
8.000	18.000
(1) 40.000	

Estoque de peças	Empréstimos bancários
60.000	40.000 (1)

	Capital social
	50.000

2º evento: Em 02/04/X3, foram adquiridas peças para reposição no valor de $ 48.000 a serem utilizadas na prestação de serviços. Para a aquisição, a empresa obteve um empréstimo bancário que será pago após cinco meses, incidindo juros de $ 400 por mês.[5]

---

[5] Conforme comentado na seção 3.3 (2º evento), a compra de estoque com a obtenção de empréstimo se caracteriza pela ocorrência simultânea de dois eventos: obtenção de um empréstimo (aqui representado pelo lançamento 2) e a compra à vista do estoque (representada pelo lançamento 2a).

Efeito no balanço patrimonial: Ocorre um aumento no ativo (Estoque de peças) e, simultaneamente, um aumento no passivo (Empréstimos bancários).

Contas do balanço patrimonial						
Caixa e equivalentes de caixa				**Contas a pagar**		
	8.000	48.000	(2a)		18.000	
(1)	40.000					
(2)	48.000					
Estoque de peças				**Empréstimos bancários**		
	60.000				40.000	(1)
(2a)	48.000				48.000	(2)
				Capital social		
					50.000	

3º evento: Em 05/04/X3, foi efetuado o pagamento de $ 5.000 do total de Contas a pagar.

Efeito no balanço patrimonial: Ocorre uma diminuição no ativo (Caixa e equivalentes de caixa) e, simultaneamente, uma redução no passivo (Contas a pagar).

Contas do balanço patrimonial								
Caixa e equivalentes de caixa					**Contas a pagar**			
	8.000	48.000	(2a)	(3)	5.000	18.000		
(1)	40.000	5.000	(3)					
(2)	48.000							
Estoque de peças					**Empréstimos bancários**			
	60.000					40.000	(1)	
(2a)	48.000					48.000	(2)	
					Capital social			
						50.000		

4º evento: Em 08/04/X3, a empresa prestou serviços no valor total de $ 25.000 para diversos clientes, cujo valor será recebido após 15 dias. Para a execução desses serviços, a empresa utilizou-se de peças que haviam custado $ 15.000 na data em que foram compradas.

Efeito no balanço patrimonial: Ocorre um aumento no ativo (Valores a receber de clientes) que se caracteriza como receita (**Receita de serviços**); por sua vez, ocorre uma redução em outro ativo (Estoque de peças), que se caracteriza como uma despesa (**Despesa com peças**).

Contas do balanço patrimonial

Caixa e equivalentes de caixa				Contas a pagar	
	8.000	48.000 (2a)	(3)	5.000	18.000
(1)	40.000	5.000 (3)			
(2)	48.000				

Estoque de peças			Empréstimos bancários	
	60.000	15.000 (4a)		40.000 (1)
(2a)	48.000			48.000 (2)

Valores a receber de clientes		Capital social
(4)	25.000	50.000

Contas do resultado

Receita de serviços		Despesa com peças	
	25.000 (4)	(4a) 15.000	

5º evento: Em 10/04/X3, foi efetuada nova compra de peças para reposição para pagamento a prazo, no valor de $ 4.000.

Efeito no balanço patrimonial: Ocorre um aumento no ativo (Estoque de peças) e, simultaneamente, um aumento no passivo (Fornecedores).

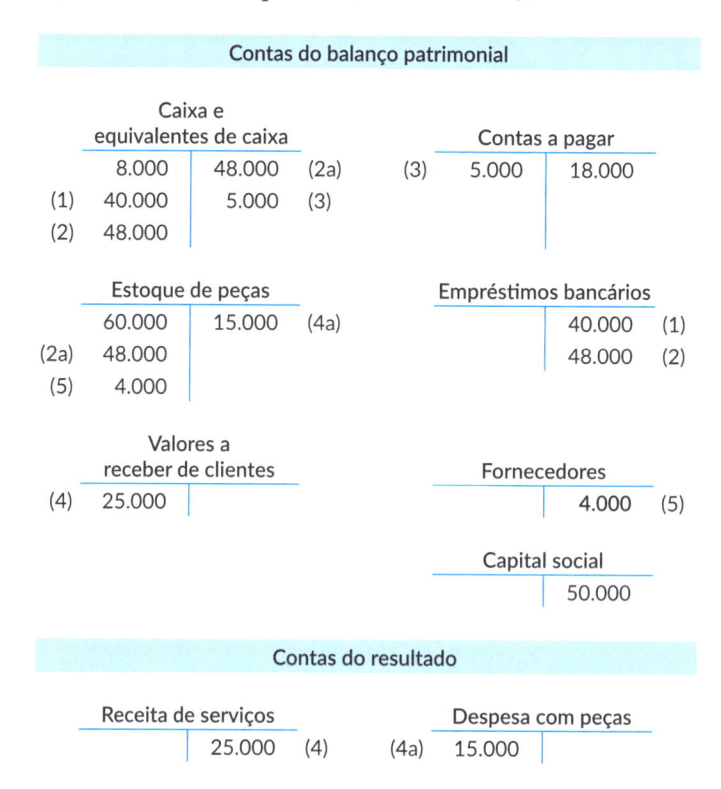

Contas do balanço patrimonial

Caixa e equivalentes de caixa				Contas a pagar	
	8.000	48.000 (2a)	(3)	5.000	18.000
(1)	40.000	5.000 (3)			
(2)	48.000				

Estoque de peças			Empréstimos bancários	
	60.000	15.000 (4a)		40.000 (1)
(2a)	48.000			48.000 (2)
(5)	4.000			

Valores a receber de clientes		Fornecedores	
(4)	25.000		4.000 (5)

	Capital social
	50.000

Contas do resultado

Receita de serviços		Despesa com peças	
	25.000 (4)	(4a) 15.000	

6º evento: Em 14/04/X3, a empresa prestou serviços no valor total de $ 18.000 para diversos clientes, tendo recebido 50% à vista e o restante foi faturado para recebimento em 30 dias. Para a execução desse serviço, a empresa utilizou-se de materiais que haviam custado $ 7.000.

Efeito no balanço patrimonial: Ocorreram acréscimos no ativo (Caixa e equivalentes de caixa e Valores a receber de clientes), que se caracterizam como receita (**Receita de serviços**); por sua vez, ocorre a redução em outro ativo (Estoque de peças), que se caracteriza como uma despesa (**Despesa com peças**).

Contas do balanço patrimonial

		Caixa e equivalentes de caixa					Contas a pagar	
		8.000	48.000	(2a)		(3)	5.000	18.000
(1)		40.000	5.000	(3)				
(2)		48.000						
(6)		9.000						

		Estoque de peças				Empréstimos bancários	
		60.000	15.000	(4a)		40.000	(1)
(2a)		48.000	7.000	(6a)		48.000	(2)
(5)		4.000					

		Valores a receber de clientes			Fornecedores	
(4)		25.000			4.000	(5)
(6)		9.000				

	Capital social
	50.000

Contas do resultado

	Receita de serviços				Despesa com peças	
		25.000	(4)	(4a)	15.000	
		18.000	(6)	(6a)	7.000	

7º evento: Em 23/04/X3, a empresa recebeu o valor correspondente aos serviços que havia prestado em 08/04/X3 ($ 25.000).

Efeito no balanço patrimonial: Ocorre um acréscimo em um ativo (Caixa e equivalentes de caixa) e, simultaneamente, uma redução em outro ativo (Valores a receber de clientes).

Contas do balanço patrimonial

	Caixa e equivalentes de caixa				Contas a pagar	
	8.000	48.000	(2a)	(3)	5.000	18.000
(1)	40.000	5.000	(3)			
(2)	48.000					
(6)	9.000					
(7)	25.000					

	Estoque de peças				Empréstimos bancários	
	60.000	15.000	(4a)		40.000	(1)
(2a)	48.000	7.000	(6a)		48.000	(2)
(5)	4.000					

	Valores a receber de clientes				Fornecedores	
(4)	25.000	25.000	(7)		4.000	(5)
(6)	9.000					

	Capital social
	50.000

Contas do resultado

Receita de serviços			Despesa com peças		
	25.000	(4)	(4a)	15.000	
	18.000	(6)	(6a)	7.000	

8º evento: Em 28/04/X3, a empresa efetuou o pagamento das contas de água e energia elétrica correspondentes ao mês de abril/X3, no valor de $ 6.000.

Efeito no balanço patrimonial: Ocorre uma diminuição no ativo (Caixa e equivalentes de caixa) que se caracteriza como uma despesa (**Despesas gerais**).

Contas do balanço patrimonial

	Caixa e equivalentes de caixa				Contas a pagar	
	8.000	48.000	(2a)	(3)	5.000	18.000
(1)	40.000	5.000	(3)			
(2)	48.000	6.000	(8)			
(6)	9.000					
(7)	25.000					

	Estoque de peças				Empréstimos bancários	
	60.000	15.000	(4a)		40.000	(1)
(2a)	48.000	7.000	(6a)		48.000	(2)
(5)	4.000					

	Valores a receber de clientes				Fornecedores	
(4)	25.000	25.000	(7)		4.000	(5)
(6)	9.000					

	Capital social
	50.000

Contas do resultado

Receita de serviços			Despesa com peças	
	25.000	(4)	(4a) 15.000	
	18.000	(6)	(6a) 7.000	

	Despesas gerais
(8)	6.000

9º evento: Em 30/04/X3, a empresa pagou o aluguel do prédio onde está instalada no valor de $ 9.000.

Efeito no balanço patrimonial: Ocorre uma diminuição no ativo (Caixa e equivalentes de caixa), que se caracteriza como despesa (**Despesa de aluguel**).

Contas do balanço patrimonial

	Caixa e equivalentes de caixa				Contas a pagar	
	8.000	48.000	(2a)	(3)	5.000	18.000
(1)	40.000	5.000	(3)			
(2)	48.000	6.000	(8)			
(6)	9.000	9.000	(9)			
(7)	25.000					

	Estoque de peças				Empréstimos bancários	
	60.000	15.000	(4a)		40.000	(1)
(2a)	48.000	7.000	(6a)		48.000	(2)
(5)	4.000					

	Valores a receber de clientes				Fornecedores	
(4)	25.000	25.000	(7)		4.000	(5)
(6)	9.000					

					Capital social	
						50.000

Contas do resultado

	Receita de serviços				Despesa com peças	
		25.000	(4)	(4a)	15.000	
		18.000	(6)	(6a)	7.000	

	Despesa de aluguel				Despesas gerais	
(9)	9.000			(8)	6.000	

10º evento: Análise dos empréstimos obtidos em 01/04/X3 e em 02/04/X3.

Efeito no balanço patrimonial: Ocorre um acréscimo no passivo (Empréstimos bancários), que se caracteriza como despesa (**Despesas financeiras**).

Contas do balanço patrimonial

	Caixa e equivalentes de caixa				Contas a pagar	
	8.000	48.000	(2a)	(3)	5.000	18.000
(1)	40.000	5.000	(3)			
(2)	48.000	6.000	(8)			
(6)	9.000	9.000	(9)			
(7)	25.000				Empréstimos bancários	
						40.000 (1)
						48.000 (2)
	Estoque de peças					1.600 (10)
	60.000	15.000	(4a)			
(2a)	48.000	7.000	(6a)		Fornecedores	
(5)	4.000					4.000 (5)
	Valores a receber de clientes				Capital social	
(4)	25.000	25.000	(7)			50.000
(6)	9.000					

Contas do resultado

	Receita de serviços				Despesa com peças	
		25.000	(4)	(4a)	15.000	
		18.000	(6)	(6a)	7.000	

	Despesa de aluguel			Despesas gerais	
(9)	9.000		(8)	6.000	

			Despesas financeiras	
		(10)	1.600	

No final do período, após o registro de todos os eventos que ocorreram no desempenho da atividade da empresa, é efetuada a apuração do resultado obtido. O procedimento para a apuração do resultado é realizado pelo encerramento das contas de receitas e despesas, transferindo-se seus saldos para a conta de apuração do resultado. Esses lançamentos são apresentados a seguir, sendo identificados pelas letras do alfabeto (de **a** até **e**).

Contas do resultado

	Receita de serviços				Despesa com peças		
		25.000	(4)	(4a)	15.000		
		18.000	(6)	(6a)	7.000		
(a)	43.000	43.000			22.000	22.000	(b)

	Despesa de aluguel				Despesas gerais		
(9)	9.000			(8)	6.000		
	9.000	9.000	(c)		6.000	6.000	(d)

	Apuração do resultado				Despesas financeiras		
(b)	22.000	43.000	(a)	(10)	1.600		
(c)	9.000				1.600	1.600	(e)
(d)	6.000						
(e)	1.600						
	38.600	43.000					
		4.400					

O saldo da conta **Apuração do resultado** é transferido para a conta de patrimônio líquido denominada **Lucros (ou Prejuízos) acumulados**. Como, neste exemplo, o saldo da conta de apuração é credor, significa que a empresa apurou um lucro no período, e o lançamento para o encerramento da conta Apuração do resultado e a transferência de seu saldo para a conta do patrimônio líquido é o seguinte:

	Apuração do resultado			Lucros acumulados		
(b)	22.000	43.000	(a)		4.400	(A)
(c)	9.000					
(d)	6.000					
(e)	1.600					
	38.600	43.000				
(A)	4.400	4.400				

O razonete **Apuração do resultado** corresponde à representação gráfica da demonstração do resultado do período que foi apresentada no Quadro 3.1.

Dessa forma, o saldo da conta **Apuração do resultado** após a transferência é nulo e a conta **Lucros acumulados** absorve o resultado obtido nesse período.

Após a transferência do resultado do período, o balanço patrimonial apresenta as seguintes contas com os respectivos saldos:

Contas do balanço patrimonial

	Caixa e equivalentes de caixa				Contas a pagar	
	8.000	48.000	(2a)	(3)	5.000	18.000
(1)	40.000	5.000	(3)			13.000
(2)	48.000	6.000	(8)			
(6)	9.000	9.000	(9)			
(7)	25.000				Empréstimos bancários	
	130.000	68.000				40.000 (1)
	62.000					48.000 (2)
						1.600 (10)
	Estoque de peças					89.600
	60.000	15.000	(4a)			
(2a)	48.000	7.000	(6a)		Fornecedores	
(5)	4.000					4.000 (5)
	112.000	22.000				
	90.000					
					Capital social	
	Valores a receber de clientes					50.000
(4)	25.000	25.000	(7)			
(6)	9.000					
	34.000	25.000			Lucros acumulados	
	9.000					4.400 (A)

O **balanço patrimonial** contemplando as contas destes razonetes foi apresentado no Quadro 3.1.

3.7 Estrutura da demonstração do resultado do exercício

A conta Apuração do resultado apresentada na seção anterior corresponde a uma representação gráfica simplificada da demonstração do resultado do exercício, pois contempla os saldos de todas as contas de receitas e despesas ocorridas no período.

O relatório denominado **demonstração do resultado** corresponde à apresentação, de forma detalhada e ordenada, de todas as contas de receitas e despesas que compõem a conta Apuração do resultado. O Pronunciamento Técnico CPC 26 define, no item 82, o detalhamento mínimo das rubricas a serem apresentadas, as quais são listadas a seguir:

> *Além dos itens requeridos em outros pronunciamentos, a demonstração do resultado do período deve, no mínimo, incluir as seguintes rubricas, obedecidas também às determinações legais:*
>
> *(a) receitas, apresentando separadamente receita de juros calculada utilizando o método de juros efetivos; (Alterada pela Revisão CPC 12)*
>
> *(aa) ganhos e perdas decorrentes do desreconhecimento de ativos financeiros mensurados pelo custo amortizado; (Alterada pela Revisão CPC 12)*
>
> *(b) custos de financiamento;*
>
> *(ba) perda por redução ao valor recuperável (incluindo reversões de perdas por redução ao valor recuperável ou ganhos na redução ao valor recuperável), determinado de acordo com a Seção 5.5 do CPC 48; (Incluída pela Revisão CPC 12)*
>
> *(c) parcela dos resultados de empresas investidas, reconhecida por meio do método da equivalência patrimonial;*
>
> *(ca) se o ativo financeiro for reclassificado da categoria de mensuração ao custo amortizado de modo que seja mensurado ao valor justo por meio do resultado, qualquer ganho ou perda decorrente da diferença entre o custo amortizado anterior do ativo financeiro e seu valor justo na data da reclassificação (conforme definido no CPC 48); (Incluída pela Revisão CPC 12)*
>
> *(cb) se o ativo financeiro for reclassificado da categoria de mensuração ao valor justo por meio de outros resultados abrangentes de modo que seja mensurado ao valor justo por meio do resultado, qualquer ganho ou perda acumulado reconhecido anteriormente em outros resultados abrangentes que sejam reclassificados para o resultado; (Incluída pela Revisão CPC 12)*
>
> *(d) tributos sobre o lucro;*
>
> *(e) (eliminada);*
>
> *(ea) um único valor para o total de operações descontinuadas (ver Pronunciamento Técnico CPC 31);*
>
> *(f) em atendimento à legislação societária brasileira vigente na data da emissão deste Pronunciamento, a demonstração do resultado deve incluir ainda as seguintes rubricas:*
>
>> *(i) custo dos produtos, das mercadorias e dos serviços vendidos;*
>>
>> *(ii) lucro bruto;*
>>
>> *(iii) despesas com vendas, gerais, administrativas e outras despesas e receitas operacionais;*
>>
>> *(iv) resultado antes das receitas e despesas financeiras;*
>>
>> *(v) resultado antes dos tributos sobre o lucro;*
>>
>> *(vi) resultado líquido do período. (Item alterado pela Revisão CPC 06)*

Um formato que atenda aos requisitos apresentados no referido pronunciamento é apresentar, na parte superior do relatório, o resultado obtido pela empresa nas suas atividades principais, pela confrontação das receitas de vendas ou serviços com as despesas diretamente associadas a essas receitas (custo dos produtos ou mercadorias vendidas ou custo dos serviços prestados). Este resultado, denominado **Resultado bruto** (ou **Resultado com mercadorias** ou **Resultado com serviços**), pode ser entendido como uma medida da capacidade da empresa em exercer as atividades a que se propõe. Fornece uma medida da capacidade da empresa em colocar seus produtos e serviços no mercado, cobrindo seu custo de aquisição ou produção e gerando uma margem sobre esses custos, margem esta que servirá para cobrir os demais gastos com a estrutura da empresa e gerar um resultado final.

Assim, as receitas e despesas podem ser apresentadas em determinados grupos, conforme modelo mostrado a seguir:

Demonstração do Resultado – Período de 01/01/20X0 a 31/12/20X0
Receita bruta de venda de produtos e serviços
(–) Deduções
Abatimentos e devoluções
Impostos sobre vendas
(=) Receita líquida de venda de produtos e serviços
(–) Custo dos produtos vendidos e dos serviços prestados
(=) Resultado bruto com mercadorias e serviços
(–) Despesas operacionais
Despesas comerciais
Salários e outros encargos
Propaganda e publicidade
Estimativa para perdas com créditos de liquidação duvidosa
Despesas administrativas
Despesas com pessoal
Despesas com aluguéis
Despesas gerais
Impostos e taxas
Provisões em geral
(+/–) Outras receitas e despesas
Resultado de participações societárias
(=) Resultado das atividades continuadas antes dos efeitos financeiros
(+) Receitas financeiras
(–) Despesas financeiras
(=) Resultado das atividades continuadas após os efeitos financeiros
(+) Resultado das atividades descontinuadas
(=) Resultado antes de impostos, participações e contribuições
(–) Imposto de renda
(–) Contribuição social sobre o lucro
(–) Participações e contribuições
(=) Resultado líquido do período

Partindo do **Resultado bruto** são demonstradas as despesas usuais na atividade da empresa (aqui denominadas operacionais) e outras receitas e despesas complementares. As despesas operacionais podem ser entendidas como despesas necessárias para o desempenho de suas atividades. Já as outras receitas e despesas são aquelas que, embora usuais, não fazem parte dos objetivos principais da empresa, podendo ser complementares à atividade da empresa.

Obtém-se, dessa forma, o **Resultado antes dos impostos, participações e contribuições**, que corresponde ao resultado obtido pela empresa no desempenho de suas atividades. Na parte final do relatório, são deduzidas as despesas que dependem da apuração do resultado e obtém-se o resultado líquido do período.

3.8 Recebimentos e pagamentos antecipados

Como consequência do princípio do regime de competência comentado na subseção 3.2.4, alguns pagamentos ou recebimentos, mesmo associados a eventos geradores de despesas ou receitas, não caracterizam, no momento do desembolso ou recebimento, uma despesa ou receita. Esses pagamentos ou recebimentos normalmente estão associados a diversos eventos semelhantes que ocorrerão em um período futuro e que se caracterizarão como despesa ou receita com o decorrer do tempo. Esses pagamentos ou recebimentos são denominados "**Despesas antecipadas**" ou "**Receitas antecipadas**", caracterizando um ativo ou um passivo para a empresa. À medida que o tempo vai passando, o ativo vai se transformando em despesa e o passivo em receita, em função do fator gerador correspondente.

Apresentam-se, a seguir, exemplos ilustrativos de ocorrência dessas situações para melhor compreensão do tema.

3.8.1 Exemplo 1 – Adiantamento recebido de clientes

Uma empresa recebe de um cliente o valor de $ 12.000 para a prestação de serviços durante um período de oito meses. No momento do recebimento não houve a caracterização da receita, pois, apesar de ter havido a entrada do dinheiro, não ocorreu o fato gerador da receita (nesse caso, a prestação do serviço). Assim, no momento do recebimento, a empresa assumiu a obrigação de prestar o serviço durante os oito meses subsequentes e, portanto, deve registrar a contrapartida do recebimento do dinheiro em uma conta de passivo (obrigação a ser cumprida com a prestação do serviço). O registro correspondente, em razonetes, seria:

Contas do balanço patrimonial

Caixa e equivalentes de caixa	Adiantamentos de clientes
XXXXX	12.000 (1)
(1) 12.000	

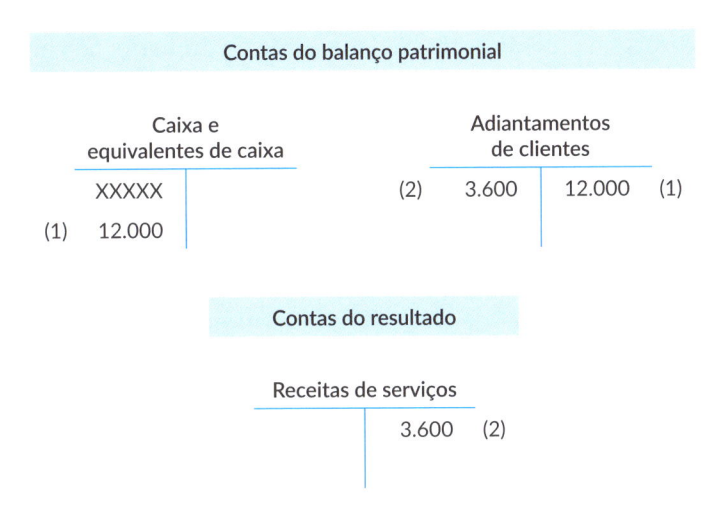

Se, no primeiro mês do contrato, a empresa cumprir 30% dos serviços contratados, essa parcela corresponderá à receita de competência desse mês, pois o fato gerador da receita (o serviço estar prestado) já terá ocorrido. A empresa deve, então, apropriar essa parcela como receita desse mês em contrapartida da diminuição da conta de passivo, porque ocorreu uma redução na obrigação a ser cumprida. O registro correspondente seria:

Contas do balanço patrimonial

Caixa e equivalentes de caixa		Adiantamentos de clientes	
XXXXX		(2) 3.600	12.000 (1)
(1) 12.000			

Contas do resultado

Receitas de serviços	
	3.600 (2)

Se, no segundo mês do contrato, a empresa cumprir 20% dos serviços contratados, essa parcela corresponderá à receita de competência desse mês, pois o fato gerador da receita (o serviço estar prestado) já terá ocorrido. A empresa deve, então, apropriar essa parcela como receita desse mês em contrapartida da diminuição da conta de passivo, porque ocorreu uma redução na obrigação a ser cumprida. O registro correspondente seria:

Contas do balanço patrimonial

Caixa e equivalentes de caixa		Adiantamentos de clientes	
XXXXX		(2) 3.600	12.000 (1)
(1) 12.000		(3) 2.400	

Contas do resultado

Receitas de serviços	
	3.600 (2)
	2.400 (3)

Assim, à medida que o serviço vai sendo prestado, o fato gerador da receita vai ocorrendo e, em função do Princípio do Regime de Competência de Exercícios, a receita vai sendo apropriada ao resultado e o passivo vai se reduzindo até que todo serviço esteja completo e, aí, sim, a receita correspondente ao que foi pago pelo cliente ficará integralmente reconhecida.

3.8.2 Exemplo 2 – Adiantamento a um fornecedor de bens ou serviços

Uma empresa paga $ 24.000 a uma empresa de seguros para manter segurados seus ativos pelo período de um ano. No momento do pagamento não houve a caracterização da despesa com seguro, pois, apesar de ter havido a saída do dinheiro, não ocorreu o fato gerador da despesa (nesse caso, o serviço de proteção pela seguradora). Assim, no momento do pagamento a empresa adquiriu o direito de exigir o serviço de proteção durante os 12 meses subsequentes e, portanto, deve registrar a contrapartida do pagamento em uma conta de ativo. O registro correspondente, em razonetes, seria:

Contas do balanço patrimonial

Caixa e equivalentes de caixa			Seguros pagos antecipadamente	
XXXXX	24.000 (1)	(1)	24.000	

Durante o primeiro mês do contrato, a empresa esteve protegida pela apólice de seguro e, portanto, utilizou-se do serviço da seguradora (serviço de proteção do ativo). Assim, no final desse mês, o custo correspondente caracteriza a despesa com seguro. Como o valor total do seguro foi de $ 24.000, para garantir a proteção por 12 meses, o custo para a proteção em cada mês é $ 2.000 e a empresa deve apropriar a despesa desse mês em contrapartida da redução da conta de ativo, pois ocorreu uma redução no valor do direito da empresa. O registro correspondente seria:

Contas do balanço patrimonial

Caixa e equivalentes de caixa			Seguros pagos antecipadamente	
XXXXX	24.000 (1)	(1) 24.000	2.000	(2)

Contas do resultado

Despesa com seguro

(2) 2.000

Durante o segundo mês do contrato, a empresa continuou protegida pela apólice de seguro e, portanto, utilizou-se do serviço da seguradora (serviço de proteção do ativo). Assim, no final desse mês, a parcela correspondente caracteriza mais uma despesa com seguro e a empresa deve apropriá-la em contrapartida da redução da conta de ativo, pois ocorreu uma redução no valor do direito da empresa. O registro correspondente seria:

Contas do balanço patrimonial

Caixa e equivalentes de caixa				Seguros pagos antecipadamente		
XXXXX	24.000	(1)	(1)	24.000	2.000	(2)
					2.000	(3)

Contas do resultado

	Despesa com seguro
(2)	2.000
(3)	2.000

Assim, à medida que o tempo vai passando, o fato gerador da despesa vai ocorrendo e, em função do Princípio do Regime de Competência de Exercícios, a despesa vai sendo apropriada ao resultado e o ativo vai se reduzindo até que todo direito seja utilizado e, aí sim, a despesa correspondente ao que foi pago à seguradora fica integralmente reconhecida.

Em função dos exemplos apresentados é importante fixar que a conta denominada "**Despesas antecipadas**", embora apresente o termo "Despesas" em seu título, não caracteriza uma despesa ocorrida, mas sim um ativo, e os valores nela registrados só vão se transformando em despesa efetiva à medida que o fato gerador vai ocorrendo ao longo do tempo. Outras nomenclaturas usuais para esses pagamentos antecipados que vão se caracterizar como despesas no futuro são **despesas diferidas** e **despesas pagas antecipadamente**.

De maneira análoga, a conta denominada "**Receitas antecipadas**", embora apresente o termo "Receitas" em seu título, não caracteriza uma receita, mas sim um passivo, e os valores nela registrados só vão se transformando em receita efetiva à medida que o fato gerador vai ocorrendo ao longo do tempo. Outras nomenclaturas usuais para esses recebimentos antecipados que vão se caracterizar como receitas no futuro são **receitas diferidas** e **adiantamentos de clientes**.

3.9 Aspectos complementares relacionados com a mensuração da receita

O Pronunciamento Técnico CPC 47 estabelece, nos itens 46 a 90, os critérios de mensuração aplicáveis aos eventos caracterizados como receita. No item 46, o pronunciamento define o momento do reconhecimento da receita e o valor a ser reconhecido, conforme o seguinte texto:

> *Quando (ou à medida que) uma obrigação de desempenho for satisfeita, a entidade deve reconhecer como receita o valor do preço da transação (o qual exclui estimativas de contraprestação variável que sejam restringidas de acordo com os itens 56 a 58), o qual deve ser alocado a essa obrigação de desempenho.*

O termo desempenho, no contexto do pronunciamento, corresponde ao cumprimento de uma obrigação contratada e, assim, cumprida a obrigação, o valor do preço da transação deve ser reconhecido como receita. O preço da transação corresponde ao valor da contraprestação que a empresa tem direito de receber em troca da transferência de bens ou serviços para o cliente, excluindo-se as eventuais quantias cobradas em nome de terceiros. O item 47 do pronunciamento assim estabelece:

> *A entidade deve considerar os termos do contrato e suas práticas de negócios usuais para determinar o preço da transação. O preço da transação é o valor da contraprestação à qual a entidade espera ter direito em troca da transferência dos bens ou serviços prometidos ao cliente, excluindo quantias cobradas em nome de terceiros (por exemplo, alguns impostos sobre vendas). A contraprestação prometida em contrato com o cliente pode incluir valores fixos, valores variáveis ou ambos.*

No item 48, o mesmo pronunciamento apresenta diversas características que devem ser analisadas para a determinação do preço da transação:

> *A natureza, a época e o valor da contraprestação prometida por cliente afetam a estimativa do preço da transação. Ao determinar o preço da transação, a entidade deve considerar os efeitos de todos os itens a seguir:*
>
> *(a) contraprestação variável (ver itens 50 a 55 e 59);*
>
> *(b) restrição de estimativas de contraprestação variável (ver itens 56 a 58);*
>
> *(c) existência de componente de financiamento significativo no contrato (ver itens 60 a 65);*
>
> *(d) contraprestação não monetária (ver itens 66 a 69); e*
>
> *(e) contraprestação a pagar ao cliente (ver itens 70 a 72).*

Tendo em vista que as características elencadas nos itens **a**, **b**, **d** e **e** se aplicam a situações específicas de negociação, vamos analisar apenas a característica do item **c** (**existência de componente de financiamento significativo no contrato**), que é utilizada com muita frequência nas transações comerciais. Neste sentido, os itens 60 e 61 apresentam as seguintes considerações:

> *60. Ao determinar o preço da transação, **a entidade deve ajustar o valor prometido da contraprestação para refletir os efeitos do valor do dinheiro no tempo**, se a época dos pagamentos pactuada pelas partes do contrato (seja expressa ou implicitamente) fornecer ao cliente ou à entidade um benefício significativo de financiamento da transferência de bens ou serviços ao cliente. Nessas circunstâncias, o contrato contém componente de financiamento significativo. Componente de financiamento significativo pode existir, independentemente, se a promessa de financiamento é expressamente declarada no contrato ou implícita pelos termos de pagamento pactuados pelas partes do contrato.*

*61. O objetivo, ao ajustar o valor prometido da contraprestação para um componente de financiamento significativo, é que **a entidade reconheça receitas pelo valor que reflita o preço que o cliente teria pago pelos bens ou serviços prometidos, se o cliente tivesse pago à vista por esses bens ou serviços quando (ou à medida que) foram transferidos ao cliente (ou seja, o preço de venda à vista)**. A entidade deve considerar todos os fatos e circunstâncias relevantes ao avaliar se o contrato contém componente de financiamento e se esse componente de financiamento é significativo para o contrato, incluindo ambas as seguintes:*

(a) a diferença, se houver, entre o valor da contraprestação prometida e o preço de venda à vista dos bens ou serviços prometidos; e

(b) o efeito combinado do disposto nos dois incisos seguintes:

    (i) a duração de tempo esperada entre o momento em que a entidade transfere os bens ou serviços prometidos ao cliente e o momento em que o cliente paga por esses bens ou serviços; e

    (ii) as taxas de juros vigentes no mercado pertinente. (grifos nossos)

Depreende-se do exposto que, quando uma transação é realizada para recebimento em data posterior à data do cumprimento da obrigação contratada, o preço da transação deve corresponder ao valor que seria recebido pela entidade, caso o cliente efetuasse o pagamento à vista. A diferença entre o preço da transação à vista e o preço efetivamente contratado deve ser reconhecida como receita financeira (juros) ao longo do prazo concedido para o pagamento.

3.9.1 Exemplo de contabilização de venda a prazo

A empresa ABC realizou uma venda a prazo pelo valor de $ 2.000,00, que será recebido após três meses, e sabe-se que, se a venda fosse realizada à vista, o valor seria $ 1.700,00.

O cálculo da taxa de juros do financiamento da venda é realizado com a utilização da equação de equivalência entre o valor presente e o valor futuro, obtido da matemática financeira:[6]

$$VF = VP \times (1 + i)^n$$

Com os valores da venda, temos:

$$2.000,00 = 1.700,00 \times (1 + i)^3 \rightarrow i = 5,5667\% \text{ a.m.}$$

Esta taxa será utilizada em cada mês para a apropriação dos encargos financeiros, que correspondem à diferença entre o valor presente da venda e o seu valor a prazo.

---

[6] VP = valor presente; VF = valor futuro; n = prazo decorrido entre o valor presente e o valor futuro; i = taxa de juros.

a) **No momento da venda**

O lançamento (1) correspondente à venda, com o ajuste a valor presente, é:

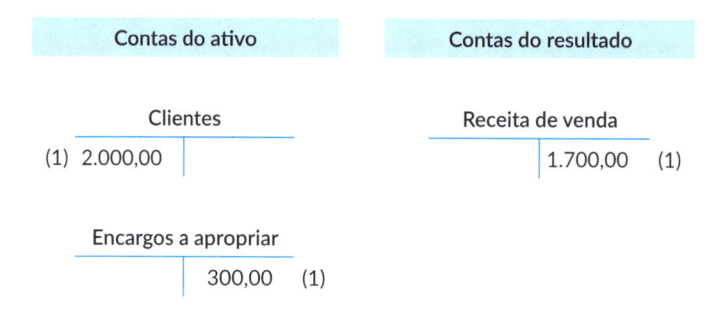

Contas do ativo	Contas do resultado
Clientes (1) 2.000,00	**Receita de venda** 1.700,00 (1)
Encargos a apropriar 300,00 (1)	

b) **No final do 1º mês**

Cálculo do valor dos juros a serem apropriados:

Juros = 5,5667% × $ 1.700,00 = $ 94,63

O lançamento (2) correspondente à apropriação dos juros do primeiro mês é:

Contas do ativo	Contas do resultado
Clientes (1) 2.000,00	**Receita de venda** 1.700,00 (1)
Encargos a apropriar (2) 94,63 | 300,00 (1)	**Receita financeira** 94,63 (2)

c) **No final do 2º mês**

Cálculo do valor dos juros a serem apropriados:

Juros = 5,5667% × ($ 1.700,00 + $ 94,63) = $ 99,90

O lançamento (3) correspondente à apropriação dos juros do segundo mês é:

Contas do ativo	Contas do resultado
Clientes (1) 2.000,00	**Receita de venda** 1.700,00 (1)
Encargos a apropriar (2) 94,63 | 300,00 (1) (3) 99,90	**Receita financeira** 94,63 (2) 99,90 (3)

d) **No final do 3º mês**

Cálculo do valor dos juros a serem apropriados:

Juros = 5,5667% × ($ 1.700,00 + $ 94,63 + $ 99,90) = 105,47

O lançamento (4) correspondente à apropriação dos juros do terceiro mês é:

Contas do ativo			Contas do resultado	
Clientes			**Receita de venda**	
(1) 2.000,00			1.700,00	(1)
Encargos a apropriar			**Receita financeira**	
(2) 94,63	300,00	(1)	94,63	(2)
(3) 99,90			99,90	(3)
(4) 105,47			105,47	(4)

e) **No recebimento**

O lançamento (5) correspondente ao recebimento da parcela no final do terceiro mês é:

Contas do ativo			Contas do resultado	
Caixa e equivalentes de caixa				
(5) 2.000,00				
Clientes			**Receita de venda**	
(1) 2.000,00	2.000,00	(5)	1.700,00	(1)
Encargos a apropriar			**Receita financeira**	
(2) 94,63	300,00	(1)	94,63	(2)
(3) 99,90			99,90	(3)
(4) 105,47			105,47	(4)

3.10 Aspectos legais no Brasil

Conforme comentado no Capítulo 2, as informações produzidas pela contabilidade podem ser utilizadas por diversos usuários, como administradores da entidade, instituições financeiras, investidores, analistas, governo, entre outros. Cada tipo de usuário procura definir regras de avaliação que tornem as informações mais adequadas ao seu processo de decisão e, em função disso, a contabilidade muitas vezes é apurada em diferentes bases, surgindo, por exemplo, termos como **contabilidade societária**, **contabilidade gerencial**, **contabilidade fiscal**, entre outras.

A contabilidade, dentro de uma visão introdutória, é abordada do ponto de vista da Contabilidade Societária. Nesse cenário, diversos mecanismos de regulação influenciam a elaboração dos relatórios contábeis: a **legislação societária** (definida pela Lei nº 6.404/1976 e alterações posteriores), as regras da **Comissão de Valores Mobiliários** (aplicáveis às companhias abertas) e as regras definidas por órgãos reguladores de setores específicos como Banco Central, Susep, Aneel e Anatel. A Receita Federal do Brasil, no seu âmbito de atuação, determina regras específicas com o objetivo de regulamentar as bases de cálculo das obrigações fiscais.

Em relação à demonstração do resultado do exercício, a lei societária obriga, no artigo 176, sua elaboração e publicação ao final de cada exercício social, com indicação dos valores correspondentes à demonstração do período anterior para fins de comparação. Ainda no artigo 177, determina a adesão aos princípios de contabilidade geralmente aceitos,[7] mencionando a necessidade de registro das mutações patrimoniais segundo o regime de competência. Ressalta-se ainda que a lei estabelece a necessidade de divulgação do lucro ou prejuízo por ação do capital social.

A Comissão de Valores Mobiliários reafirma todos os critérios definidos na lei societária, complementando-os com a exigência de informações adicionais.

3.11 Aspectos fiscais no Brasil

A maioria das despesas de uma empresa ocorre independentemente da obtenção de lucro. As despesas com salários, aluguel, energia, depreciação, entre outras, ocorrem em função da produção e venda de produtos ou da prestação de serviços, mesmo que a empresa não obtenha lucro no período. Outras despesas, contudo, são apuradas apenas se o resultado obtido pela empresa em determinado período for positivo, ou seja, se houver lucro. Isso ocorre com as participações no lucro (participação de administradores e de funcionários, participação de fundos de pensão etc.) e com determinados tributos, como o imposto sobre a renda e a contribuição social sobre o lucro.

Os critérios de cálculo das participações no lucro são definidos, normalmente, em contratos ou acordos entre a empresa e os interessados (administradores, funcionários, sindicatos etc.). Em relação aos impostos, contudo, a definição dos critérios de cálculo é encontrada na legislação fiscal específica de cada tributo e, em geral, a base de cálculo não coincide com o resultado apurado na contabilidade. Isso ocorre porque o Fisco tem regras próprias relacionadas com cada elemento de receita e despesa e, muitas vezes, esses critérios diferem dos que são adotados pela contabilidade. Como

---

[7] A terminologia "Princípios contábeis geralmente aceitos", encontrada na Lei nº 6.404/1976, é antiga e não foi modificada com as alterações que ocorreram na lei ao longo do tempo. Hoje, contudo, as normas contábeis aplicáveis são emitidas pelo Comitê de Pronunciamentos Contábeis por meio de diversos Pronunciamentos Técnicos, que estão em vigor e nos quais não se utiliza mais esta terminologia.

exemplo, quando a empresa recebe uma multa por desatendimento à determinada legislação, o gasto com essa multa é contabilizado como uma despesa, pois reduz o patrimônio líquido da entidade. A legislação tributária, contudo, determina que essa despesa não seja dedutível para o cálculo do imposto de renda (obviamente seria "injusto" que uma empresa reduzisse o imposto de renda a pagar por ter cometido determinada infração).[8]

Surge, então, a necessidade de a empresa elaborar um cálculo à parte para apurar a base de cálculo do imposto de renda. Esse cálculo deve ser formalizado em um livro fiscal denominado "Livro de **A**puração do **Lu**cro **R**eal", conhecido na prática pela sigla **Lalur**. Nesse livro, a empresa deve controlar todas as diferenças entre o seu resultado contábil e o resultado aceito pelo Fisco (esse resultado é denominado pelo Fisco por "Lucro Real", mas não coincide com o real resultado apurado pela contabilidade).

O Lalur é estruturado em duas partes, denominadas parte A e parte B. Na parte A do Lalur, é realizado o cálculo do imposto de renda, partindo-se do lucro apurado contabilmente (denominado Resultado antes dos impostos e participações) e efetuando-se todos os ajustes necessários para a apuração do "Lucro real", que é a base de cálculo do imposto de renda. Os ajustes correspondem a adições, exclusões e compensações determinadas no Regulamento do Imposto de Renda (Decreto nº 3.000/1999 e alterações posteriores). As adições representam valores que devem ser somados à base de cálculo, como a multa descrita anteriormente. Em geral, representam despesas registradas no resultado contábil, mas que não são aceitas pelo Fisco como dedutíveis. As exclusões representam valores que são diminuídos da base de cálculo, pois não serão tributados na empresa. Um exemplo de exclusão é o Resultado de Equivalência Patrimonial, quando positivo, que corresponde ao reconhecimento contábil da participação da empresa no lucro das empresas investidas. Como esse lucro já foi tributado na empresa investida, não será tributado na investidora. Assim, para se eliminar o efeito da receita, seu valor é diminuído da base de cálculo do imposto de renda. As compensações correspondem às diminuições que a empresa pode fazer na base de cálculo do imposto em função de prejuízos fiscais obtidos em períodos anteriores, dentro de limites estabelecidos na legislação fiscal.

Na parte B do Lalur, são controlados ajustes feitos em determinados períodos, mas que serão revertidos em períodos futuros, ou seja, destina-se ao controle de ajustes temporários. Um exemplo típico é o reconhecimento de perdas por estimativa de créditos de liquidação duvidosa, provisão para riscos trabalhistas, provisão para riscos fiscais, entre outros, que são contabilizados como despesa em um período, mas serão dedutíveis em outros.

Em função dessas diferenças entre critérios contábeis e critérios fiscais, o imposto de renda a ser contabilizado deve ser apurado em um cálculo à parte para, posteriormente, ser contabilizado. Para exemplificar o cálculo e contabilização do imposto de renda,

---

[8] Mencionamos neste texto, apenas para facilitar, o efeito no imposto de renda, mas, na prática, efeitos semelhantes ocorrem com a contribuição social sobre o lucro, que não iremos comentar neste livro.

vamos utilizar os mesmos dados do exemplo descrito na seção 3.6 deste capítulo (empresa Eletrônica Curto-Circuito), cujos razonetes das contas de receitas e despesas e da conta de apuração do resultado são reapresentados a seguir:

Contas do resultado

	Receita de serviços				Despesa com peças		
		25.000	(4)	(4a)	15.000		
		18.000	(6)	(6a)	7.000		
(a)	43.000	43.000			22.000	22.000	(b)

	Despesa de aluguel				Despesas gerais		
(9)	9.000			(8)	6.000		
	9.000	9.000	(c)		6.000	6.000	(d)

	Apuração do resultado				Despesas financeiras		
(b)	22.000	43.000	(a)	(10)	1.600		
(c)	9.000					1.600	1.600	(e)
(d)	6.000						
(e)	1.600						
	38.600	43.000					
		4.400					

Suponha-se que a alíquota de imposto de renda seja 30% e parte das despesas gerais, no valor de $ 1.000, se refira a multas fiscais. A apuração do valor do imposto de renda é feita no Lalur, conforme demonstrado a seguir:

Lucro antes de impostos e participações	$ 4.400
(+) Adições:	
Despesas com multas fiscais	$ 1.000
(=) Lucro real (base de cálculo do IR)	$ 5.400
Alíquota de imposto de renda	30%
Imposto de renda a ser pago	$ 1.620

A contabilização da despesa de imposto de renda e o encerramento da conta de despesa para transferência da apuração do resultado são apresentados a seguir:

	Contas do resultado			Contas do passivo e patrimônio líquido	

	Despesa de imposto de renda			Imposto de renda a pagar	
(11)	1.620			1.620	(11)
	1.620	1.620	(f)		

	Apuração do resultado			Lucros acumulados	
(b)	22.000	43.000	(a)	2.780	(A)
(c)	9.000				
(d)	6.000				
(e)	1.600				
	38.600	43.000			
(f)	1.620	4.400			
(A)	2.780	2.780			

O lançamento 11 corresponde à contabilização da despesa de imposto de renda que tem como contrapartida o reconhecimento do passivo (Imposto de renda a pagar).

O lançamento "A" corresponde à transferência do resultado do período para a conta Lucros acumulados no patrimônio líquido. No balanço patrimonial, aparece mais uma conta de passivo cujo título é Imposto de renda a pagar.

▶ EXERCÍCIO RESOLVIDO

A empresa Bicicletas Baloi S.A. opera na comercialização de bicicletas e apresentava, em 28/02/X0, os seguintes saldos nas suas contas do balanço:

Caixa e equivalentes de caixa	$ 7.800	Contas a pagar	$ 12.800
Estoques	$ 29.000	Promissórias a pagar	$ 15.000
Imóveis	$ 30.000	Capital social	$ 65.000
Instalações	$ 10.000		
Terrenos	$ 16.000		

As operações realizadas durante o mês de março de X0 foram:

1. Venda de bicicletas no valor de $ 5.000, sendo 10% à vista e o restante a prazo. O custo das bicicletas vendidas foi de $ 2.500.
2. Pagamento de $ 3.200 das contas a pagar, referentes à primeira prestação do terreno que fora adquirido em fevereiro de X0.
3. Nova venda de bicicletas pelo valor de $ 10.000, sendo 60% à vista e o restante a prazo. O custo das bicicletas vendidas foi de $ 5.500.

4. Os salários do mês de março, no valor de $ 1.700, serão pagos em abril.
5. Recebimento de $ 7.000 de um cliente para entrega futura de bicicletas.
6. Contratação e pagamento de serviços para propaganda da empresa realizados no mês de março pelo valor de $ 1.000.
7. Recebimento de $ 2.000 de clientes.
8. Compra de bicicletas, a prazo, no valor de $ 2.000.
9. Pagamento de seguro contra incêndio, no valor de $ 3.000, cuja vigência é para os meses de março e abril.

A partir dessas informações, pede-se:

a) Registre os saldos de 28/02/X0 nos razonetes correspondentes.
b) Registre as operações ocorridas no mês de março (em razonetes).
c) Faça o encerramento das contas do resultado (em razonetes), assumindo que não há incidência de imposto de renda e a empresa ainda não tenha realizado a distribuição do resultado.
d) Elabore a demonstração do resultado do exercício para o período de março de X0.
e) Elabore o balanço patrimonial em 31/03/X0.

▷ **Solução**

Ativo

	Caixa e equivalentes de caixa				Clientes				Estoques		
	7.800	3.200	(2)	(1)	4.500	2.000	(7)		29.000	2.500	(1a)
(1)	500	1.000	(6)	(3)	4.000			(8)	2.000	5.500	(3a)
(3)	6.000	3.000	(9)								
(5)	7.000										
(7)	2.000										
	16.100				6.500				23.000		

	Seguros antecipados				Imóveis			Terrenos	
(9)	3.000	1.500	(9a)		30.000			16.000	
	1.500				30.000			16.000	

	Instalações	
	10.000	
	10.000	

Passivo e patrimônio líquido

Fornecedores				Contas a pagar				Promissórias a pagar	
	2.000	(8)	(2)	3.200	12.800				15.000
	2.000				9.600				15.000

Salários a pagar				Adiantamentos de clientes				Capital social	
	1.700	(4)			7.000	(5)			65.000
	1.700				7.000				65.000

Lucros/Prej. acumulados		
	2.800	(A)
	2.800	

Resultado

Receita vendas				Custo das merc. vendidas				Despesas de salários		
		5.000	(1)	(1a)	2.500			(4)	1.700	
		10.000	(3)	(3a)	5.500					
(a)	15.000	15.000			8.000	8.000	(b)		1.700	1.700	(c)

Despesas c/ publicidade					Despesas de seguros				ARE		
(6)	1.000			(9a)	1.500			(b)	8.000	15.000	(a)
								(c)	1.700		
								(d)	1.000		
								(e)	1.500		
									12.200	15.000	
	1.000	1.000	(d)		1.500	1.500	(e)	(A)	2.800	2.800	

Bicicletas Baloi S.A.			
Demonstração do Resultado do Exercício			
Período: Março/X0			
	Receita de vendas		15.000
(–)	Custo das mercadorias vendidas		(8.000)
(=)	Resultado bruto		7.000
(–)	Despesas operacionais		
	Publicidade	(1.000)	
	Salários	(1.700)	
	Seguros	(1.500)	(4.200)
(=)	**Lucro líquido**		**$ 2.800**

Bicicletas Baloi S.A. Balanço Patrimonial em 31/03/X0			
Ativo		Passivo	
Ativo circulante	$ 47.100	*Passivo circulante*	$ 35.300
Caixa e equivalentes de caixa	$ 16.100	Contas a pagar	$ 9.600
Clientes	$ 6.500	Fornecedores	$ 2.000
Estoques	$ 23.000	Promissórias a pagar	$ 15.000
Seguros antecipados	$ 1.500	Salários a pagar	$ 1.700
		Adiantamentos de clientes	$ 7.000
Ativo não circulante	$ 56.000	*Patrimônio líquido*	$ 67.800
Imobilizado		Capital social	$ 65.000
Instalações	$ 10.000	Lucros acumulados	$ 2.800
Terrenos	$ 16.000		
Imóveis	$ 30.000		
Total do ativo	**$ 103.100**	**Total do passivo e patrimônio líquido**	**$ 103.100**

▶ EXERCÍCIOS PROPOSTOS

▷ Exercício 1

A empresa The Park Hall Ltda. iniciou suas atividades em 30/11/X0 e seus sócios integralizaram o capital social no valor de $ 500.000 em dinheiro.

Durante o mês de dezembro, a empresa realizou as seguintes operações:

1. 01/12 – Aquisição de instalações no valor de $ 100.000, à vista.
2. 02/12 – Compra de materiais a serem utilizados na prestação de serviços no valor de $ 80.000, à vista.
3. 05/12 – Desembolso no valor de $ 5.000 por despesas de água, luz e telefone.
4. 10/12 – Pagamento do aluguel do prédio referente ao mês de dezembro no valor de $ 15.000.
5. 12/12 – A empresa prestou serviços no valor de $ 150.000, sendo 50% no ato e o restante a ser recebido em 45 dias.
6. 12/12 – Os materiais utilizados na prestação dos serviços totalizaram $ 40.000.
7. 20/12 – Reembolso aos vendedores de gastos com combustíveis utilizados em viagens no valor de $ 4.000.
8. 23/12 – Aquisição de veículo para a empresa no valor de $ 30.000 mediante obtenção de um empréstimo.
9. 30/12 – Os salários referentes ao mês de dezembro serão pagos no próximo mês e totalizaram $ 30.000.

A partir dessas informações, pede-se:

a) Registre nos razonetes todas as operações apresentadas.
b) Efetue a apuração do resultado do exercício.
c) Elabore a demonstração do resultado de dezembro de X0.
d) Elabore o balanço patrimonial em 31/12/X0.

▷ Exercício 2

O balancete de verificação da Tivoly S.A. apresentava as seguintes contas e seus respectivos saldos em 30/11/X1:

Caixa e equivalentes de caixa	$ 100.000	Despesas financeiras	$ 4.000
Aplicações financeiras	$ 20.000	Despesas com comissão	$ 7.500
Clientes	$ 150.000	Despesas de propaganda	$ 20.000
Estoques	$ 50.000	Salários a pagar	$ 47.000
Seguros antecipados	$ 25.000	Contas a pagar	$ 38.000
Imóveis	$ 300.000	Fornecedores	$ 115.000
Máquinas e equipamentos	$ 250.000	Empréstimos	$ 50.000
Despesas de aluguel	$ 25.000	Capital social	$ 600.000
Despesas gerais	$ 5.000	Receita de serviços	$ 150.000
Despesas de salários	$ 47.000	Receita financeira	$ 3.500

As operações realizadas durante o mês de dezembro de X1 foram:

1. Recebimento de receita financeira proveniente de aplicações financeiras, no valor de $ 1.500.
2. Prestação de serviços no valor de $ 120.000, sendo recebido 40% no ato e o restante a receber em 30 dias.
3. Pagamento de salários referentes ao mês de novembro no valor de $ 47.000.
4. Pagamento do aluguel do prédio, referente ao mês de dezembro de X1, no valor de $ 25.000.
5. Foi recebida a quantia de $ 20.000 em dinheiro, referente a serviços a serem prestados.
6. Foi quitada dívida com o fornecedor no valor de $ 40.000.
7. Recebimento de clientes em virtude de serviços prestados nos meses anteriores, no valor de $ 65.000.

Informações adicionais:

8. Os materiais (estoques) consumidos na prestação de serviços do item 2 representam $ 30.000.
9. Os seguros foram contratados em 30/11 e têm vigência de cinco meses.
10. Dos serviços contratados no item 5, 20% foram prestados no mês de dezembro.

A partir dessas informações, pede-se:

a) Lance os saldos iniciais nos razonetes correspondentes e registre as operações ocorridas no mês de dezembro.
b) Efetue os ajustes necessários para encerrar as contas do resultado.
c) Elabore a demonstração do resultado de X1.
d) Elabore o balanço patrimonial em 31/12/X1.

▷ Exercício 3

A empresa Tecnologia do Lixo Ltda. atua na compra e venda de equipamentos de limpeza e, também, na prestação de serviços de manutenção técnica para esses produtos. Seu diretor solicitou ao departamento de contabilidade as demonstrações contábeis da empresa em 31/12/X3, e os dados apresentados são os seguintes:

Contas	$	Contas	$
Capital social	96.000	Fornecedores	36.000
Valores a receber de clientes	16.000	Reservas de lucros	38.000
Contas a pagar	6.000	Contas a receber	2.000
Equipamentos para revenda	110.000	Imóveis	52.000
Despesas gerais	2.000	Caixa e equivalentes de caixa	40.000
Despesas de salários	16.000	Materiais	48.000
Receita de vendas	70.000	Adiantamentos de clientes	18.000
Despesas de aluguel	18.000	Receita de serviços	68.000
Despesas antecipadas	12.000	Despesas de propaganda	16.000

O diretor da empresa, ao analisar as informações recebidas, identificou que os diversos eventos a seguir não haviam sido registrados pela contabilidade em X3.

1. Compra, a prazo, de equipamentos para revenda no valor de $ 10.000.
2. Prestação de serviços de manutenção técnica em dezembro de X3, no valor de $ 8.000, que será recebido em X4.
3. Compra de máquinas para uso na atividade da empresa, em 30/12/X3. O valor foi de $ 24.000, sendo pago 50% no ato da compra e o saldo será pago em X4.
4. Compra à vista de materiais para uso nos serviços de manutenção técnica no valor de $ 6.000.
5. A empresa assinou, em 01/12/X3, um contrato para entrega futura de equipamentos, no valor de $ 40.000. O cliente pagou 40% no ato do contrato e, para garantir o cumprimento do saldo da dívida, entregou uma nota promissória no valor de $ 24.000, com vencimento para X4.
6. Venda de equipamentos de limpeza por $ 40.000, sendo 70% à vista e o saldo para ser recebido em X4.
7. Recebimento de $ 4.000 correspondentes a serviços prestados anteriormente.
8. A empresa contratou, em 30/11/X3, uma construtora para realizar a reforma do prédio onde está instalada. A reforma será efetuada no período de dezembro de X3 a março de X4 e o valor total é $ 10.000, e a empresa efetuou o pagamento de 40% do contrato à vista, emitindo uma nota promissória pelo valor do saldo que será pago em 31/03/X4.

9. Foi obtido um empréstimo em 31/12/X3 no valor de $ 60.000, o qual será pago em março de X4.
10. Os salários de dezembro de X3 foram de $ 4.000 e serão pagos em janeiro de X4.

Informações adicionais que também não foram registradas:

11. O valor que já estava registrado em Adiantamentos de clientes corresponde a valores recebidos em 05/10/X3 para prestação de serviços de manutenção até maio de X4. Já foram efetuados 20% do valor dos serviços contratados.
12. O inventário de materiais para uso nos serviços de manutenção apresentava, em 31/12/X3, um saldo de $ 22.000.
13. O inventário de equipamentos para revenda apresentava, em 31/12/X3, um saldo de $ 70.000.
14. Até 31/12/X3, a construtora executou 20% da reforma contratada (ver item 8).
15. O valor que já estava registrado em Despesas antecipadas corresponde a um pagamento efetuado pela empresa em 30/11/X3 para manter segurados seus bens por um período de seis meses.
16. A empresa entregou 60% dos equipamentos que foram contratados no evento 5.

A partir dessas informações, pede-se:

a) Efetue todos os lançamentos iniciais correspondentes aos saldos das contas apresentadas pela contabilidade e os registros relativos aos eventos que ainda não haviam sido registrados (inclusive, os lançamentos de ajustes relativos ao Regime de Competência de Exercícios).
b) Efetue, em razonetes, o encerramento das contas de receitas e despesas, a apuração do resultado do ano de X3, e a transferência para a conta Lucros acumulados.
c) Elabore a **demonstração do resultado** para o ano de X3 na forma analítica determinada pela Lei das Sociedades por Ações.
d) Elabore o **balanço patrimonial** em 31/12/X3, na forma determinada pela Lei das Sociedades por Ações.

▷ Exercício 4

A empresa Alvarenga de Máquinas Ltda. foi constituída no dia 30/11/X8 para atuar na compra e venda de máquinas industriais e, também, na prestação de serviços de manutenção técnica para este tipo de máquina. O capital foi subscrito pelo valor de $ 400.000 e um dos sócios integralizou sua parte do capital em cheque no montante de $ 250.000 que foi depositado em conta corrente da empresa. O outro sócio fez a integralização por meio de máquinas que poderão ser comercializadas pela empresa no valor de $ 150.000. Durante o mês de dezembro de X8, as seguintes transações ocorreram:

Dia 01/12

- Compra, a prazo, de máquinas para comercialização no valor de $ 400.000.
- A empresa contratou um seguro com vigência de um ano. O valor do seguro era $ 60.000, tendo sido pago 40% nessa data e o saldo seria pago no dia 01/02/X9.

Dia 02/12

- A empresa contratou os serviços de uma agência de publicidade para o desenvolvimento de uma campanha publicitária nos meses de dezembro de X8 e janeiro de X9. O valor da campanha era $ 100.000, e a empresa efetuou o pagamento de 30% do contrato nesta data e o saldo seria pago em 31/01/X9.

Dia 05/12

- Compra de móveis para uso na atividade da empresa no valor de $ 60.000, sendo pago 50% no ato da compra e o restante a ser pago em 31/01/X9.

Dia 08/12

- Venda de uma máquina pelo valor de $ 300.000, sendo 70% à vista e o saldo a ser recebido no dia 10/01/X9.
- Compra à vista de materiais para uso nos serviços de manutenção técnica por $ 90.000.
- Prestação de serviços de manutenção técnica no valor de $ 150.000, que será recebido em 31/12/X8.

Dia 15/12

- A empresa assinou um contrato de manutenção com um cliente pelo prazo de três meses. Para garantir o cumprimento do contrato, o cliente entregou à empresa uma nota promissória no valor de $ 450.000 com vencimento para o dia 27/02/X9.

Dia 20/12

- Pagamento de diversas despesas do mês no valor de $ 20.000.

Dia 24/12

- Pagamento do saldo da compra efetuada em 05/12.

Dia 28/12

- Compra a prazo de materiais para uso nos serviços de manutenção técnica por $ 200.000.
- Prestação de serviços de manutenção no valor de $ 80.000 referentes ao contrato assinado em 15/12.

Dia 30/12

- Venda a prazo de uma máquina pelo valor de $ 400.000.

Dia 31/12

- Recebimento do valor dos serviços prestados em 08/12/X8.

Informações adicionais para dezembro de X8:

1. Os salários do mês totalizaram $ 60.000 e serão pagos no mês seguinte.
2. O inventário de materiais para uso nos serviços de manutenção apresentou, em 31/12/X8, o saldo de $ 110.000.
3. O inventário de máquinas para comercialização apresentou, em 31/12/X8, o saldo de $ 50.000.
4. A agência de publicidade executou nesse mês 35% da campanha publicitária contratada.

A partir dessas informações, pede-se:

a) Efetue os lançamentos de constituição da empresa e registre as operações ocorridas em dezembro de X8.
b) Efetue o encerramento das contas do resultado.
c) Elabore a demonstração do resultado de dezembro de X8.
d) Elabore o balanço patrimonial em 31/12/X8.

▶ TESTES

1. Materiais que tenham sido adquiridos no mês de junho, utilizados na prestação de serviços no mês de julho e pagos no mês de agosto são considerados como despesas

    a) do mês de junho.
    b) do mês de julho.
    c) do mês de agosto.
    d) dos meses de julho e agosto.
    e) distribuídos proporcionalmente a cada um dos três meses para atender ao regime de competência.

2. Venda realizada em abril, recebida 20% em maio, e 50% em junho e 30% em julho deverá ser reconhecida na demonstração do resultado no mês de

    a) abril.
    b) maio.
    c) junho.
    d) julho.
    e) maio, junho e julho.

3. Uma empresa comercial adquiriu, em 02/01/X2, mercadorias no valor de $ 20.000, pagando 30% à vista e o restante em fevereiro de X2. No dia 22 de janeiro de X2, a empresa vendeu todas estas mercadorias por $ 60.000, recebendo 60% à vista e o restante em fevereiro de X2. O resultado apurado pela empresa comercial com a venda destas mercadorias foi de

    a) $ 30.000 em janeiro de X2.
    b) $ 10.000 em fevereiro de X2.
    c) $ 54.000 em janeiro de X2.
    d) $ 40.000 em janeiro de X2.
    e) $ 30.000 em janeiro e $ 10.000 em fevereiro de X2.

4. Um recebimento de clientes relativo a vendas realizadas no mês anterior deve ser registrado no momento do recebimento como entrada de caixa em contrapartida a conta de

    a) Clientes no ativo.
    b) Despesa no resultado.
    c) Receita no resultado.
    d) Patrimônio líquido.
    e) Fornecedores no passivo.

5. A Cia. dos Vidros recebeu $ 120.000 em março, $ 150.000 em abril e $ 190.000 em maio, referentes a produtos a serem entregues em meses subsequentes. Sabe-se que a Cia. dos Vidros entregou em maio os produtos referentes ao recebimento de março, entregou em junho os produtos referentes ao recebimento de abril e que ainda não entregou os produtos referentes ao recebimento de maio. Os valores das receitas reconhecidas, nos meses de maio e junho, no resultado da empresa foram, respectivamente,

   a) $ 0 (zero) e $ 150.000.
   b) $ 310.000 e $ 150.000.
   c) $ 190.000 e $ 0 (zero).
   d) $ 120.000 e $ 150.000.
   e) $ 120.000 e $ 190.000.

6. A Cia. Brasileira recebeu $ 280.000 por mercadorias a serem entregues em três meses. A empresa estima que o custo das mercadorias a serem entregues será de $ 120.000, pois ainda precisam ser produzidas. É correto afirmar que, no momento do recebimento do respectivo valor, a Cia. Brasileira

   a) reconheceu receita no valor de $ 280.000.
   b) apurou um lucro estimado de $ 160.000.
   c) reduziu estoque em $ 120.000.
   d) reconheceu um passivo no valor de $ 280.000.
   e) reconheceu um adiantamento a fornecedor no valor de $ 280.000.

7. Determinada empresa contratou e pagou, em 31/08/X1, um seguro no valor de $ 60.000. Esse seguro tem vigência de 01/09/X1 a 31/08/X2. Em relação a esta transação é correto afirmar que a empresa apresentou no

   a) resultado de X1, despesas com seguros no valor de $ 60.000.
   b) resultado de X1, despesas com seguros no valor de $ 20.000.
   c) resultado de X1, despesas com seguros no valor de $ 40.000.
   d) balanço patrimonial de 31/12/X1, seguros pagos antecipadamente no valor de $ 60.000.
   e) balanço patrimonial de 01/09/X1, seguros pagos antecipadamente no valor de $ 40.000.

8. Uma empresa renovou seu seguro em 30/06/X1 e pagou o valor total de $ 64.000. Esse seguro tem validade por dois anos. Esse valor representou um aumento de $ 15.000 sobre o seguro efetuado dois anos atrás. No exercício social encerrado em 31/12/X1, os lançamentos efetuados pela empresa, relacionados ao seguro contratado, foram débitos em

   a) despesas com seguros no valor de $ 32.000 e créditos em despesas antecipadas.
   b) despesas antecipadas no valor de $ 16.000 e créditos em despesas de seguros.

c) despesas com seguros e créditos em despesas antecipadas no valor de $ 16.000.

d) despesas antecipadas e créditos em despesas de seguros no valor de $ 32.000.

e) despesas com seguros e créditos em despesas antecipadas no valor de $ 64.000.

9. Um adiantamento recebido de cliente para a entrega futura de bens deve ser registrado no momento do recebimento como entrada de caixa em contrapartida de

   a) uma conta de patrimônio líquido, pois houve uma entrada de ativo sem qualquer encargo para a empresa.

   b) uma outra conta de ativo que seja retificadora do valor recebido, pois o dinheiro não pertence ainda à empresa.

   c) uma conta de receita, pois o valor pertence à empresa, uma vez que foi recebido.

   d) não deve ser contabilizado, pois o valor recebido não pertence ainda à empresa.

   e) uma conta de passivo, em função da obrigação assumida.

10. A demonstração do resultado é um relatório contábil que reflete

    a) a variação da situação financeira entre dois momentos diferentes e sua distribuição.

    b) o patrimônio líquido em determinado momento e sua distribuição.

    c) as despesas incorridas e as receitas realizadas entre dois momentos diferentes.

    d) as despesas pagas e as receitas incorridas entre dois momentos diferentes e sua distribuição.

    e) as despesas incorridas e as receitas recebidas entre dois momentos diferentes e sua distribuição.

11. De acordo com a regulamentação vigente, as empresas são obrigadas a encerrarem as contas do resultado pelo menos uma vez por ano. Ao realizarem esta operação, as empresas apuram o resultado do período. O resultado apurado, lucro ou prejuízo, deve ser transferido para

    a) o passivo, se for lucro.

    b) o ativo, se for prejuízo.

    c) o patrimônio líquido, se for lucro ou prejuízo.

    d) a demonstração do resultado, se for lucro.

    e) o capital social, se for lucro ou prejuízo.

12. A empresa comercial JM reconheceu $ 160.000 de receita de vendas, $ 70.000 de custo das mercadorias vendidas e $ 30.000 de despesas administrativas durante o ano de X1. Ao realizar a apuração do resultado do período, a empresa

    a) debitou apuração do resultado no valor de $ 90.000 e creditou o passivo no valor de $ 90.000.

    b) creditou apuração do resultado no valor de $ 70.000 e debitou o capital social no valor de $ 70.000.

c) debitou apuração do resultado no valor de $ 60.000 e creditou a demonstração do resultado no valor de $ 60.000.

d) creditou apuração do resultado no valor de $ 90.000 e debitou o ativo no valor de $ 90.000.

e) debitou apuração do resultado no valor de $ 60.000 e creditou o patrimônio líquido no valor de $ 60.000.

13. A Cia. Cristalina realizou, em 01/12/X1, uma venda no valor total de $ 280.000. No entanto, a condição de recebimento pactuada com o cliente foi $ 50.000 à vista e o restante a ser recebido em 31/07/X3. O prazo normalmente concedido pela Cia. Cristalina é de 90 dias. Sabe-se que se o cliente efetuasse a compra à vista, ele pagaria, no total, $ 250.000. Com base nestas informações e sabendo que a taxa de juros mensal cobrada na operação é de 0,7%, é correto afirmar que a empresa reconheceu no resultado de dezembro de X1

a) receita de vendas de $ 280.000.

b) receita de vendas de $ 50.000.

c) receita de vendas de $ 250.000 e receita financeira de $ 30.000.

d) receita de vendas de $ 280.000 e despesa financeira de $ 30.000.

e) receita de vendas de $ 250.000 e receita financeira de $ 1.400.

4 PATRIMÔNIO LÍQUIDO E DEMONSTRAÇÃO DAS MUTAÇÕES DO PATRIMÔNIO LÍQUIDO

4.1 Introdução

O patrimônio líquido representa os recursos próprios da entidade que são provenientes dos sócios ou acionistas, e do desempenho de suas atividades. O Pronunciamento Conceitual Básico apresenta, no item 4.4, a seguinte definição de patrimônio líquido:

> [...]
> (c) patrimônio líquido é o interesse residual nos ativos da entidade depois de deduzidos todos os seus passivos
> [...].

Nesse sentido, a mensuração dos ativos e passivos interfere diretamente no montante pelo qual o patrimônio líquido é apresentado no balanço patrimonial.

De acordo com a Lei nº 6.404/1976 e alterações posteriores, o patrimônio líquido é dividido em:

- Capital social
- Reservas de capital
- Ajustes de avaliação patrimonial
- Reservas de lucros
- Ações em tesouraria
- Prejuízos acumulados

Adicionalmente a estes componentes, as reservas de reavaliação e os dividendos adicionais propostos são contabilizados no patrimônio líquido, os quais são discutidos mais à frente neste capítulo.

4.2 Capital social

O capital representa inicialmente os valores recebidos como investimentos dos acionistas ou sócios, para a empresa financiar suas atividades. Na evolução dos negócios, o capital social pode ser alterado tanto por novos investimentos realizados por esses acionistas ou sócios quanto por lucros que a empresa obtém e que não os distribui por decisão desses investidores, os quais são incorporados ao capital social.

O artigo 182 da Lei nº 6.404/1976 estabelece que essa conta discriminará o montante subscrito e, por dedução, a parcela ainda não realizada.

O **capital social** corresponde ao capital efetivo da empresa, valor que os acionistas ou sócios se comprometeram a integralizar, devendo ser subscrito na data da criação da empresa. Sua integralização, porém, pode depender do prazo, da forma e das condições estabelecidas no estatuto ou no contrato social.

A parcela do capital ainda não integralizada pelos acionistas é denominada **capital a integralizar** ou **capital a realizar**, enquanto a parcela de capital efetivamente integralizada é chamada **capital integralizado** ou **capital realizado**.

Nesse sentido, tem-se que:

Capital social = Capital subscrito – Capital a integralizar

Por exemplo, se os acionistas da Cia. ABC estabelecem que o capital social da empresa será de $ 50.000 e, no início das operações, decidem integralizar somente $ 30.000, ficando o restante para ser integralizado no próximo ano, o capital social da empresa será assim apresentado no balanço patrimonial:

Capital subscrito	50.000
(–) Capital a integralizar	(20.000)
(=) Capital integralizado	30.000

O artigo 168 da Lei nº 6.404/1976 estabelece que o estatuto da empresa pode conter autorização para aumento do capital social independentemente de reforma estatutária, que é denominado **capital autorizado**. A autorização, no entanto, deverá especificar o limite de aumento, em valor do capital ou em número de ações, e as espécies e as classes das ações que poderão ser emitidas, o órgão competente para deliberar sobre essas emissões (que poderá ser a assembleia geral ou o conselho de administração) e as condições a que estiverem sujeitas as novas emissões.

4.3 Reservas de capital

As reservas de capital são constituídas por recursos obtidos pela empresa que não são considerados na formação do lucro do período, mas representam um ingresso efetivo de recursos econômicos, e são tratadas como acréscimo de patrimônio líquido em função de determinação legal.

De acordo com a Lei nº 6.404/1976 e alterações posteriores, as reservas de capital podem ser originadas de ágio na emissão de ações, alienação de partes beneficiárias e alienação de bônus de subscrição.[1]

4.3.1 Ágio na emissão de ações

De acordo com a Lei nº 6.404/1976, artigo 182, o excedente entre o preço de subscrição pago pelos acionistas e o valor nominal da ação[2] que ultrapassar a importância destinada à formação do capital social deve ser registrado em conta de Reserva de capital.

4.3.2 Alienação de partes beneficiárias

Partes beneficiárias são títulos negociáveis, sem valor nominal, que a companhia pode criar a qualquer tempo, cujo produto da alienação deve ser registrado em conta de Reserva de capital (art. 182 da Lei nº 6.404/1976).

A Lei nº 6.404/1976 estabelece que as partes beneficiárias conferirão aos seus titulares direito de crédito eventual contra a companhia, consistente na participação nos lucros anuais, e que a participação atribuída às partes beneficiárias, inclusive para a formação de reserva para resgate, se houver, não pode ultrapassar um décimo dos lucros, sendo vedado conferir às partes beneficiárias qualquer direito privativo de acionista, salvo o de fiscalizar os atos dos administradores (art. 46).

Cabe ressaltar que a Lei nº 10.303/2001 alterou o parágrafo único do artigo 47 da Lei nº 6.404/1976 e vedou às companhias abertas emitir partes beneficiárias.

4.3.3 Alienação de bônus de subscrição

Os bônus de subscrição, assim como as partes beneficiárias, são valores mobiliários cujo produto da alienação deve ser registrado em conta de Reserva de capital (art. 182 da Lei nº 6.404/1976).

No entanto, a Lei nº 6.404/1976, em seu artigo 75, estabelece que a emissão do bônus de subscrição está limitada ao aumento do capital autorizado no estatuto da companhia, e conferirá aos seus titulares, nas condições constantes do certificado, direito de subscrever ações do capital social, que será exercido mediante apresentação do título à companhia e pagamento do preço de emissão das ações.

---

[1] O parágrafo 2º do artigo 182 da Lei nº 6.404/1976 estabelece que também será registrado como reserva de capital o resultado da correção monetária do capital realizado, enquanto não capitalizado. Esse resultado decorria da atualização monetária do capital realizado, mas esta atualização está proibida desde 1995.

[2] O valor nominal da ação é o valor mencionado no estatuto social de uma empresa e atribuído a uma ação representativa de seu capital. O estatuto fixará o número das ações em que se divide o capital social e estabelecerá se as ações terão, ou não, valor nominal. O valor nominal será o mesmo para todas as ações da companhia. Caso não seja definido o valor nominal das ações no estatuto, nos prospectos de emissões de ações deve constar o valor das ações definido para emissão.

4.3.4 Destinação das reservas de capital

O artigo 200 da Lei nº 6.404/1976 e alterações posteriores estabelece que as reservas de capital somente poderão ser utilizadas para:

a) absorção de prejuízos, quando estes ultrapassarem as reservas de lucros;
b) resgate, reembolso ou compra de ações;
c) resgate de partes beneficiárias;
d) incorporação ao capital social;
e) pagamento de dividendo a ações preferenciais, quando essa vantagem lhes for assegurada.

4.4 Ajustes de avaliação patrimonial

Os ajustes de avaliação patrimonial são constituídos pelas contrapartidas de aumentos ou diminuições de valores atribuídos a elementos do ativo e do passivo, em função de sua mensuração ao valor justo, enquanto não computadas no resultado do exercício em obediência ao regime de competência. São exemplos a mensuração ao valor justo de ativos financeiros mensurados ao valor justo por meio de outros resultados abrangentes e os ganhos ou perdas decorrentes da conversão das demonstrações contábeis de investidas no exterior, entre outros.

Vale ressaltar que alguns resultados reconhecidos em ajustes de avaliação patrimonial deverão ser reclassificados para o resultado (DRE) quando da realização e outros não, devendo estes ser reclassificados para a conta de lucros ou prejuízos acumulados, dentro do próprio patrimônio líquido.

4.5 Reservas de lucros

As reservas de lucros representam as parcelas dos lucros obtidos pela empresa em suas atividades e retidos para uma finalidade específica. De acordo com a Lei nº 6.404/1976 e alterações posteriores, são exemplos de reservas de lucros:

- reserva legal;
- reservas estatutárias;
- reservas para contingências;
- reservas de incentivos fiscais;
- reservas de lucros a realizar;
- reservas de lucros para expansão.

4.5.1 Reserva legal

A reserva legal, instituída com a finalidade de garantir a integridade do capital social, é definida no artigo 193 da Lei nº 6.404/1976 e deve ser constituída à base de 5% do lucro líquido do exercício, antes de qualquer outra destinação.

Sua constituição é obrigatória e não poderá exceder 20% do capital social, mas a companhia poderá, a seu critério, deixar de constituir a reserva legal no exercício em que o saldo dessa reserva, acrescido do montante das reservas de capital, exceder 30% do capital social.

A reserva legal somente poderá ser utilizada para compensar prejuízos ou aumentar o capital social.

4.5.2 Reservas estatutárias

As reservas estatutárias são constituídas por determinação do estatuto da empresa e este deverá, para cada reserva:

a) definir sua finalidade de modo preciso e completo;
b) fixar os critérios para determinar a parcela anual do lucro líquido a ser destinada à sua constituição;
c) estabelecer seu limite máximo.

No entanto, a destinação dos lucros para a constituição das reservas estatutárias não poderá ser aprovada, em cada exercício, em prejuízo da distribuição do dividendo obrigatório (art. 198 da Lei nº 6.404/1976).

4.5.3 Reservas para contingências

A Lei nº 6.404/1976, em seu artigo 195, estabelece que a assembleia geral poderá destinar parte do lucro líquido à formação de reserva com a finalidade de compensar, em exercício futuro, a diminuição do lucro decorrente de perda julgada provável, cujo valor possa ser estimado. A proposta dos órgãos da administração deverá indicar a causa da perda prevista e justificar a constituição da reserva que será revertida no exercício em que deixarem de existir as razões que justificaram a sua constituição, ou no período em que ocorrer a perda.

4.5.4 Reservas de incentivos fiscais

A Lei nº 6.404/1976, em seu artigo 195A, estabelece que a companhia poderá, por proposta dos órgãos da administração e desde que aprovados em assembleia, destinar para reserva de incentivos fiscais a parcela do lucro líquido decorrente de doações e subvenções governamentais para investimentos. A Lei também estabelece que a companhia poderá excluir os valores destinados para essa reserva da base de cálculo do dividendo obrigatório.

Uma observação a ser feita é que, caso os incentivos fiscais não sejam excluídos da base de cálculo dos dividendos, serão tributados de acordo com a legislação tributária.

A parcela amortizada do prêmio recebido na emissão de debêntures também pode ser destinada para essa reserva para que não seja distribuída como dividendos (CPC 13, item 33).

4.5.5 Reservas de lucros a realizar

A constituição dessa reserva está associada à realização financeira do lucro líquido do exercício. Assim, no exercício em que o montante do dividendo obrigatório ultrapassar a parcela realizada do lucro líquido do exercício, a assembleia geral poderá, por proposta dos órgãos de administração, destinar o excesso à constituição de reserva de lucros a realizar.

O artigo 197 da Lei nº 6.404/1976, alterado pela Lei nº 10.303/2001, considera realizada a parcela do lucro líquido do exercício que exceder da soma dos seguintes valores:

a) o resultado líquido positivo da equivalência patrimonial;
b) o lucro, rendimento ou ganho líquidos em operações ou contabilização de ativo e passivo pelo valor de mercado, cujo prazo de realização financeira ocorra após o término do exercício social seguinte.

A reserva de lucros a realizar poderá ser utilizada para o pagamento do dividendo obrigatório (quando da realização dos lucros não realizados) ou para compensar prejuízos futuros (caso o prejuízo ocorra antes da realização dos lucros não realizados).

Desse modo, a reserva de lucros a realizar poderá ser constituída quando os lucros realizados financeiramente não forem suficientes para o pagamento dos dividendos obrigatórios. Quando esse lucro for realizado financeiramente, será então distribuído como dividendo (a menos que haja prejuízos futuros que compensem tal reserva).

Por exemplo, a Cia. Aberta apurou no ano de X1 lucro líquido de $ 300.000, sendo um de seus componentes o Resultado de Equivalência Patrimonial (REP) no valor de $ 200.000. O estatuto social da Cia. Aberta determina que 40% do lucro líquido deve ser distribuído como dividendos mínimos obrigatórios.

Em função do lucro líquido apurado, a Cia. Aberta deveria pagar $ 120.000 como dividendos mínimos obrigatórios para os acionistas ($ 300.000 × 40%).

Como parte do lucro líquido corresponde à parcela de $ 200.000 proveniente de resultado de equivalência patrimonial, o valor do lucro líquido realizado financeiramente é $ 100.000 ($ 300.000 – $ 200.000). A Cia. Aberta deveria distribuir $120.000 como dividendos, mas há apenas $ 100.000 realizados financeiramente e, assim, a Cia. Aberta pode distribuir dividendos no valor de $ 100.000 e constituir Reserva de lucros a realizar no valor de $ 20.000 ($ 120.000 – $ 100.000).

4.5.6 Reservas de lucros para expansão

A companhia poderá reter parte do lucro líquido do exercício para fins de expansão, por proposta da administração e aprovada em assembleia geral, devendo estar prevista no orçamento de capital da companhia previamente aprovado.

O orçamento deverá compreender todas as fontes de recursos e aplicações de capital, fixo ou circulante, e poderá ter a duração de até cinco exercícios, salvo no caso de execução, por prazo maior, de projeto de investimento.

A constituição dessa reserva, no entanto, não poderá ser aprovada, em cada exercício, em prejuízo da distribuição do dividendo obrigatório (art. 198 da Lei nº 6.404/1976).

4.5.7 Limite do saldo das reservas de lucros

A Lei nº 6.404/1976, em seu artigo 199, estabelece que o saldo das reservas de lucros, exceto as para contingências, de incentivos fiscais e de lucros a realizar, não poderá ultrapassar o capital social. Quando esse limite for atingido, a assembleia deliberará sobre a aplicação do excesso na integralização ou no aumento do capital social, ou na distribuição de dividendos.

4.6 Ações em tesouraria

A conta **Ações em tesouraria** se destina ao registro do valor das ações da companhia adquiridas pela própria empresa, devendo ser destacadas no balanço nessa conta específica do patrimônio líquido.

De acordo com a Instrução CVM nº 10 (art. 8º), a deliberação do conselho de administração que autorizar a aquisição ou alienação de ações da companhia deverá especificar, conforme o caso: o objetivo da companhia na operação; a quantidade de ações a serem adquiridas ou alienadas; o prazo máximo para a realização das operações autorizadas, que não poderá exceder a 365 dias; a quantidade de ações em circulação no mercado; e nome e endereço das instituições financeiras que atuarão como intermediárias.

Por exemplo, a Cia. Aberta adquiriu 500 ações de sua própria emissão e pagou $ 10 cada. O registro contábil na data da aquisição foi:

Débito – Ações em tesouraria
Crédito – Disponível $ 5.000

4.7 Lucros ou prejuízos acumulados

Lucros ou prejuízos acumulados correspondem ao saldo dos lucros líquidos ainda não destinados para a formação de reserva ou distribuição de dividendos, ou ao saldo de prejuízos acumulados ainda não compensados.

O parágrafo 6º do artigo 202 da Lei nº 6.404/1976 estabelece que todo o lucro líquido do exercício seja destinado para reservas ou distribuído como dividendos (alteração incluída pela Lei nº 10.303/2001) e, assim, essa conta somente apresentará saldo, no balanço patrimonial, quando a companhia apresentar prejuízos acumulados.[3]

A referida Lei, contudo, não eliminou a conta de lucros acumulados e sua movimentação deve ser apresentada na demonstração das mutações do patrimônio líquido (DMPL), que será explicada adiante neste capítulo. Na realidade, essa conta passou a ter natureza transitória, devendo ser utilizada para receber a transferência do lucro líquido do período, reversões de reservas de lucro e para as destinações do lucro e, portanto, só terá saldo se apresentar prejuízos acumulados.

---

[3] A obrigação de distribuir todo o lucro se aplica somente para as sociedades por ações (capital aberto ou fechado). As empresas constituídas sob outras formas jurídicas não são obrigadas a destinar todo o lucro, podendo, neste caso, haver saldo na conta Lucros acumulados para destinação futura.

4.8 Dividendos

Os dividendos representam a destinação dos lucros da companhia para os acionistas, e para seu pagamento poderão ser utilizados:

a) lucro líquido do exercício;
b) reservas de lucros;
c) reservas de capital (somente para ações preferenciais, em casos específicos).

4.8.1 Dividendos mínimos obrigatórios

A Lei nº 6.404/1976 regula a forma de distribuição dos dividendos mínimos obrigatórios a fim de proteger os acionistas quando não há previsão no estatuto da empresa.

Caso o estatuto da empresa seja omisso, a Lei nº 6.404/1976 estabelece que os acionistas têm o direito de receber como dividendo obrigatório, em cada exercício, a importância de 50% do lucro líquido, após a constituição da reserva legal e da reserva para contingências. Se a reserva para contingência não for utilizada, deverá ser revertida e comporá a base de cálculo dos dividendos no período em que ocorrer a reversão (esse lucro que será a base de cálculo para os dividendos é conhecido como lucro líquido ajustado, conforme citado no art. 202 da Lei nº 6.404/1976).

Quando o estatuto da empresa for omisso e a assembleia geral deliberar alterá-lo para introduzir norma sobre o assunto, o dividendo obrigatório não poderá ser inferior a 25% do lucro líquido ajustado.

A Lei também estabelece que o estatuto da companhia pode definir o dividendo como porcentagem do lucro ou do capital social, ou fixar outros critérios para determiná-lo, desde que sejam regulados com precisão e minúcia e não sujeitem os acionistas não controladores (ou minoritários) ao arbítrio da administração ou dos acionistas controladores.

4.8.2 Dividendos adicionais

A obrigação de distribuir dividendo mínimo obrigatório aos acionistas (Lei nº 6.404/76, art. 202) faz com que a empresa tenha um compromisso contratual ou legal perante estes e, portanto, esse compromisso representa um passivo da empresa devendo ser reconhecido como tal já na data do balanço patrimonial.

Nesse sentido, a ICPC 08, no item 8, esclarece que a assembleia dos sócios é soberana em suas deliberações quanto à distribuição de dividendos, podendo deliberar pelo pagamento de dividendos acima ou abaixo dos valores propostos pela administração. Todavia, em relação ao dividendo mínimo obrigatório, tem limites muito estreitos para deliberar quanto ao seu não pagamento, sendo essas situações muito raras, em especial no caso das companhias abertas.

Assim, a parcela do dividendo mínimo obrigatório, que se caracterize efetivamente como uma obrigação legal, deve figurar no passivo da entidade, mas a parcela da proposta dos órgãos da administração que exceder a esse mínimo obrigatório deve ser mantida no patrimônio líquido, em conta específica (Dividendo adicional proposto), até a deliberação definitiva que vier a ser tomada pelos sócios. Afinal, esse dividendo adicional ao mínimo obrigatório não se caracteriza como obrigação presente na data do balanço, já que a assembleia dos sócios ou outro órgão competente poderá, não havendo qualquer restrição estatutária ou contratual, deliberar ou não pelo seu pagamento ou por pagamento por valor diferente do proposto.

4.9 Alterações introduzidas pela Lei nº 11.638/2007 e Lei nº 11.941/2009

As Leis nº 11.638/2007 e nº 11.941/2009 estabeleceram mudanças significativas em alguns critérios de mensuração e de reconhecimento de ativos e passivos, os quais impactaram o patrimônio líquido das empresas. Algumas mudanças ocasionaram impacto nos valores contabilizados neste grupo, enquanto outras tornaram necessária a criação de novas contas.

Uma das principais alterações foi a proibição da possibilidade de as companhias realizarem novas reavaliações espontâneas de seus ativos, ou seja, de realizarem a Reavaliação.[4]

4.10 Destinação do lucro

Após a apuração do resultado do período (lucro ou prejuízo), este deve ser incorporado ao patrimônio líquido da empresa com a transferência do saldo para a conta Lucros ou Prejuízos acumulados. Se a empresa apurar prejuízo, este deve ser absorvido pelas reservas de lucros existentes. Nesse sentido, o parágrafo único do artigo 189 da Lei nº 6.404/1976 estabelece que *"o prejuízo do exercício será obrigatoriamente absorvido pelos lucros acumulados, pelas reservas de lucros e pela reserva legal, nessa ordem."*

Se a empresa apurar lucro, este deve, a partir da conta Lucros e prejuízos acumulados, ser destinado para as contas das respectivas Reservas de lucros e para Dividendos obrigatórios e adicionais.

▶ **EXERCÍCIO RESOLVIDO**

Em 31/12/X0, a Cia. das Flores apresentava os seguintes saldos nas contas do patrimônio líquido:

- Capital social .... $ 300.000
- Reserva legal .... $ 15.000
- Reserva estatutária .... $ 20.000

Durante o ano de X1, a empresa apurou lucro líquido de $ 150.000, o qual teve a seguinte destinação:

- Reserva legal .... 5% do lucro líquido
- Reserva estatutária .... 10% do lucro líquido
- Reserva para expansão .... 30% do lucro líquido
- Dividendos .... saldo remanescente

---

[4] Para mais informações consultar o *Manual de Contabilidade Societária*, da Fundação Instituto de Pesquisas Contábeis, Atuariais e Financeiras (Fipecafi).

O estatuto da empresa estabelece que o valor dos dividendos mínimos obrigatórios é de 30% do lucro líquido.

A partir dessas informações, pede-se:

a) Contabilize a destinação do lucro obtido pela Cia. das Flores no ano de X1.

Cálculo dos valores:

Reserva legal: $ 7.500 = 5% × $ 150.000

Reserva estatutária: $ 15.000 = 10% × $ 150.000

Reserva para expansão: $ 45.000 = 30% × $ 150.000

Dividendos mínimos obrigatórios: $ 45.000 = 30% × $ 150.000

Dividendos adicionais: $ 150.000 − ($ 7.500 + $ 15.000 + $ 45.000 + $ 45.000) = $ 37.500

Contabilização:

Contas do patrimônio líquido

Capital social		Reserva estatutária		Reserva legal	
	300.000		20.000		15.000
			15.000 (2)		7.500 (1)
	300.000		35.000		22.500

Lucros ou prejuízos acumulados				Reserva para expansão		Dividendos adicionais propostos	
(1)	7.500	150.000	(A)		45.000 (3)		37.500 (5)
(2)	15.000						
(3)	45.000						
(4)	45.000						
(5)	37.500						
	−				45.000		37.500

Contas do passivo

Dividendos a pagar	
	45.000 (4)
	45.000

(A) = Valor do resultado transferido para a conta Lucros acumulados.

4.11 Demonstração das mutações do patrimônio líquido

4.11.1 Considerações gerais

A demonstração das mutações do patrimônio líquido (DMPL) é um relatório que apresenta toda a movimentação ocorrida nas contas que compõem o patrimônio líquido, permitindo a verificação da consistência da movimentação dos recursos próprios da empresa, em determinado período. Assim, a DMPL é constituída somente pelas contas que compõem o patrimônio líquido da empresa.

4.11.2 Estrutura da DMPL[5]

Este relatório se caracteriza por um quadro composto por várias colunas, sendo uma coluna para cada conta do patrimônio líquido que apresente saldo inicial ou final, ou que apresente movimentações no período. A primeira linha do relatório indica os saldos das contas no balanço anterior ao atual, e a última linha, o saldo atual de cada uma delas. As linhas intermediárias, entre a primeira e a última linhas, mostram todos os eventos que afetaram cada uma das contas componentes. O Quadro 4.1 apresenta um modelo simplificado de DMPL.

Quadro 4.1 Modelo de DMPL

	Capital social	Reservas de capital	Reservas de lucros			Ajustes de avaliação patrimonial	Dividendos adicionais propostos	Lucros ou prejuízos acumulados	Total
			Reserva legal	Reserva para expansão	Reserva estatutária				
Saldo inicial									
Aumento de capital									
Ajustes de avaliação de ativos e passivos									
Lucro do período									
Destinação do lucro									
Reserva legal									
Reserva estatutária									
Reserva para expansão									
Dividendos									
Saldo final									

---

[5] Embora a Demonstração das mutações do patrimônio líquido inclua informações do Resultado abrangente do período, esse assunto não será tratado por não fazer parte do objetivo do livro. Mais informações, consultar CPC 26 (R1).

Observe que cada conta que compõe o patrimônio líquido tem sua movimentação evidenciada separadamente. Por exemplo, a conta Capital social apresenta o saldo inicial, suas movimentações e o saldo final. O mesmo ocorre para a conta Reservas de capital e todas as demais. A soma de todas as contas resultará no saldo existente no patrimônio líquido da companhia tanto no início do período (soma dos saldos da primeira linha do relatório) como no final do período (soma dos saldos da última linha do relatório).

Podem-se classificar as operações que afetam o patrimônio líquido (PL) em duas categorias: as que afetam o saldo do patrimônio líquido e as que não o afetam. A seguir apresentamos alguns exemplos das duas categorias:

a) Variações de contas do patrimônio líquido que AFETAM seu saldo:
- resultado do período: lucro ou prejuízo;
- distribuição de dividendos;
- aumento de capital por ingresso de novos recursos;
- ágio na emissão de ações;
- outros resultados abrangentes.

b) Variações de contas do patrimônio líquido que NÃO afetam seu saldo:
- aumento de capital com utilização de reservas;
- formação de reservas com lucros;
- compensação de prejuízos com reservas.

Embora a Lei nº 6.404/1976 não exija a publicação da DMPL e sim da demonstração de lucros ou prejuízos acumulados (DLPA), o CPC 26 (R1) estabelece a obrigatoriedade de divulgação da DMPL.

▶ EXERCÍCIO RESOLVIDO

A Cia. M2J apresentava, em 31/12/X5, saldos nas seguintes contas do patrimônio líquido:

- Capital social .... $ 120.000
- Reservas de capital .... $ 35.000
- Reserva legal .... $ 15.000
- Reserva para expansão .... $ 45.000

Durante o ano de X6, a empresa efetuou dois aumentos de capital, um no valor de $ 10.000 em dinheiro e o outro no valor de $ 7.000 com incorporação de parte da Reserva de capital existente. O lucro líquido apurado no ano foi de $ 50.000 e teve a seguinte destinação:

- Reserva legal .... $ 2.500
- Reserva estatutária .... $ 5.000
- Reserva para expansão .... $ 17.500
- Dividendos .... saldo remanescente

O estatuto da empresa estabelece que o dividendo mínimo obrigatório é de 30% do lucro líquido.

A partir dessas informações, pede-se:

a) Elabore a DMPL da Cia. ocorrida durante o ano de X6.

	Cia. M2J Demonstração das Mutações do Patrimônio Líquido de 01/01/X6 a 31/12/X6							
	Capital social	Reservas de capital	Reservas de lucros			Dividendos adicionais propostos	Lucros acumulados	Total
			Reserva legal	Reserva estatutária	Reserva p/ expansão			
Saldo inicial 01/01/X6	120.000	35.000	15.000	–	45.000		–	215.000
Aumento de capital	17.000	(7.000)						10.000
Lucro do período							50.000	50.000
Reserva legal			2.500				(2.500)	
Reserva estatutária				5.000			(5.000)	
Reserva para expansão					17.500		(17.500)	
Dividendos						10.000	(25.000)	(15.000)
Saldo final 31/12/X6	137.000	28.000	17.500	5.000	62.500	10.000	–	260.000

Analisando a conta Capital social, verifica-se que houve um aumento de capital com recurso novo, ocasionando um aumento no total do patrimônio líquido em $ 10.000, e um aumento com reserva de capital no valor de $ 7.000, que não provocou alteração no total do patrimônio líquido.

Do resultado do período ($ 50.000) verifica-se que a companhia destinou $ 2.500 para Reserva legal, $ 5.000 para Reserva estatutária, $ 17.500 para Reserva para expansão e $ 25.000 para Dividendos. A parcela de dividendos excedente ao dividendo mínimo obrigatório ($ 15.000) não será apresentada como passivo, permanecendo na conta dividendos adicionais propostos ($ 10.000) até que a assembleia aprove a distribuição, de acordo com o estabelecido no ICPC 08. Assim, a Cia. destinou 100% do resultado do período ou para reservas ou como dividendos, não havendo saldo remanescente na conta de Lucros acumulados.

Dentre as operações que não impactaram o saldo do patrimônio líquido da Cia., têm-se o aumento de capital com Reservas de capital, a constituição das Reservas de lucros e os Dividendos adicionais propostos. As operações que impactaram o saldo do patrimônio líquido foram o aumento de capital em dinheiro, o lucro líquido do período e a distribuição de dividendos mínimos obrigatórios.

4.12 Demonstração de lucros ou prejuízos acumulados

O objetivo da **demonstração de lucros ou prejuízos acumulados (DLPA)** é evidenciar as movimentações ocorridas no período na conta Lucros ou prejuízos acumulados. Como pode-se perceber, essa demonstração corresponde à coluna da DMPL que mostra a movimentação da conta Lucros ou prejuízos acumulados, caracterizando-se como uma demonstração mais restrita do que a DMPL.

A Lei nº 6.404/1976 exige a DLPA como demonstração contábil obrigatória, mas, posteriormente, isenta sua publicação pelas empresas que publiquem a DMPL, visto que a DLPA está contida na DMPL.

Para o exemplo anterior, a Demonstração de lucros ou prejuízos acumulados seria:

Cia. M2J Demonstração de Lucros ou Prejuízos Acumulados	
Saldo inicial – 01/01/X6	–
Lucro líquido do período	50.000
Destinação do lucro líquido:	
Transferências para reservas	
Reserva legal	(2.500)
Reserva estatutária	(5.000)
Reserva para expansão	(17.500)
Dividendos	(25.000)
Saldo final – 31/12/X6	–

Como se pode perceber, a DLPA fornece informação exatamente idêntica à informação já contida na DMPL, na coluna de Lucros ou prejuízos acumulados, porém, não demonstra as movimentações das outras contas do PL, sendo, em função disso, mais restrita e com menos informações ao usuário.

Cap. 4 ▸ PATRIMÔNIO LÍQUIDO E DEMONSTRAÇÃO DAS MUTAÇÕES DO PATRIMÔNIO LÍQUIDO | 123

▶ EXERCÍCIOS PROPOSTOS

▷ Exercício 1

A Cia. Distribuição apresentava em 31/12/X1, em seu patrimônio líquido, as seguintes contas:

- Capital social .... $ 1.000.000
- Reserva legal .... $ 185.000
- Reserva estatutária .... $ 230.000
- Reserva para contingências .... $ 60.000

Informações adicionais:

1. A Cia. obteve um lucro líquido de $ 580.000 no ano de X2.
2. As razões que justificaram a constituição da reserva para contingências não existem mais.
3. As retenções feitas pela Cia. são:
   - Reserva legal
   - Reserva estatutária: 10% do lucro líquido
   - Reserva para expansão: 30% do lucro líquido
4. O estatuto da empresa é omisso em relação ao pagamento de dividendos.
5. Todo o saldo remanescente será distribuído como dividendos.

A partir dessas informações, pede-se:

a) Demonstre os cálculos feitos para a destinação do lucro líquido.
b) Contabilize a destinação do lucro em razonetes.
c) Elabore a DMPL para o ano de X2.

▷ Exercício 2

O estatuto social da Cia. dos Ventos determina a seguinte destinação do lucro:

- Reserva estatutária .... 10% do lucro líquido
- Dividendo mínimo obrigatório .... 30% do lucro líquido

A reserva legal é constituída de acordo com a Lei nº 6.404/1976 e o limite legal não foi atingido.

O lucro líquido apurado no período foi $ 100.000 e, de acordo com o orçamento de capital aprovado em assembleia, a empresa precisará reter $ 70.000 para realizar os investimentos esperados.

A partir dessas informações, pede-se:

a) Determine os valores retidos como Reservas de lucro e o valor distribuído como Dividendo mínimo obrigatório.

> **Exercício 3**

O patrimônio líquido da Cia. das Rosas, em 31/12/X0, era composto das seguintes contas:

- Capital social .... $ 500.000
- Reserva legal .... $ 80.000
- Reserva estatutária .... $ 70.000

Em X1, a Cia. das Rosas apurou lucro líquido de $ 200.000 e o estatuto da Cia. estabelece a seguinte destinação:

- Reserva estatutária .... 10% do lucro líquido
- Dividendos mínimos obrigatórios .... 30% do lucro líquido ajustado nos termos da Lei nº 6.404/1976
- Retenção de lucros .... saldo remanescente

A reserva legal é constituída nos termos da Lei nº 6.404/1976;

Sabe-se que $ 50.000 do lucro líquido foram decorrentes de incentivos fiscais recebidos pela Cia. das Rosas, e esta, para não tributar este ganho, reteve-o na forma de reserva de incentivos fiscais, utilizando a possibilidade estabelecida na Lei nº 6.404/1976, referente aos dividendos.

A partir dessas informações, pede-se:

a) Faça a distribuição do lucro de acordo com o estabelecido no estatuto da Cia. das Rosas.
b) Contabilize a destinação do lucro da Cia. das Rosas.
c) Elabore a DMPL, sabendo que a Cia. das Rosas aumentou o seu capital social em $ 50.000 com a reserva legal.

▶ TESTES

1. A Cia. Mineira apresentava, em 31/12/X0, o patrimônio líquido composto pelas seguintes contas:
   - Capital social: $ 500.000
   - Reserva legal: $ 98.000

   Durante X1, a empresa obteve lucro líquido de $ 100.000. Sabendo que a Cia. Mineira constitui reserva legal de acordo com a legislação societária, que os dividendos mínimos obrigatórios estabelecidos em seu estatuto são de 40% do lucro líquido e que os lucros retidos para expansão são de até 60% do lucro líquido, o valor retido para expansão, em 31/12/X1, foi

   a) $ 55.000.
   b) $ 57.000.
   c) $ 58.000.
   d) $ 60.000.
   e) $ 58.800.

2. Considere as seguintes transações realizadas pela Cia. Lucro Certo durante X1:

   I – Lucro líquido de X1: $ 800.000.
   II – Dividendos obrigatórios distribuídos: $ 200.000.
   III – Aumento de capital social: $ 100.000, sendo 30% com reservas de lucros existentes em 31/12/X0 e 70% em dinheiro.
   IV – Venda de ações em tesouraria por $ 80.000, que haviam sido adquiridas em X0 por $ 70.000.

   Considerando o registro dessas transações, a variação ocorrida, em X1, no patrimônio líquido da Cia. Lucro Certo foi

   a) $ 600.000.
   b) $ 700.000.
   c) $ 670.000.
   d) $ 680.000.
   e) $ 750.000.

3. O patrimônio líquido da empresa Passe Bem S.A., em 31/12/X0, era composto pelas seguintes contas:
   - Capital social: $ 900.000
   - Reserva de capital: $ 100.000
   - Reserva legal: $ 170.000
   - Reserva estatutária: $ 150.00

A empresa Passe Bem S.A. apurou, em X1, lucro líquido de $ 300.000, sendo que o estatuto estabelece a seguinte destinação:
- Dividendos mínimos obrigatórios: 30% do lucro líquido ajustado nos termos da Lei nº 6.404/1976
- Reserva para expansão: saldo remanescente

A reserva legal é constituída nos termos da Lei nº 6.404/1976.

Com base nestas informações, é correto afirmar que a empresa Passe Bem S.A.
a) reteve $ 15.000 na forma de reserva legal.
b) distribuiu $ 90.000 na forma de dividendos obrigatórios.
c) reteve $ 199.500 na forma de reserva para expansão.
d) distribuiu $ 87.000 na forma de dividendos obrigatórios.
e) reteve $ 200.000 na forma de reserva para expansão.

4. A Cia. Giro Alto apresentava, em 31/12/X1, um patrimônio líquido composto pelas seguintes contas:
   - Capital social: $ 1.000.000
   - Reserva legal: $ 200.000
   - Reserva estatutária: $ 100.000
   - Reserva para expansão: $ 400.000

   Durante X2, a Cia. Giro Alto apurou lucro líquido de $ 600.000 e o estatuto da Cia. determina a seguinte destinação do lucro líquido:
   - Reserva estatutária: 10% do lucro líquido
   - Reserva para expansão: até 50% do lucro líquido
   - Dividendos mínimos obrigatórios: 40% do lucro líquido ajustado de acordo com a Lei nº 6.404/1976

   A reserva legal é constituída nos termos da Lei nº 6.404/1976.

   Com base nestas informações, o valor total do patrimônio líquido que a Cia. Giro Alto apresentou em 31/12/X2 foi
   a) $ 2.300.000.
   b) $ 2.060.000.
   c) $ 2.072.000.
   d) $ 2.096.000.
   e) $ 1.982.000.

5. Considere as seguintes operações ocorridas durante X0 na Cia. Tudo Azul:
   i) Apuração de resultado do período com a obtenção de lucro líquido de $ 650.000.
   ii) Distribuição de dividendos de $ 210.000,00.
   iii) Aumento de capital social no valor total de $ 100.000,00, sendo $ 30.000 com reservas de lucros e $ 70.000,00 com um terreno.
   iv) Destinação do lucro do período: constituição de reserva legal no valor de $20.000 e de reserva de incentivos fiscais no valor de $ 60.000.
   v) Aquisição de ações de emissão da própria Cia. Tudo Azul por $ 110.000, à vista.

   Após o reconhecimento destas operações, a demonstração das mutações do patrimônio líquido (DMPL) evidenciou um aumento no patrimônio líquido inicial da Cia. Tudo Azul no valor total de
   a) $ 400.000.
   b) $ 440.000.
   c) $ 510.000.
   d) $ 540.000.
   e) $ 620.000.

5 ESTOQUES

5.1 Introdução

Os estoques estão intimamente relacionados com as atividades operacionais das empresas, com maior relevância nas empresas industriais e comerciais. Além dos problemas de administração e controle, sua correta avaliação é fundamental para a apuração do valor a ser evidenciado no balanço patrimonial e para a determinação do resultado do período. A correta avaliação dos estoques impacta diretamente o custo dos produtos ou das mercadorias vendidas, afetando a determinação do resultado.

De acordo com o Pronunciamento Técnico CPC 16 (R1), item 6, estoques são ativos:

> a) mantidos para venda no curso normal dos negócios;
>
> b) em processo de produção para essa venda; ou
>
> c) na forma de materiais ou suprimentos a serem consumidos ou transformados no processo de produção ou na prestação de serviços.

A Lei nº 6.404/1976 e alterações posteriores, em seu artigo 183, inciso II, estabelece que:

> II – os direitos que tiverem por objeto mercadorias e produtos do comércio da companhia, assim como matérias-primas, produtos em fabricação e bens em almoxarifado, serão avaliados pelo custo de aquisição ou produção, deduzido de provisão para ajustá-lo ao valor de mercado, quando este for inferior;

Nesse mesmo sentido, o Pronunciamento Técnico CPC 16 (R1) estabelece, no item 9, que os estoques *"devem ser mensurados pelo valor de custo ou pelo valor realizável líquido, dos dois o menor"*.

O mesmo Pronunciamento Técnico estabelece, nos itens 10 e 11, quais elementos devem compor o valor de custo dos estoques:

> 10. O valor de custo do estoque deve incluir todos os custos de aquisição e de transformação, bem como outros custos incorridos para trazer os estoques à sua condição e localização atuais.

> 11. O custo de aquisição dos estoques compreende o preço de compra, os impostos de importação e outros tributos (exceto os recuperáveis junto ao fisco), bem como os custos de transporte, seguro, manuseio e outros diretamente atribuíveis à aquisição de produtos acabados, materiais e serviços. Descontos comerciais, abatimentos e outros itens semelhantes devem ser deduzidos na determinação do custo de aquisição.

A adoção do critério "custo ou mercado, dos dois o menor" tem como objetivo eliminar dos estoques os valores dos custos não recuperáveis com a venda.

As estimativas do valor realizável líquido são baseadas nas evidências mais confiáveis disponíveis no momento em que são realizadas e em cada período subsequente é realizada uma nova avaliação do valor realizável líquido. Quando as circunstâncias que anteriormente provocaram a redução dos estoques abaixo do custo deixarem de existir, ou quando houver uma clara evidência de um aumento no valor realizável líquido devido às alterações nas circunstâncias econômicas, a quantia da redução é revertida (a reversão é limitada à quantia da redução original) de modo a que o novo montante registrado dos estoques seja o menor valor entre o custo e o valor realizável líquido revisto.

A quantia de qualquer redução dos estoques para o valor realizável líquido e todas as perdas de estoques devem ser reconhecidas como despesa do período em que a redução ou a perda ocorrerem. A quantia de toda reversão de redução de estoques, proveniente de um aumento no valor realizável líquido, deve ser registrada, no período em que a reversão ocorrer, como redução do item que reconhecera a despesa ou a perda.

Em geral, os estoques são produzidos ou adquiridos com o objetivo de serem comercializados, sendo importante apurar o resultado obtido nessas transações. O resultado bruto obtido com a negociação de produtos ou mercadorias corresponde à diferença entre o valor obtido pela venda e o custo do produto vendido, e pode ser representado pela seguinte expressão matemática:

RCM = RV − CMV

em que:

RCM = **r**esultado **c**om **m**ercadorias (ou resultado com vendas ou resultado bruto);

RV = **r**eceita líquida de **v**endas;[1]

CMV = **c**usto das **m**ercadorias **v**endidas.

Para a apuração do resultado bruto da venda é necessário, portanto, determinar o custo dos produtos ou mercadorias vendidas para confrontação com o preço de venda.[2]

---

[1] A receita líquida de vendas é calculada a partir do valor da receita bruta de vendas, deduzindo-se os valores das devoluções, dos abatimentos e dos impostos sobre vendas, a serem abordados nas próximas seções.

[2] Na atividade de prestação de serviços, o resultado bruto corresponde à diferença entre o preço cobrado pelo serviço prestado e o custo dos serviços prestados, sendo que este custo é composto, normalmente, dos gastos com mão de obra e materiais consumidos na prestação dos serviços.

5.2 Sistemas de inventário

Para atender às necessidades de avaliação dos estoques podem ser adotados dois sistemas de controle e gestão, conhecidos como sistemas de inventário. Um sistema de inventário diz respeito ao modo como uma empresa administra, controla e avalia seus estoques, sendo que o valor dos estoques e o do custo das mercadorias ou produtos vendidos são diretamente influenciados pelo sistema adotado pela empresa. É importante ressaltar que o inventário deve abranger todas as mercadorias de propriedade da empresa, incluindo as que estejam em seu poder ou sob custódia de terceiros, como mercadorias em trânsito.

Os tipos de gestão normalmente utilizados são o sistema de inventário permanente e o sistema de inventário periódico, que são detalhados a seguir.

5.2.1 Sistema de inventário periódico

No sistema de inventário periódico, a companhia registra todas as compras de estoque, bem como todas as vendas realizadas durante cada período, mas não contabiliza a saída do estoque nem o custo das mercadorias vendidas após cada venda efetuada. O valor atribuído aos estoques é apurado apenas periodicamente com o levantamento físico para sua atualização. Assim, no final de cada período definido pela empresa ocorre a realização do inventário físico (contagem de unidades de produtos existentes) e é atribuído valor a esse estoque existente, obtendo-se o saldo que deverá constar no balanço patrimonial. O custo das mercadorias vendidas que será apresentado na demonstração do resultado do período é apurado em função da variação do saldo de Estoques, conforme a seguinte expressão matemática:

$$CMV = EI + C - EF$$

em que:

CMV = **c**usto das **m**ercadorias **v**endidas;

EI = **e**stoque **i**nicial;

C = **c**ompras efetuadas no período; e

EF = **e**stoque **f**inal.

Essa relação entre o saldo inicial de estoque, as compras realizadas no período e as unidades baixadas do estoque (essa última representada pelo CMV) é bastante lógica e simples de ser entendida. Se uma empresa tem $ 10 de estoque no início do período e compra mais $ 10 durante o período, o saldo do estoque no final do período dependerá da quantidade vendida nesse período. Assim, se nada for vendido, o estoque final terá saldo de $ 20; se todo o estoque for vendido, não haverá saldo final de estoque. Se apenas $ 12 forem vendidos, restará no estoque o saldo de $ 8. Com base nessa relação lógica, apura-se o saldo final de estoque por meio de um inventário físico e, por diferença, obtém-se o valor das unidades que foram vendidas, representado pelo CMV.

O inventário físico tem por objetivo identificar a quantidade de unidades de produtos existentes nos estoques da empresa. Para a determinação do valor desse estoque, que constará no balanço patrimonial da empresa, o critério mais usado é a média ponderada, exemplificado a seguir. Esse sistema de controle de estoques é uma forma simplificada de apuração do valor dos estoques finais e do custo das mercadorias ou produtos vendidos, uma vez que não exige controles minuciosos. Em termos de controle, entretanto, é um sistema frágil por não permitir identificar o valor em estoque a cada momento e não determinar o custo unitário das mercadorias ou produtos vendidos para cada venda realizada, além de não auxiliar na prevenção de perdas, roubos ou outros eventos anormais que possam ocorrer com os estoques.

Exemplo

A empresa MMJ&B possuía em 01/01/X6 um estoque de $ 160.000, correspondente a 100 unidades de determinada mercadoria. Durante o ano de X6, realizou as seguintes aquisições:

1. compra, a prazo, de 80 unidades do produto por $ 110.000;
2. compra, a prazo, de 60 unidades do produto por $ 90.000;
3. compra, a prazo, de 80 unidades do produto por $ 116.320.

Em 31/12/X6, a empresa realizou o inventário físico e apurou um estoque final de 80 unidades. O total de vendas realizadas pela empresa no ano de X6 foi de $ 550.000, a prazo.

A partir dessas informações, pede-se:

a) Contabilize as operações de compras e vendas ocorridas e apure o resultado bruto com mercadorias.

▷ **Solução**

Cálculo do valor médio das unidades do estoque		
Descrição	Quantidade	Custo ($)
Saldo inicial	100	160.000
1ª compra	80	110.000
2ª compra	60	90.000
3ª compra	80	116.320
Totais	320	476.320
Custo médio unitário	$ 1.488,50	

Dividindo o valor total pago pelas unidades disponíveis para venda no período ($ 476.320) pela quantidade total dessas unidades (320), obtém-se o custo médio unitário das unidades que estavam disponíveis em estoque para a empresa ($ 1.488,50). Multiplicando esse custo médio pelas quantidades existentes no estoque no final do período (obtidas pelo inventário físico realizado), obtém-se o valor a ser atribuído ao estoque final que constará no balanço patrimonial no final do período. Assim, temos os seguintes valores para o estoque final e para o custo das mercadorias vendidas:

- Estoque final = 80 × $ 1.488,50 = $ 119.080
- **CMV = EI + C − EF = $ 160.000 + $ 316.320 − 119.080 = $ 357.240**

Os lançamentos correspondentes aos eventos ocorridos seriam os seguintes:

	Estoque				Clientes			Fornecedores	
	160.000	357.240	(4)	(5)	550.000			110.000	(1)
(1)	110.000							90.000	(2)
(2)	90.000							116.320	(3)
(3)	116.320								
	119.080				550.000			316.320	

	CMV		Receita de vendas	
(4)	357.240		550.000	(5)

Resultado bruto com mercadorias

Receita de vendas	$ 550.000
(–) Custo das mercadorias vendidas	($ 357.240)
(=) Resultado bruto	$ 192.760

5.2.2 Sistema de inventário permanente

Nesse sistema de inventário, há o controle contínuo sobre as entradas e as saídas de mercadorias, tanto em termos de quantidade quanto de valores. Desse modo, o custo das mercadorias vendidas e o valor dos estoques são apurados a cada operação de compra ou de venda, possibilitando melhor controle do nível dos estoques, planejamento mais eficaz de compras e melhor acompanhamento da evolução dos custos das mercadorias vendidas.

É importante destacar que, nesse sistema de inventário, também se faz necessário o inventário físico periódico para que a empresa possa identificar possíveis roubos, perdas normais ou anormais em relação às suas mercadorias ou produtos e que não conseguem ser identificados nos exatos momentos em que ocorrem.

5.3 Critérios de valoração dos estoques

Os critérios de valoração dos estoques referem-se à forma de atribuição de valores aos itens mantidos em estoque e aos itens vendidos, sendo aplicáveis tanto no sistema de inventário periódico quanto no sistema de inventário permanente.

Em relação aos critérios de valoração dos estoques, o Pronunciamento Técnico CPC 16 (R1), nos itens 23 a 27, dispõe que os estoques podem ser valorados por um dos três critérios que são analisados a seguir:

- Custo específico;
- PEPS[3] (**P**rimeiro que **E**ntra, **P**rimeiro que **S**ai) ou FIFO (*First In*, *First Out*);
- MPM (custo médio ponderado).

5.3.1 Custo específico

O valor dos estoques de itens que não são normalmente intercambiáveis deve ser atribuído pelo uso da identificação específica dos seus custos individuais, sendo o custo das mercadorias vendidas também apurado de acordo com o custo específico de cada unidade. Esse critério é utilizado quando for possível fazer tal associação e identificar para cada item do estoque seu respectivo custo, aplicando-se, principalmente, a estoques de pequenas quantidades e baixo giro e quando os valores unitários justificam esse tipo de controle.

Exemplo

Uma concessionária de carros usados possui 20 veículos de marcas e modelos diferentes. Dentre eles, possui um Modelo X que custou $ 15.000 e um Modelo Y que custou $ 20.000, os quais foram vendidos por $ 22.000 e $ 30.000, respectivamente.

Assim, o valor da receita obtida com a venda dos dois carros foi de $ 52.000 ($ 22.000 + $ 30.000) e o custo dos carros vendidos pode ser identificado exatamente pelo valor pago na aquisição de cada um dos veículos vendidos ($ 15.000 + $ 20.000).

Desse modo, o resultado bruto obtido nessa operação é de:

Receita de vendas	52.000
(−) Custo das mercadorias vendidas	(35.000)
(=) Resultado bruto	17.000

5.3.2 PEPS

O valor dos estoques de itens que são normalmente intercambiáveis pode ser atribuído pelo uso do PEPS (primeiro que entra, primeiro que sai) ou da MPM (custo médio ponderado).

Pelo critério do PEPS, o controle é efetuado considerando que os valores das primeiras mercadorias compradas são os primeiros a serem computados como custo das mercadorias vendidas. Desta forma, o custo das mercadorias vendidas é avaliado pelos valores das compras mais antigas e o estoque remanescente pelos valores das compras mais recentes.

Para facilitar o entendimento desse critério, será desenvolvido o mesmo exemplo utilizado no sistema de inventário periódico com a adição das informações necessárias para o sistema de inventário permanente.

---

[3] Há, também, o critério **UEPS** (último que entra, primeiro que sai) ou LIFO (*last in, first out*), encontrado na literatura tradicional, que não é aceito pelas normas internacionais nem pelas Normas Brasileiras de Contabilidade.

Exemplo

A empresa MMJ&B possuía em 01/01/X6 um estoque de $ 160.000, o qual era composto por 100 unidades a $ 1.600 cada. Durante o ano de X6, a empresa realizou as seguintes operações:

1. Compra, a prazo, em 15/02/X6, de 80 unidades, no valor total de $ 110.000.
2. Venda, a prazo, em 25/02/X6, de 90 unidades, no valor total de $ 250.000.
3. Compra, a prazo, em 28/06/X6, de 60 unidades, no valor total de $ 90.000.
4. Compra, a prazo, em 14/10/X6, de 80 unidades, no valor total de $ 116.320.
5. Venda, a prazo, em 30/10/X6, de 150 unidades, no valor total de $ 300.000.

A partir dessas informações, pede-se:

Contabilize as operações e apure o resultado bruto com mercadorias.

A Tabela 5.1 representa uma ficha de controle de estoque na qual são apresentadas todas as movimentações de entradas e de saídas que ocorrem no estoque, além dos saldos remanescentes após cada evento ocorrido. As movimentações são registradas tanto em relação às unidades como em relação aos valores monetários.

Tabela 5.1 Ficha de controle de estoque – PEPS

Data	Descrição	Entrada			Saída			Saldo		
		Quant.	Custo unitário ($)	Custo total ($)	Quant.	Custo unitário ($)	Custo total ($)	Quant.	Custo unitário ($)	Custo total ($)
01/01/X6	Saldo inicial							100	1.600	160.000
15/02/X6	Compra	80	1.375	110.000				100 80	1.600 1.375	160.000 110.000
25/02/X6	Venda				90	1.600	144.000	10 80	1.600 1.375	16.000 110.000
28/06/X6	Compra	60	1.500	90.000				10 80 60	1.600 1.375 1.500	16.000 110.000 90.000
14/10/X6	Compra	80	1.454	116.320				10 80 60 80	1.600 1.375 1.500 1.454	16.000 110.000 90.000 116.320
30/10/X6	Venda				10 80 60	1.600 1.375 1.500	16.000 110.000 90.000	80	1.454	116.320

Analisando a Tabela 5.1 (Ficha de controle de estoque), as somas dos valores nas colunas das Entradas permitem identificar o total de unidades compradas (220 unidades) e o valor total destas compras no período ($ 316.320). As somas dos valores nas colunas das Saídas identificam o total de unidades vendidas (240 unidades) e o valor total do custo das mercadorias vendidas no período ($ 360.000).

Pode-se observar que as unidades que compõem o estoque final estão avaliadas pelos valores das compras mais recentes, enquanto o custo das mercadorias vendidas, pelos valores das compras mais antigas.

Seguem as contabilizações, em razonetes, correspondentes ao exemplo.

Estoque				Clientes			Fornecedores	
	160.000	144.000	(2a)	(2) 250.000			110.000	(1)
(1)	110.000	216.000	(5a)	(5) 300.000			90.000	(3)
(3)	90.000						116.320	(4)
(4)	116.320							
	116.320			550.000			316.320	

CMV			Receita de vendas	
(2a)	144.000		250.000	(2)
(5a)	216.000		300.000	(5)
	360.000		550.000	

Resultado bruto com mercadorias

Receita de vendas	$ 550.000
(–) Custo das mercadorias vendidas	($ 360.000)
(=) Resultado bruto	$ 190.000

Percebe-se que a única diferença dessas contabilizações, em relação ao mesmo exemplo utilizando o sistema de inventário periódico, é o momento da contabilização do CMV. Como no inventário permanente o controle do estoque é contínuo, no momento da venda tem-se o CMV respectivo. Já no inventário periódico, a baixa do estoque não é feita a cada venda, mas apenas quando a empresa realiza um inventário físico e apura a baixa total do estoque.

5.3.3 Custo médio ponderado

Nesse critério, o valor unitário das mercadorias corresponde ao valor médio de todas as unidades em estoque, que se altera pela compra de novas unidades por preço unitário diferente do preço médio existente na data da compra. Dessa forma, o valor médio das mercadorias é apurado dividindo-se o custo total do estoque pelas unidades existentes, após cada evento que altere o saldo em estoque, e tanto o estoque final quanto o custo das mercadorias vendidas são apurados pelos valores médios das compras realizadas ao longo do tempo.

Com base nos dados da empresa MMJ&B (mesmos dados do item 5.3.2), é apresentada a seguir a solução do exercício anterior, agora utilizando o método do custo médio ponderado.

A Tabela 5.2 apresenta todas as movimentações ocorridas no estoque.

Tabela 5.2 Ficha de controle de estoque – MPM

Data	Descrição	Entrada			Saída			Saldo		
		Quant.	Custo unitário ($)	Custo total ($)	Quant.	Custo unitário ($)	Custo total ($)	Quant.	Custo unitário ($)	Custo total ($)
01/01/X6	Saldo inicial							100	1.600	160.000
15/02/X6	Compra	80	1.375	110.000				180	1.500	270.000
25/02/X6	Venda				90	1.500	135.000	90	1.500	135.000
28/06/X6	Compra	60	1.500	90.000				150	1.500	225.000
14/10/X6	Compra	80	1.454	116.320				230	1.484	341.320
30/10/X6	Venda				150	1.484	222.600	80	1.484	118.720

Analisando a Tabela 5.2, verifica-se que o valor total das compras foi de $ 316.320 e corresponde a 220 unidades (estes valores correspondem às somas dos valores das colunas das Entradas). Já o custo das mercadorias vendidas foi de $ 357.600 e corresponde a 240 unidades (estes valores são obtidos das somas dos valores das colunas das Saídas).

As unidades que compõem o estoque final e o custo das mercadorias vendidas estão avaliadas pelos valores médios das compras realizadas ao longo do tempo.

Seguem as contabilizações, em razonetes, correspondentes ao exemplo.

Estoque				Clientes			Fornecedores		
	160.000	135.000	(2a)	(2)	250.000			110.000	(1)
(1)	110.000	222.600	(5a)	(5)	300.000			90.000	(3)
(3)	90.000							116.320	(4)
(4)	116.320								
	118.720				550.000			316.320	

CMV			Receita de vendas		
(2a)	135.000			250.000	(2)
(5a)	222.600			300.000	(5)
	357.600			550.000	

Resultado bruto com mercadorias

Receita de vendas	$ 550.000
(–) Custo das mercadorias vendidas	($ 357.600)
(=) Resultado bruto	$ 192.400

5.3.4 Comparação dos resultados

Comparando-se os resultados obtidos pelos dois critérios, tem-se:

Critérios de avaliação		
	PEPS	MPM
Vendas	550.000	550.000
(–) CMV	(360.000)	(357.600)
(=) Resultado bruto	190.000	192.400
Estoque final	116.320	118.720

Pode-se verificar que tanto o valor do custo das mercadorias vendidas quanto o valor do estoque final diferem em função do critério utilizado. À primeira vista, pode parecer ao usuário que as informações contábeis são manuseáveis, pois, se os critérios são igualmente aceitos para a mensuração dos estoques, a empresa poderia escolher o resultado a ser apresentado e, consequentemente, o valor do ativo. Isto, entretanto, não tem sustentação porque, quando o saldo remanescente do estoque for vendido, o resultado da venda total do estoque será o mesmo em todos os critérios. Para comprovar esta afirmação, suponha-se que o restante das mercadorias seja vendido por $ 210.000. A tabela a seguir apresenta os resultados da venda para cada um dos critérios apresentados:

Critérios de avaliação		
	PEPS	MPM
Vendas	210.000	210.000
(–) CMV	(116.320)	(118.720)
(=) Resultado bruto	93.680	91.280
Estoque final	0	0

Verifica-se novamente que o custo das mercadorias vendidas difere em função do critério utilizado. Avaliando-se, contudo, os resultados acumulados obtidos nos dois períodos para cada critério, verifica-se que são idênticos, porque as receitas de vendas são as mesmas e as mercadorias compradas e depois vendidas tiveram o mesmo custo total. Conclui-se, portanto, que a diferença entre os resultados obtidos para cada método de avaliação dos estoques é apenas temporal, pois, quando todas as mercadorias forem vendidas, os resultados acumulados apresentados serão iguais. A tabela a seguir apresenta os resultados acumulados dos dois períodos, para os dois critérios discutidos:

Critérios de avaliação		
	PEPS	MPM
Vendas	760.000	760.000
(−) CMV	(476.320)	(476.320)
(=) Resultado bruto	283.680	283.680
Estoque final	0	0

5.4 Aspectos específicos relacionados com os estoques

Além das operações básicas de compra e de venda apresentadas no item anterior, é necessário estudar o tratamento contábil aplicável a outros eventos relacionados com as movimentações dos estoques, como devoluções, abatimentos, descontos e gastos adicionais, tanto do ponto de vista do comprador como do vendedor.

Todos esses eventos que afetam os valores dos estoques devem ser registrados na conta correspondente e, também, ajustados na ficha de controle dos estoques.

5.4.1 Eventos relacionados com as compras

a) Devoluções de compra

As devoluções de mercadorias compradas anteriormente devem ser registradas na ficha de controle dos estoques para corrigir as compras efetuadas, ou seja, devem ser registradas como um acerto das quantidades e dos valores de entrada e apresentadas com valores negativos. O registro não deve ser considerado como uma saída de mercadorias na ficha de controle dos estoques, pois, dessa forma, haveria alteração no custo das mercadorias vendidas, em valor e em quantidade, o que não corresponde à realidade porque a saída não ocorreu em função de uma venda, mas de uma devolução de mercadorias que não atendem às especificações da empresa. Importante destacar que a devolução de compra deve ser registrada pelo mesmo valor que havia sido reconhecido quando da compra realizada.

Para melhor compreensão, é desenvolvido a seguir um exemplo numérico que abrange os aspectos relacionados com a devolução de mercadorias pelo comprador, sendo adotado o critério do custo médio ponderado para a avaliação do estoque.

Exemplo

A Cia. LCD S.A. possuía, em 02/01/X6, um saldo inicial de 70 unidades a um custo unitário de $ 3.000. Em 03/01/X6, efetuou uma nova compra, a prazo, de 40 unidades por $ 2.450 cada. No dia 04/01/X6, efetuou a devolução de 10 unidades desta última compra por estarem fora do padrão de qualidade exigido.

Os registros a serem efetuados na ficha de controle de estoque, referentes à compra e à devolução de compra descritas, são apresentados a seguir, assumindo que a empresa adota o critério do custo médio ponderado:

Operação	Entrada			Saída			Saldo		
	Quant.	$ Unitário	$ Total	Quant.	$ Unitário	$ Total	Quant.	$ Unitário	$ Total
Saldo inicial							70	3.000	210.000
Compra	40	2.450	98.000				110	2.800	308.000
Devolução compra	(10)	2.450	(24.500)				100	2.835	283.500

Verifica-se que as unidades devolvidas estão avaliadas pelo mesmo custo unitário da compra ($ 2.450), e não pelo custo médio atualizado.

Os registros correspondentes a estes eventos nos razonetes são:

Estoque				Fornecedores			
	210.000	24.500	(2)	(2)	24.500	98.000	(1)
(1)	98.000						
	283.500					73.500	

Percebe-se que o lançamento da devolução de compra representa um registro de estorno ("acerto") de uma parte da compra realizada anteriormente e o valor que não será pago ao fornecedor é estornado do saldo a pagar.

b) Abatimentos sobre compras

Os abatimentos sobre compras são obtidos, normalmente, em função de alguma divergência entre as características solicitadas pela empresa e aquelas apresentadas pelas mercadorias que foram entregues. Assim, a empresa pode negociar com seu fornecedor para que este lhe conceda um abatimento sobre o valor originalmente acertado pelas mercadorias, e esse fato ocorre, em geral, após o recebimento e registro das mercadorias recebidas no estoque da empresa compradora.

Na ficha de controle dos estoques, os abatimentos devem ser registrados para corrigir o valor das compras efetuadas, devendo ser registrados como diminuição do valor da entrada ("acerto") ajustando apenas os valores monetários, já que as quantidades de mercadorias compradas permanecem inalteradas.

Exemplo

Adotando-se os mesmos dados do exemplo apresentado no item **a** anterior, suponha que a Cia. LCD S.A. identificou, em 08/01/X6, que as mercadorias recebidas (e não devolvidas) apresentavam pequenos defeitos externos e obteve do fornecedor $ 3.500 de abatimento sobre as unidades remanescentes.

O registro a ser efetuado na ficha de controle de estoque, referente ao abatimento obtido, é apresentado a seguir:

Operação	Entrada			Saída			Saldo		
	Quant.	$ Unitário	$ Total	Quant.	$ Unitário	$ Total	Quant.	$ Unitário	$ Total
Saldo inicial							70	3.000	210.000
Compra	40	2.450	98.000				110	2.800	308.000
Devolução compra	(10)	2.450	(24.500)				100	2.835	283.500
Abatimento compra			(3.500)				100	2.800	280.000

Verifica-se que o abatimento reduz o custo das unidades compradas e, consequentemente, o custo total do saldo existente, sem afetar o número de unidades existentes no estoque. A alteração no custo total reduz o custo médio das unidades remanescentes.

Os registros correspondentes a estes eventos nos razonetes são:

	Estoque				Fornecedores		
	210.000	24.500	(2)	(2)	24.500	98.000	(1)
(1)	98.000	3.500	(3)	(3)	3.500		
	280.000					70.000	

Nota-se que o lançamento contábil do abatimento de compras é idêntico ao que foi feito no caso da devolução. Na ficha de controle dos estoques, entretanto, o abatimento não gera movimentação física de estoques, causando alteração apenas nos valores monetários da compra, enquanto a devolução provoca alterações nas quantidades físicas e nos valores monetários dos estoques.

c) **Gastos adicionais com compras**

Todos os gastos adicionais com compras que sejam necessários para colocar os estoques em condições de uso pela empresa, como, por exemplo, fretes, seguros, impostos não recuperáveis, são considerados componentes do custo das unidades compradas e devem ser registrados na coluna de entrada, na parte relativa apenas a valores, aumentando, assim, o custo total das mercadorias compradas sem alteração nas quantidades registradas.

Exemplo

Com os mesmos dados do exemplo anterior, suponha que, em 09/01/X6, a Cia. LCD S.A. efetuou o pagamento de $ 1.500 de frete e de $ 500 de seguro sobre as mercadorias adquiridas.

Os registros a serem efetuados na ficha de controle de estoque, referentes aos gastos com frete e seguro, são apresentados a seguir:

Operação	Entrada			Saída			Saldo		
	Quant.	$ Unitário	$ Total	Quant.	$ Unitário	$ Total	Quant.	$ Unitário	$ Total
Saldo inicial							70	3.000	210.000
Compra	40	2.450	98.000				110	2.800	308.000
Devolução compra	(10)	2.450	(24.500)				100	2.835	283.500
Abatimento compra			(3.500)				100	2.800	280.000
Frete compra			1.500				100	2.815	281.500
Seguro compra			500				100	2.820	282.000

Verifica-se que os gastos adicionais aumentam o custo das unidades compradas e, consequentemente, o custo total, sem afetar o número de unidades existentes no estoque. A alteração no custo total aumenta o custo médio das unidades remanescentes.

Os registros correspondentes a estes eventos nos razonetes são:

	Estoque			Depósitos bancários			Fornecedores	
	210.000	24.500	(2)	XXXXXX	1.500	(4)	(2) 24.500	98.000 (1)
(1)	98.000	3.500	(3)		500	(5)	(3) 3.500	
(4)	1.500							
(5)	500							
	282.000							70.000

5.4.2 Eventos relacionados com as vendas

a) **Devoluções de venda**

Quando uma empresa realiza vendas de mercadorias, faz o registro relacionado com a venda (Receita de vendas) e o registro relacionado com a saída das mercadorias vendidas do estoque (Custo das mercadorias vendidas). De forma inversa, quando a empresa recebe em devolução mercadorias que haviam sido vendidas, ocorrerão dois registros para reverter os efeitos que haviam sido registrados no momento da venda. Haverá um registro relativo à diminuição da receita de vendas (e redução do valor a receber pela venda) e outro lançamento relativo à diminuição ("acerto") do custo das mercadorias vendidas (e volta das mercadorias para o estoque da empresa).

A diminuição da receita de vendas deve ser feita pelo preço de venda que havia sido praticado quando a venda ocorreu, e registrada em conta separada e retificadora da receita de vendas, possibilitando, assim, manter o registro histórico do total de vendas efetuadas pela empresa e, em conta à parte, os valores das devoluções ocorridas no período. A diminuição do custo das mercadorias vendidas (e, consequentemente, a volta das mercadorias para o estoque da empresa) deve ser feita pelo preço unitário pelo qual essas mercadorias haviam sido baixadas do estoque na data em que haviam sido vendidas.

A volta das mercadorias para o estoque da empresa deve ser registrada na ficha de controle dos estoques como um acerto das quantidades e valores de saída e apresentadas com valores negativos. O registro não deve ser considerado como uma entrada de mercadorias na ficha de controle dos estoques, pois, dessa forma, haveria alteração nas compras, em valor e em quantidade, o que não corresponde à realidade porque a entrada não ocorreu em função de uma compra, mas do recebimento de uma devolução de venda.

Exemplo

Em continuidade ao exemplo apresentado no item 5.4.1 anterior, suponhamos que em 10/01/X6 a Cia. LCD S.A. realizou uma venda, a prazo, de 20 unidades a $ 3.800 cada. Posteriormente, recebeu 3 unidades em devolução por problemas nas unidades que foram entregues.

Os registros a serem efetuados na ficha de controle de estoque, referentes à venda e à devolução de venda descritas, são apresentados a seguir:

Operação	Entrada			Saída			Saldo		
	Quant.	$ Unitário	$ Total	Quant.	$ Unitário	$ Total	Quant.	$ Unitário	$ Total
Saldo inicial							70	3.000	210.000
Compra	40	2.450	98.000				110	2.800	308.000
Devolução compra	(10)	2.450	(24.500)				100	2.835	283.500
Abatimento compra			(3.500)				100	2.800	280.000
Frete compra			1.500				100	2.815	281.500
Seguro compra			500				100	2.820	282.000
Venda				20	2.820	56.400	80	2.820	225.600
Devolução venda				(3)	2.820	(8.460)	83	2.820	234.060

As unidades devolvidas devem ser sempre registradas pelo mesmo custo unitário ($ 2.820) pelo qual haviam sido baixadas do estoque quando ocorreu a venda, e não pelo custo médio atualizado.

Os registros correspondentes a estes eventos nos razonetes são:

	Estoque				Depósitos bancários				Fornecedores		
	210.000	24.500	(2)	XXXXXX		1.500	(4)	(2)	24.500	98.000	(1)
(1)	98.000	3.500	(3)			500	(5)	(3)	3.500		
(4)	1.500	56.400	(6a)								
(5)	500										
(7a)	8.460										
	234.060									70.000	

	Clientes				Receita de vendas				CMV		
(6)	76.000	11.400	(7)			76.000	(6)	(6a)	56.400	8.460	(7a)
	64.600					76.000			47.940		

	Devolução de vendas	
(7)	11.400	
	11.400	

O lançamento 7 representa o estorno da receita de vendas que, teoricamente, poderia ser feito no próprio razonete da receita de vendas. Porém, para fins de controle, é utilizada uma conta à parte para representar a dedução da receita de vendas decorrente das devoluções. O valor da devolução correspondente às 3 unidades devolvidas multiplicadas pelo preço unitário de venda (3 × $ 3.800).

O lançamento 7a representa o estorno da baixa do estoque. Uma vez que a empresa está recebendo os estoques em devolução, então o CMV é reduzido em contrapartida ao aumento dos estoques. O valor da mercadoria que voltou para o estoque correspondente às 3 unidades devolvidas multiplicado pelo valor unitário pelo qual tinham sido baixadas do estoque (3 × $ 2.820).

b) **Abatimento sobre vendas**

Os abatimentos concedidos sobre vendas não afetam os estoques da empresa vendedora, pois não há volta de unidades para o estoque e, portanto, não há qualquer registro na ficha de controle dos estoques. Esses abatimentos causam apenas redução nos valores correspondente à receita, que devem ser registrados em conta separada e retificadora da receita de vendas, possibilitando, assim, manter o registro histórico do total de vendas efetuadas pela empresa e, em conta à parte, os valores dos abatimentos concedidos no período.

Exemplo

Considere que a Cia. LCD S.A. concedeu, em 11/01/X6, um abatimento sobre as vendas efetuadas no dia 10/01/X6 no valor de $ 800.

	Clientes			Abatimento s/ vendas	
(6)	76.000	11.400	(7)	(8) 800	
		800	(8)		
	63.800			800	

Assim, de maneira análoga ao que foi comentado para o lançamento 7 anterior, o lançamento 8 também representa um estorno da receita e, pelos mesmos motivos, tal estorno é registrado em conta à parte, que representa a dedução da receita por conta de abatimentos concedidos.

c) **Gastos adicionais com vendas**

Os gastos adicionais com as vendas, como, por exemplo, fretes e seguros que a empresa vendedora venha a assumir, não alteram os estoques da empresa e, portanto, não há qualquer registro a ser efetuado na ficha de controle dos estoques. Esses gastos se caracterizam como despesas relacionadas com o esforço de vendas da empresa e são contabilizados diretamente no resultado do período a que competem.

Exemplo

Considere que a Cia. LCD S.A. pagou $ 500 referentes ao frete sobre as vendas efetuadas no dia 10/01/X6.

	Depósitos bancários			Despesa com frete sobre vendas	
XXXXXX	1.500	(4)	(9)	500	
	500	(5)			
	500	(9)			
				500	

5.5 Descontos comerciais sobre compras e vendas

Os descontos comerciais, nas operações de compra e venda, são concedidos pelo vendedor a favor do comprador, no ato da negociação. Esses descontos são concedidos, normalmente, em função de grandes quantidades negociadas ou para clientes especiais, entre outros motivos possíveis. Os valores correspondentes aos descontos comerciais são diminuídos diretamente do valor da transação, ocorrendo o registro pelo valor líquido, ou seja, pelo valor efetivamente negociado para a compra ou para a venda.

Exemplo

Considere que a Cia. LCD S.A. efetuou a compra, à vista, de 10 unidades a $ 3.000 cada, com um desconto de 10%. Esse evento corresponde ao lançamento 10 apresentado nos razonetes a seguir.

Valor líquido da compra = 30.000 − (10% × 30.000) = 27.000

	Estoque				Depósitos bancários		
	210.000	24.500	(2)	XXXXXX	1.500	(4)
(1)	98.000	3.500	(3)		500	(5)
(4)	1.500	56.400	(6a)		500	(9)
(5)	500				27.000	(10)
(7a)	8.460					
(10)	27.000					
	261.060					

5.6 Diferença entre descontos comerciais e abatimentos

A diferença entre descontos comerciais e abatimentos é que os descontos comerciais são negociados no ato da transação de compra ou de venda, enquanto os abatimentos são concedidos após a compra ou a venda já terem sido concretizadas e os produtos entregues à empresa compradora.

5.7 Descontos financeiros

Os descontos financeiros ocorrem em função da liquidação antecipada de uma obrigação ou de um direito a receber. Assim, quando uma empresa opta por pagar antecipadamente uma obrigação que venceria no futuro, negocia a diminuição do valor a ser pago e essa diferença (valor futuro menos valor a ser pago no momento da liquidação antecipada) é caracterizada como um desconto financeiro. Dessa forma, a empresa que faz o pagamento antecipado obtém um desconto que é caracterizado como uma receita e recebe, normalmente, o nome de **desconto financeiro obtido**. Por sua vez, a empresa que recebe um valor antecipadamente concede um desconto que é caracterizado como uma despesa e recebe, geralmente, o nome de **desconto financeiro concedido**.

Esses descontos devem ser registrados em contas específicas na demonstração do resultado e são classificados como receitas ou despesas financeiras.

Exemplo

A Cia. LCD S.A. tinha um saldo líquido a receber no valor de $ 63.800 correspondente à venda realizada no dia 10/01/X6. Seu cliente optou por efetuar o pagamento antecipado da dívida e a Cia. LCD S.A. concedeu-lhe um desconto de $ 500 em função dessa antecipação. Os registros correspondentes a esse recebimento são apresentados nos razonetes a seguir e correspondem ao lançamento 11:

Clientes			Depósitos bancários				Desconto financeiro concedido		
63.800	63.800	(11)	XXXXXX	1.500	(4)	(11)	500		
			(11) 63.300	500	(5)				
				500	(9)				
				27.000	(10)				
–							500		

A Cia. LCD S.A. tinha um saldo líquido a pagar no valor de $ 20.000 correspondente à compra realizada no dia 03/01/X6. A empresa optou por efetuar o pagamento antecipado da dívida, tendo obtido um desconto de $ 400 em função dessa antecipação. Os registros correspondentes a esse pagamento são apresentados nos razonetes a seguir e correspondem ao lançamento 12:

Depósitos bancários				Fornecedores				Desconto financeiro obtido	
	XXXXXX	1.500	(4)	(2)	24.500	98.000	(1)		400	(12)
(11)	63.300	500	(5)	(3)	3.500				
		500	(9)	(12)	20.000				
		27.000	(10)						
		19.600	(12)						
						50.000			400

5.8 Ajuste a valor presente

A Lei nº 6.404/1976 e alterações posteriores estabelece, nos artigos 183 e 184, que os elementos do ativo e do passivo decorrentes de operações de longo prazo devem ser ajustados a valor presente, sendo os demais elementos (ativo circulante e passivo circulante) ajustados quando houver efeito relevante. A esse respeito, o Pronunciamento Técnico CPC 12 – Ajuste a valor presente, no item 9, estabelece que *"ativos e passivos monetários com juros implícitos ou explícitos embutidos devem ser mensurados pelo seu valor presente quando do reconhecimento inicial"*. Para a determinação do valor presente, devem ser utilizadas taxas de desconto que reflitam as melhores avaliações do mercado quanto ao valor do dinheiro no tempo e aos riscos específicos do ativo e do passivo em suas datas originais.

Assim, as compras realizadas a prazo, cujo pagamento se dará no longo prazo, devem ser mensuradas a valor presente e aquelas que vencerem no curto prazo serão reconhecidas a valor presente, se o efeito for relevante. Portanto, se as compras de mercadorias forem ajustadas a valor presente e forem contabilizados os encargos financeiros ao longo do tempo, quando ocorrer a antecipação do pagamento não haverá qualquer registro contábil de desconto financeiro, exceto se o desconto for concedido a uma taxa de juros diferente da taxa originalmente contratada.

É importante lembrar que o ajuste a valor presente de passivos relacionados com a compra de estoques implica ajuste no custo de aquisição do ativo, significando que os juros embutidos na compra devem ser expurgados do custo de aquisição, sendo apropriados pelo prazo da operação como despesa financeira.

As apropriações dos ajustes a valor presente dos passivos monetários ao longo do tempo são reconhecidas como despesas financeiras.

Exemplo

A empresa ABC realizou uma compra a prazo pelo valor de $ 1.000, que será pago após três meses, e sabe-se que, se a compra fosse realizada à vista, o valor seria $ 850.

O cálculo da taxa de juros do financiamento da compra é obtido pela equação da matemática financeira, da seguinte forma:

$M = C \times (1 + i)^n$

Com os valores da venda, temos:

$1.000 = 850 \times (1 + i)^3 \Rightarrow i = 5,5667\%$ a.m.

Esta taxa será utilizada em cada mês para a apropriação dos encargos financeiros que correspondem à diferença entre o valor presente da compra e o seu valor a prazo.

a) **No momento da compra**

Os lançamentos correspondentes à compra, com o ajuste a valor presente, são:

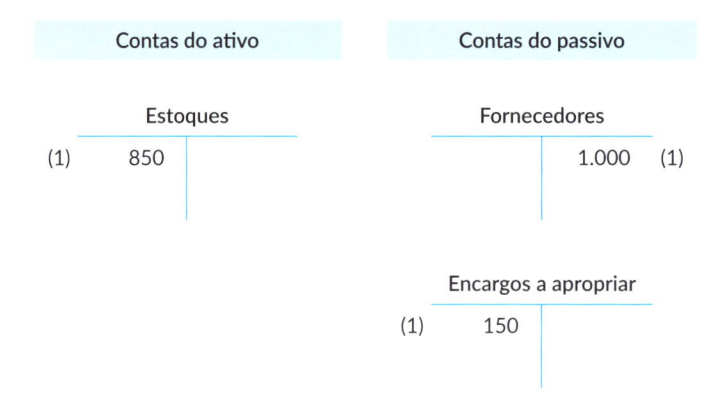

Contas do ativo	Contas do passivo
Estoques	Fornecedores
(1) 850	1.000 (1)
	Encargos a apropriar
	(1) 150

b) **No final do 1º mês**

Cálculo do valor dos encargos a serem apropriados:

Juros = 5,5667% × 850 = $ 47

Os lançamentos correspondentes à apropriação dos encargos do 1º mês são:

	Contas do passivo				Contas do resultado	
	Encargos a apropriar				Despesa financeira	
(1)	150	47	(2)	(2)	47	

c) **No final do 2º mês**

Cálculo do valor dos encargos a serem apropriados:

Juros = 5,5667% × (850 + 47) = $ 50

Os lançamentos correspondentes à apropriação dos encargos do 2º mês são:

	Contas do passivo				Contas do resultado	
	Encargos a apropriar				Despesa financeira	
(1)	150	47	(2)	(2)	47	
		50	(3)	(3)	50	

d) **No final do 3º mês**

Cálculo do valor dos encargos a serem apropriados:

Juros = 5,5667% × (850 + 47 + 50) = $ 53

Os lançamentos correspondentes à apropriação dos encargos do 3º mês são:

	Contas do passivo				Contas do resultado	
	Encargos a apropriar				Despesa financeira	
(1)	150	47	(2)	(2)	47	
		50	(3)	(3)	50	
		53	(4)	(4)	53	
		–			150	

e) **No pagamento**

Os lançamentos correspondentes ao pagamento do valor da compra no 3º mês são:

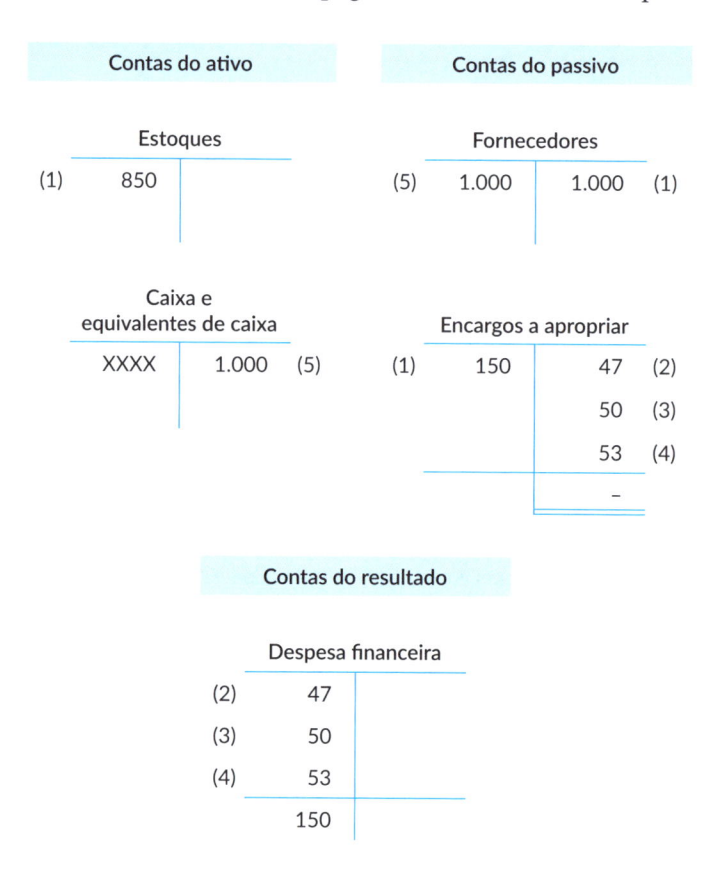

Contas do ativo		Contas do passivo	
Estoques		**Fornecedores**	
(1) 850		(5) 1.000	1.000 (1)
Caixa e equivalentes de caixa		**Encargos a apropriar**	
XXXX	1.000 (5)	(1) 150	47 (2)
			50 (3)
			53 (4)
			–

Contas do resultado	
Despesa financeira	
(2)	47
(3)	50
(4)	53
	150

5.9 Tributos sobre compra e sobre venda

Os tributos incidentes sobre compras impactam o custo do produto adquirido, enquanto os tributos incidentes sobre vendas impactam o resultado obtido com a venda de mercadorias.

5.9.1 Tributos sobre vendas

Os tributos que incidem sobre as receitas de vendas ou de serviços são caracterizados como redutores da **receita bruta**.

Os tributos incidentes sobre as receitas de vendas são o Imposto sobre Operações Relativas à Circulação de Mercadorias e sobre Prestação de Serviços de Transporte Interestadual e Intermunicipal e de Comunicações (ICMS), o Imposto sobre Produtos Industrializados (IPI), o Programa de Integração Social (PIS) e a Contribuição Social sobre Faturamento (Cofins).

Os tributos incidentes sobre a receita de serviços são o Imposto sobre Serviços (ISS), o PIS e a Cofins.

5.9.2 Tributos sobre compras

Os tributos incluídos no preço de compra que sejam recuperáveis pela entidade não devem compor o custo dos estoques, devendo ser registrados em conta própria e segregados dos valores que compõem o custo dos estoques. Os principais tributos recuperáveis são:

- ICMS;
- IPI;
- PIS no regime não cumulativo;[4]
- Cofins no regime não cumulativo.

Assim, os tributos sobre compras são contabilizados como:

a) componentes do custo de aquisição do ativo; ou
b) valores a serem recuperados no momento da venda.

O critério de contabilização aplicável ao tributo incluído na compra depende de a empresa adquirente ser ou não contribuinte do referido tributo. Se, por exemplo, um produto é adquirido de uma empresa que desempenha a atividade de comercialização, no valor total da compra estará incluído o valor do ICMS. O tratamento do valor do ICMS pela empresa adquirente dependerá se ela é ou não contribuinte do mesmo tributo, conforme detalhado a seguir:

- **Se a empresa adquirente não for contribuinte do ICMS**
    a) o registro na conta de estoque será efetuado pelo valor total da compra, incluindo o valor do ICMS.

- **Se a empresa adquirente também for contribuinte do ICMS**
    a) o registro na conta de estoque será efetuado pelo valor da compra, diminuído do valor do ICMS;
    b) o valor do ICMS deve ser destacado e registrado em conta separada no ativo (Impostos a recuperar ou Impostos a compensar);
    c) quando a empresa efetuar a venda dos seus produtos e determinar o valor do ICMS incidente sobre o valor da venda, poderá reduzir (compensar), no momento do pagamento, o valor que constar na conta do ativo (Impostos a recuperar ou Impostos a compensar).

Os dois critérios apresentados se aplicam a todos os tributos incidentes sobre as compras da empresa.

---

[4] O PIS e a Cofins podem ser calculados por dois regimes: (i) regime cumulativo, em que a base de cálculo é a receita total da empresa sem qualquer compensação; (ii) regime não cumulativo, em que a empresa pode compensar os valores pagos nas compras de alguns ativos.

A Figura 5.1 ilustra, de forma gráfica, a contabilização dos tributos incidentes sobre compras e sobre vendas para uma empresa adquirente que seja contribuinte do mesmo tributo (no caso, o ICMS).

Figura 5.1 Contabilização de tributos incidentes sobre compras e vendas

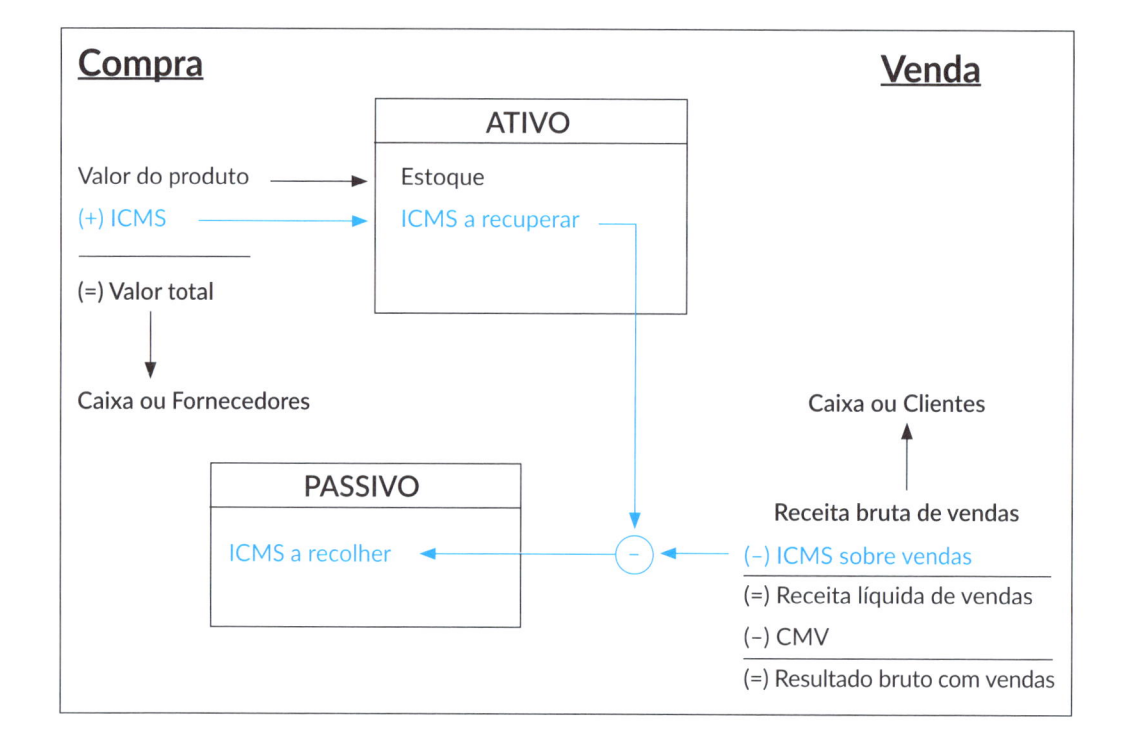

Compra

Valor do produto → Estoque
(+) ICMS → ICMS a recuperar
────────────
(=) Valor total

ATIVO
- Estoque
- ICMS a recuperar

Caixa ou Fornecedores

PASSIVO
- ICMS a recolher

Venda

Caixa ou Clientes

Receita bruta de vendas
(−) ICMS sobre vendas
────────────
(=) Receita líquida de vendas
(−) CMV
────────────
(=) Resultado bruto com vendas

Exemplo

A Cia. Comercial ABC adquiriu, a prazo, estoques no valor total de $ 100.000, já incluindo o ICMS recuperável no valor de $ 18.000 e o IPI não recuperável no valor de $ 10.000. Posteriormente, a Cia. vendeu 80% dos produtos adquiridos por $ 120.000, a prazo, sendo que neste valor já estava incluído o ICMS incidente sobre vendas, no valor de $ 21.600.

No reconhecimento da compra, a empresa efetuará os seguintes registros:

Contas do ativo		Contas do passivo
Estoques	ICMS a recuperar	Fornecedores
(1) 82.000	(1) 18.000	100.000 (1)

No reconhecimento da venda, a empresa efetuará os seguintes registros:

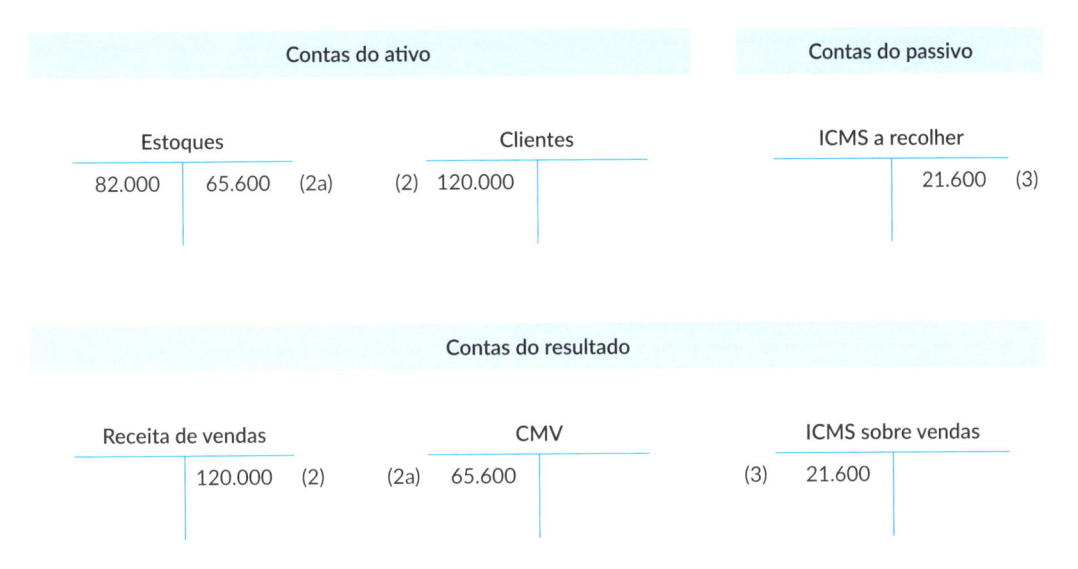

Contas do ativo					
Estoques			Clientes		
82.000	65.600	(2a)	(2) 120.000		

Contas do passivo
ICMS a recolher
21.600 (3)

Contas do resultado					
Receita de vendas			CMV		ICMS sobre vendas
	120.000 (2)	(2a)	65.600	(3)	21.600

Na compensação do ICMS pago na aquisição com o devido na venda:

Contas do ativo			Contas do passivo		
ICMS a recuperar			ICMS a recolher		
18.000	18.000	(4)	(4) 18.000	21.600	(3)
–				3.600	

O valor correspondente ao ICMS incluído no preço de compra caracteriza-se como adiantamento pago pela empresa adquirente do ICMS devido quando da venda do estoque. Assim, quando a empresa efetuar a venda dos estoques e calcular o valor devido de ICMS na venda, deduzirá do pagamento a ser efetuado o crédito que registrou no ativo no momento da compra, recolhendo o saldo remanescente ao governo.

5.10 Forma de apresentação da demonstração do resultado

Os valores que se caracterizam como redutores das receitas de vendas (devoluções, abatimentos e impostos sobre vendas) devem ser apresentados em seguida à receita bruta de vendas, diminuindo esse valor para a identificação da receita líquida de vendas. Subtraindo-se da receita líquida de vendas o custo das mercadorias vendidas, obtém-se o resultado bruto (ou lucro bruto ou resultado com mercadorias). As demais despesas relacionadas com as vendas, bem como os efeitos relativos aos recebimentos ou pagamentos antecipados, são apresentadas como despesas operacionais ou outras receitas e despesas relacionadas com a atividade da empresa.

O esquema a seguir apresenta a estrutura de apresentação desses elementos de receitas e despesas:

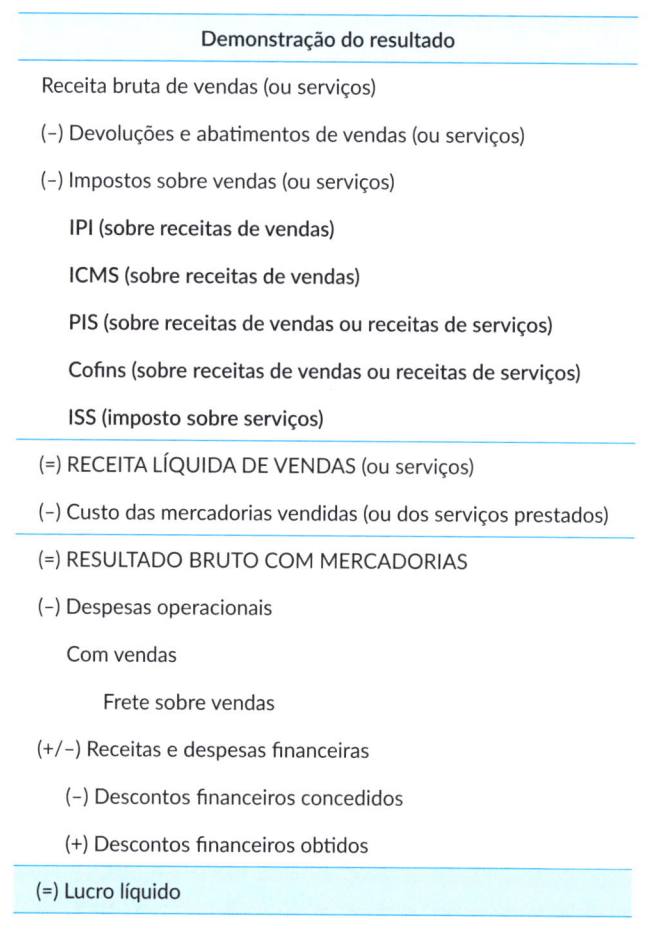

Demonstração do resultado
Receita bruta de vendas (ou serviços)
(–) Devoluções e abatimentos de vendas (ou serviços)
(–) Impostos sobre vendas (ou serviços)
IPI (sobre receitas de vendas)
ICMS (sobre receitas de vendas)
PIS (sobre receitas de vendas ou receitas de serviços)
Cofins (sobre receitas de vendas ou receitas de serviços)
ISS (imposto sobre serviços)
(=) RECEITA LÍQUIDA DE VENDAS (ou serviços)
(–) Custo das mercadorias vendidas (ou dos serviços prestados)
(=) RESULTADO BRUTO COM MERCADORIAS
(–) Despesas operacionais
Com vendas
Frete sobre vendas
(+/–) Receitas e despesas financeiras
(–) Descontos financeiros concedidos
(+) Descontos financeiros obtidos
(=) Lucro líquido

Importante salientar que, nas publicações recentes, muitas empresas não apresentam na demonstração do resultado a composição da receita líquida, deixando de demonstrar as devoluções, abatimentos e impostos sobre estas receitas, iniciando, assim, a demonstração a partir da receita líquida. No entanto, essas informações são encontradas nas notas explicativas relativas às receitas de vendas e serviços.

▶ EXERCÍCIOS RESOLVIDOS

▷ Exercício 1

A empresa Bicicletas Baloi S.A. resolveu adotar, a partir de abril de X0, um controle mais rigoroso em seus estoques (inventário permanente). O balancete em 31/03/X0 apresentava o saldo das seguintes contas: Caixa e equivalentes de caixa $ 16.100; Terrenos a pagar $ 9.600; Promissórias a pagar $ 15.000; Estoques $ 23.000; Imóvel $ 30.000; Instalações $ 10.000; Terrenos $ 16.000; Capital social $ 65.000; Clientes $ 6.500; Salários a pagar $ 1.700; Adiantamento de clientes $ 7.000; Fornecedores $ 2.000; Seguros antecipados $ 1.500; e Reservas de lucro $ 2.800.

As seguintes operações ocorreram, em ordem cronológica, no mês de abril de X0:

1. Recebimento de $ 3.000 de diversos clientes.
2. Pagamento da 2ª prestação referente ao terreno adquirido em 01/02/X0, no valor de $ 3.200.
3. Venda, à vista, de 80 unidades a $ 250 cada.
4. Compra de 30 unidades a $ 180 cada, à vista.
5. Pagamento dos salários do mês de março, no valor de $ 1.700.
6. Compra de 20 unidades a $ 160 cada, a prazo.
7. Venda de 40 unidades a $ 260 cada, sendo 30% à vista.
8. Venda de 20 unidades a $ 240 cada, a prazo.
9. Pagamento de nota promissória no valor de $ 15.000.
10. Os salários do mês de abril, no valor de $ 2.000, serão pagos em maio.
11. Compra de 30 unidades a $ 186 cada, sendo pago 50% à vista.
12. Entrega de mercadorias referentes ao recebimento antecipado anterior de $ 7.000, que corresponderam à venda de 28 unidades.
13. Pagamento de $ 2.000 a fornecedores.
14. Pagamentos diversos: aluguel $ 800, gastos gerais $ 500, propaganda $ 500.

Informações adicionais:

15. O estoque inicial era composto por 125 unidades ao custo médio unitário de $ 184.
16. O valor registrado na conta Seguros antecipados, constante no balancete inicial, refere-se a um seguro com vencimento em 30/04/X0.
17. Todo o lucro da empresa foi retido para expansão.

A partir dessas informações, pede-se:

a) Elaborar o balancete inicial.
b) Elaborar a ficha de controle de estoque pelo método MPM.
c) Registre, em razonetes, todos os saldos iniciais e os eventos apresentados, considerando o controle de estoques pela MPM (não utilize casas decimais na contabilização).

d) Fazer, em razonetes, o encerramento das contas do resultado e a apuração do resultado do período.
e) Elaborar a demonstração do resultado de abril de X0.
f) Elaborar a DMPL para abril de X0.
g) Elaborar o balanço patrimonial em 30/04/X0.

Bicicletas Baloi S.A. Balancete em 31/03/X0 (em $)		
Contas	Saldos	
	Devedores	Credores
Caixa e equivalentes de caixa	16.100	
Estoques	23.000	
Imóvel	30.000	
Instalações	10.000	
Terrenos	16.000	
Terrenos a pagar		9.600
Promissórias a pagar		15.000
Empréstimos		
Capital social		65.000
Clientes	6.500	
Salários a pagar		1.700
Adiantamento de clientes		7.000
Fornecedores		2.000
Seguros antecipados	1.500	
Reservas de lucro		2.800
Total	103.100	103.100

Bicicletas Baloi S.A. Ficha de Controle de Estoques (método MPM)											
			Entradas			Saídas			Saldo		
	Operação	Data	Quant.	Valor unitário	Valor total	Quant.	Valor unitário	Valor total	Quant.	Valor unitário	Valor total
	Saldo inicial								125	184,00	23.000
3	Venda					80	184,00	14.720	45	184,00	8.280
4	Compra		30	180,00	5.400				75	182,40	13.680
6	Compra		20	160,00	3.200				95	177,68	16.880
7	Venda					40	177,68	7.107	55	177,68	9.773
8	Venda					20	177,68	3.554	35	177,68	6.219
11	Compra		30	186,00	5.580				65	181,52	11.799
12	Venda					28	181,52	5.083	37	181,52	6.716

Contas do ativo

Caixa e equivalentes de caixa			
	16.100	3.200	(2)
(1)	3.000	5.400	(4)
(3)	20.000	1.700	(5)
(7)	3.120	15.000	(9)
		2.790	(11)
		2.000	(13)
		1.800	(14)
	10.330		

Clientes			
	6.500	3.000	(1)
(7)	7.280		
(8)	4.800		
	15.580		

Estoques			
	23.000	14.720	(3a)
(4)	5.400	7.107	(7a)
(6)	3.200	3.554	(8a)
(11)	5.580	5.083	(12a)
	6.716		

Seguros antecipados		
1.500	1.500	(15)
–		

Instalações	
10.000	
10.000	

Terrenos	
16.000	
16.000	

Imóveis	
30.000	
30.000	

Contas do passivo

Fornecedores			
(13)	2.000	2.000	
		3.200	(6)
		2.790	(11)
		5.990	

Promissórias a pagar			
(9)	15.000	15.000	
	–		

Salários a pagar			
(5)	1.700	1.700	
		2.000	(10)
		2.000	

Terrenos a pagar			
(2)	3.200	9.600	
		6.400	

Adiantamento de clientes			
(12)	7.000	7.000	
	–		

Capital social		Lucros acumulados				Reservas de lucro		
	65.000	B	6.436	6.436	A		2.800	
							6.436	B
	65.000			–			9.236	

Contas do resultado

	Receita de vendas				Custo merc. vendidas				Despesa de aluguel	
		20.000	(3)	(3a)	14.720		(14)	800		
		10.400	(7)	(7a)	7.107					
		4.800	(8)	(8a)	3.554					
		7.000	(12)	(12a)	5.083					
a	42.200	42.200			30.464	30.464	b		800	800 c

	Despesas de salários			Despesas com propaganda			Despesas gerais	
(10)	2.000		(14)	500		(14)	500	
	2.000	2.000 d		500	500 e		500	500 f

	Despesas de seguro	
(15)	1.500	
	1.500	1.500 g

Apuração do resultado

b	30.464	42.200	a
c	800		
d	2.000		
e	500		
f	500		
g	1.500		
	35.764	42.200	
A	6.436	6.436	

Bicicletas Baloi S.A.
Demonstração do Resultado do Exercício
abril/X0 (em $)

	Receita de vendas		42.200
(−)	Custo das mercadorias vendidas		(30.464)
(=)	Resultado bruto		11.736
(−)	Despesas operacionais		
	Com vendas		
	Propaganda		(500)
	Administrativas		
	Salários	(2.000)	
	Aluguel	(800)	
	Seguros	(1.500)	
	Gerais	(500)	(4.800)
(=)	Lucro líquido		6.436

Bicicletas Baloi S.A.
Demonstração das Mutações do Patrimônio Líquido
abril/X0 (em $)

	Capital social	Reservas de lucro	Lucros acumulados	Total
Saldo em 31/03/X0	65.000	2.800	–	67.800
Lucro líquido do período			6.436	6.436
Constituição de reservas de lucro		6.436	(6.436)	–
Saldo em 30/04/X0	65.000	9.236	–	74.236

Bicicletas Baloi
Balanço Patrimonial em 30/04/X0 (em $)

Ativo		Passivo	
Ativo circulante	32.626	*Passivo circulante*	14.390
Caixa e equivalentes de caixa	10.330	Fornecedores	5.990
Clientes	15.580	Salários a pagar	2.000
Estoques	6.716	Terrenos a pagar	6.400
Ativo não circulante	56.000	*Patrimônio líquido*	74.236
Imobilizado		Capital social	65.000
Imóveis	30.000	Reservas de lucro	9.236
Instalações	10.000		
Terrenos	16.000		
Total do ativo	**88.626**	**Total do passivo + PL**	**88.626**

▷ Exercício 2

No mês de maio de X0, a empresa Bicicletas Baloi S.A. resolveu ampliar seu número de fornecedores de bicicletas, diminuindo o número de especificações exigidas para a compra destas. Seu balancete inicial apresentava as seguintes contas: Caixa e equivalentes de caixa $ 10.330; Terrenos a pagar $ 6.400; Clientes $ 15.580; Estoques $ 6.716; Fornecedores $ 5.990; Salários a pagar $ 2.000; Imóvel $ 30.000; Instalações $ 10.000; Terrenos $ 16.000; Capital social $ 65.000; e Reservas de lucro $ 9.236.

Durante o mês de maio de X0, realizou, em ordem cronológica, as seguintes operações:

1. Compra de 25 bicicletas a $ 182 cada, a prazo.
2. Pagamento de frete, no valor de $ 300, para a entrega das mercadorias adquiridas no item anterior.
3. Venda de 15 bicicletas por $ 270 cada, à vista.
4. Pagamento de frete, para a entrega da venda realizada, no valor de $ 350.
5. Devolução de oito bicicletas da compra do item 1.
6. Abatimento obtido no valor de $ 225 sobre as unidades restantes do item 1.
7. Venda de 30 bicicletas a $ 280 cada, a prazo, com desconto comercial de 5%.
8. Recebimento, em devolução, de cinco bicicletas vendidas no item 7.
9. Abatimento concedido no valor de $ 110 sobre as demais bicicletas vendidas no item 7.
10. Compra, à vista, de 20 bicicletas a $ 175 cada e pagamento de frete no valor de $ 200.
11. Recebimento de $ 7.000 de diversos clientes.
12. Pagamento da 3ª prestação referente ao terreno adquirido em fevereiro, no valor de $ 3.200.
13. Pagamento dos salários do mês de abril, no valor de $ 2.000.
14. Outras despesas do mês: Salários $ 2.300, Gerais $ 550. Os salários são pagos no mês subsequente.
15. Venda de 10 bicicletas a $ 320 cada, a prazo.
16. Um cliente pagou antecipadamente sua dívida, cujo valor era de $ 3.000, obtendo um desconto de 10% sobre o valor (a empresa não mensura a valor presente as contas a receber de clientes).

Informações adicionais:

17. O estoque inicial era composto por 37 unidades a $ 181,52 cada.
18. Todo o lucro da empresa foi retido para expansão.

A partir dessas informações, pede-se:

a) Elaborar a ficha de controle de estoque pelo método MPM (utilize duas casas decimais).
b) Registrar, em razonetes, os saldos iniciais e os eventos apresentados, considerando o controle de estoques pelo MPM (faça arredondamentos para contabilização).

c) Fazer o encerramento das contas do resultado e apuração do resultado do período.
d) Elaborar a demonstração do resultado de maio de X0.
e) Elaborar DMPL de maio de X0.
f) Elaborar o balanço patrimonial em 31/05/X0.

			Bicicletas Baloi S.A. Ficha de Controle de Estoques (método MPM)								
	Operação	Data	Entradas			Saídas			Saldo		
			Quant.	Valor unitário	Valor total	Quant.	Valor unitário	Valor total	Quant.	Valor unitário	Valor total
	Saldo inicial								37	181,52	6.716
1	Compra		25	182,00	4.550				62	181,71	11.266
2	Frete s/ compras				300				62	186,55	11.566
3	Venda					15	186,55	2.798	47	186,55	8.768
5	Devolução compra		(8)	182,00	(1.456)				39	187,48	7.312
6	Abatimento				(225)				39	181,71	7.087
7	Venda					30	181,71	5.451	9	181,71	1.636
8	Devolução venda					(5)	181,71	(909)	14	181,71	2.545
10	Compra		20	175,00	3.500				34	177,76	6.045
10	Frete s/ compras				200				34	183,65	6.245
15	Venda					10	183,65	1.837	24	183,65	4.408

Contas do ativo

Caixa e equivalentes de caixa					Clientes				Estoques		
	10.330	300	(2)		15.580	1.330	(8)		6.716	2.798	(3a)
(3)	4.050	350	(4)	(7)	7.980	110	(9)	(1)	4.550	1.456	(5)
(11)	7.000	3.700	(10)	(15)	3.200	7.000	(11)	(2)	300	225	(6)
(16)	2.700	3.200	(12)			3.000	(16)	(8a)	909	5.451	(7a)
		2.000	(13)					(10)	3.500	1.837	(15a)
		550	(14)					(10)	200		
	13.980				15.320				4.408		

Imóvel	Instalações	Terrenos
30.000		10.000		16.000	
30.000		10.000		16.000	

Contas do passivo

	Fornecedores				Terrenos a pagar				Salários a pagar	
(5)	1.456	5.990		(12)	3.200	6.400		(13)	2.000	2.000
(6)	225	4.550	(1)							2.300 (14)
		8.859				3.200				2.300

	Capital social			Lucros acumulados				Reservas de lucro	
		65.000	B	1.113	1.113	A			9.236
									1.113 B
		65.000			–				10.349

Contas do resultado

	Receita de vendas				Custo merc. vendidas				Despesa frete s/ vendas	
		4.050	(3)	(3a)	2.798	909	(8a)	(4)	350	
		7.980	(7)	(7a)	5.451					
		3.200	(15)	(15a)	1.837					
a	15.230	15.230			9.177	9.177	b		350	350 c

	Despesas de salários				Abatimento sobre vendas				Despesas gerais	
(14)	2.300			(9)	110			(14)	550	
	2.300	2.300	d		110	110	e		550	550 f

Devolução de vendas			Desconto financeiro conc.		
(8) 1.330			(16) 300		
1.330	1.330	g	300	300	h

Apuração do resultado

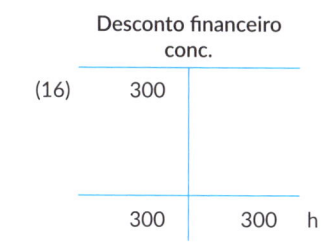

b	9.177	15.230	a	
c	350			
d	2.300			
e	110			
f	550			
g	1.330			
h	300			
	14.117	15.230		
A	1.113	1.113		

Bicicletas Baloi S.A.
Demonstração do Resultado do Exercício
maio/X0 (em $)

	Receita de vendas		15.230
(−)	Devoluções de venda		(1.330)
(−)	Abatimento sobre venda		(110)
(=)	Vendas líquidas		13.790
(−)	Custo das mercadorias vendidas		(9.177)
(=)	Resultado bruto		4.613
(−)	Despesas operacionais		
	Com vendas		
	Frete sobre vendas	(350)	
	Administrativas		
	Salários	(2.300)	
	Gerais	(550)	(3.200)
(−)	Encargos financeiros líquidos		
	Descontos financeiros concedidos		(300)
(=)	**Lucro líquido**		**1.113**

Bicicletas Baloi S.A.
Demonstração das Mutações do Patrimônio Líquido
maio/X0 (em $)

	Capital social	Reservas de lucro	Lucros acumulados	Total
Saldo em 30/04/X0	65.000	9.236		74.236
Lucro líquido do exercício			1.113	1.113
Constituição de reservas de lucro		1.113	(1.113)	–
Saldo em 31/05/X0	65.000	10.349	–	75.349

Bicicletas Baloi S.A.
Balanço Patrimonial em 31/05/X0 (em $)

Ativo		Passivo	
Ativo circulante	33.708	*Passivo circulante*	14.359
Caixa e equivalentes de caixa	13.980	Fornecedores	8.859
Clientes	15.320	Salários a pagar	2.300
Estoques	4.408	Terrenos a pagar	3.200
Ativo não circulante	56.000	*Patrimônio líquido*	75.349
Imobilizado		Capital social	65.000
Imóveis	30.000	Reservas de lucro	10.349
Instalações	10.000		
Terrenos	16.000		
Total do ativo	89.708	Total do passivo + PL	89.708

▶ EXERCÍCIOS PROPOSTOS

▷ Exercício 1

A indústria de telhas Tá Chovendo está definindo qual sistema de controle de estoque utilizará para inventariar seus produtos: inventário permanente ou inventário periódico. Você foi contratado para apresentar os dois métodos de controle e ajudar na escolha.

Os dados sobre as movimentações ocorridas em X3 estão dispostos a seguir:

Movimentação	Data	Quantidade (em unidades)	Preço unitário (em $)	Valor total (em $)
Estoque inicial	27/11/X2	3	200	600
Estoque inicial	30/12/X2	1	220	220
Total		4		820
Compras	28/02/X3	6	220	1.320
Compras	05/09/X3	8	232	1.856
Compras	18/11/X3	4	222	888
Total		18		4.064
Vendas	15/01/X3	4	450	1.800
Vendas	18/03/X3	2	450	900
Vendas	10/11/X3	10	480	4.800
Total		16		7.500
Devolução de vendas				
Ref.: 10/11/X3	17/11/X3	2	480	960

A partir dessas informações, pede-se:

a) Determinar o valor do estoque final, do custo das mercadorias vendidas e do resultado bruto de X3 utilizando o inventário periódico, sabendo que a empresa utiliza o custo médio ponderado das unidades existentes no início do período e das compras efetuadas no período, para mensurar o estoque final. Efetuar a contabilização das movimentações em razonetes próprios.

b) Determinar o valor do estoque final, do custo das mercadorias vendidas e do resultado bruto de X3 utilizando o inventário permanente, sabendo que a empresa utiliza o custo médio ponderado. Efetuar a contabilização das movimentações em razonetes próprios.

Exercício 2

O saldo de estoques da Companhia Descontos & Devoluções S.A., em 30/11/X0, apresentava a seguinte composição:

- 200 unidades adquiridas, à vista, em 31/10/X0, a $ 110 cada.
- 100 unidades adquiridas, a prazo, em 15/11/X0, a $ 80 cada.

Durante o mês de dezembro/X0, a empresa realizou, em ordem cronológica, as seguintes operações:

1. Compra, a prazo, de 80 unidades a $ 110 cada.
2. Abatimento de 10% sobre a compra do item 1.
3. Pagamento de frete no valor de $ 3.000 da compra do item 1.
4. Devolução de 5 unidades da compra do dia 31/10/X0.
5. Devolução de 10 unidades da compra efetuada no dia 15/11/X0.
6. Venda de 80 unidades a $ 180 cada, com desconto de 5% sobre o total, sendo 70% à vista. A empresa pagou $ 3.000 de frete para a entrega das mercadorias.
7. Pagamento de fornecedores no valor de $ 35.500.
8. Pagamento antecipado de 50% a fornecedores, obtendo um desconto de 5% sobre os montantes pagos.
9. Recebeu em devolução 8 unidades da venda referente ao item 6, tendo concedido um abatimento de 5% sobre o saldo a receber.
10. Devolução de 10 unidades referente ao item 1.

Recomendações:
- Utilizar duas casas decimais.

A partir dessas informações, pede-se:

a) Elabore a ficha de controle de estoque pelo método MPM.
b) Qual é o custo de mercadorias vendidas?
c) Qual é o lucro bruto da Cia. Descontos & Devoluções S.A.?

Exercício 3

A Perfumaria CC Ltda. tem como atividade a venda de um perfume internacionalmente conhecido. O departamento de contabilidade decidiu efetuar a contabilização, a partir do mês de janeiro de X4, dos estoques utilizando o sistema de inventário permanente.

As movimentações ocorridas durante o mês de janeiro, em ordem cronológica, foram as seguintes:

1. Compra de 30 unidades a $ 210 cada.
2. Compra de 10 unidades a $ 180 cada.
3. Devolução de 2 unidades da compra do item 2.
4. Abatimento obtido de $ 140 sobre as restantes (item 2).
5. Venda de 30 unidades a $ 300 cada.
6. Pagamento de frete relativo à venda do item 5, no valor de $ 150.
7. Recebimento de devolução de 3 unidades do item 5.
8. Abatimento concedido sobre as demais 27 unidades restantes do item 5 no valor de $ 216.
9. Compra de 15 unidades a $ 205 cada, mais pagamento de frete no valor de $ 150.
10. Venda de 10 unidades a $ 320 cada, sendo concedido um desconto comercial de 10%.

A partir dessas informações, pede-se:

a) Elaborar a ficha de controle de estoque pelo método PEPS.

▷ Exercício 4

A empresa Centopeia S.A., revendedora de sapatos especiais, começou a operar em 02/01/X1, com capital social integralizado em dinheiro no valor de $ 50.000. Durante janeiro de X1, realizou as seguintes operações:

1. Compra de 200 pares de sapatos no valor total de $ 10.000 a prazo. Neste valor estavam inclusos ICMS no valor de $ 1.500 e IPI no valor de $ 900. Adicionalmente, a empresa pagou frete no valor de $ 200.
2. Venda de 70% do estoque por $ 16.000 a prazo. A empresa pagou $ 350 para o transporte dos produtos até a loja do cliente e comissão sobre a venda no valor de $ 150.
3. O valor do ICMS incidente sobre as vendas foi de $ 2.300.
4. Compra de 120 pares de sapatos no valor total de $ 6.600 a prazo. Neste valor estavam inclusos ICMS no valor de $ 1.200 e IPI no valor de $ 700. Nesta compra, o frete no valor de $ 300 foi por conta do fornecedor.
5. Venda de 80% do estoque por $ 15.500 à vista. O valor do ICMS incidente sobre as vendas foi de $ 1.800.
6. A empresa pagou comissão sobre a venda do item 5 anterior no valor de $ 300.

Sabendo que a empresa Centopeia S.A. é contribuinte apenas do ICMS, pede-se:

a) Determine o custo das mercadorias vendidas em janeiro de X1.
b) Determine o valor da receita líquida apurado em janeiro de X1.
c) Determine o valor dos tributos a recolher.

▷ Exercício 5

A revendedora de automóveis Recall Ltda. atua na comercialização de veículos de passeio e, também, na prestação de serviços para esses veículos. A empresa apura seus resultados e elabora o balanço patrimonial ao final de cada exercício. O balancete final da empresa em 31/12/X0 apresentava as seguintes contas e seus respectivos saldos:

Descrição das contas	Saldo ($)	Descrição das contas	Saldo ($)
Adiantamentos a fornecedores	24.000	Fornecedores	85.000
Caixa e equivalentes de caixa	125.000	Reservas de lucros	115.000
Capital social	220.000	Materiais	45.000
Contas a pagar	19.000	Adiantamentos de clientes	24.000
Clientes	75.000	Títulos a pagar	21.000
Estoques de veículos	215.000		

Os seguintes eventos aconteceram, em ordem cronológica, durante o exercício de X1:

1. Compra a prazo de veículos para revenda no valor de $ 32.000.
2. Compra de um terreno para futura sede da empresa no valor de $ 30.000, sendo pago 50% no ato.
3. Aumento de capital, em dinheiro, no valor de $ 30.000.
4. Compra à vista de materiais para uso de serviços de manutenção de veículos, no valor de $ 8.000.
5. Recebimento de materiais, no valor de $ 15.000, pagos antecipadamente.
6. Prestação de 40% de serviços recebidos antecipadamente.
7. Pagamento de $ 13.000 correspondentes a diversas contas a pagar.
8. Despesas de salários e encargos sociais são pagas no próprio mês, correspondendo a $ 3.000 por mês.
9. Venda de veículos por $ 80.000, sendo 80% à vista.
10. Foi obtido um empréstimo no valor de $ 35.000 para a construção da futura sede da empresa a ser pago em X2.
11. A despesa mensal de aluguel é de $ 3.500 a ser paga no 5º dia útil do mês subsequente. A empresa segue rigorosamente o prazo de pagamento.
12. Pagamento de 50% do saldo remanescente da compra do terreno.
13. Recebimento antecipado por serviços de manutenção de veículo no valor de $ 7.000.
14. Recebimento de serviços prestados em X1 no valor de $ 22.000.
15. A empresa contratou, em 31/03/X1, uma agência de propaganda para a realização de uma campanha publicitária para o período de abril de X1 a março de X2, no valor de $ 18.000, efetuando um pagamento de $ 12.000, na data do contrato, e emitindo uma nota promissória de $ 6.000, com vencimento em 31/03/X2.

16. Venda de veículos à vista no valor de $ 180.000.
17. Aquisição de um caminhão para uso da empresa no valor de $ 35.000, à vista.

Informações adicionais:

18. O inventário final de estoques de veículos é de $ 120.000.
19. O inventário final de materiais é de $ 40.000.
20. A agência de propaganda realizou 75% da campanha contratada.
21. Todo o lucro foi retido para expansão.

A partir dessas informações, pede-se:

a) Registre em razonetes os saldos das contas do balanço de 31/12/X0 e efetue os lançamentos correspondentes aos eventos ocorridos durante o ano de X1.
b) Efetue, em razonetes, o encerramento das contas do resultado e a apuração do resultado do ano de X1.
c) Elabore a demonstração do resultado para o exercício de X1.
d) Elabore a DMPL para o exercício de X1.
e) Elabore o balanço patrimonial em 31/12/X1.

▷ Exercício 6

A empresa Petr-Obrás Segurança Ambiental S.A. vende equipamentos de segurança e também presta serviços de manutenção para estes equipamentos. As contas que compõem o balanço patrimonial da empresa apresentavam, em 31/12/X2, os seguintes saldos:

Caixa e equivalentes de caixa	$ 20.000	Fornecedores	$ 19.000
Reservas de lucros	$ 30.000	Contas a receber	$ 3.000
Equipamentos de segurança	$ 60.000	Contas a pagar	$ 4.000
Peças para reparos	$ 24.000	Clientes	$ 15.000
Capital social	$ 58.000	Veículos	$ 6.000
Salários a pagar	$ 4.000	Seguros antecipados	$ 6.000
Adiantamentos de clientes	$ 9.000	Reserva de capital	$ 10.000

O valor do estoque de equipamentos de segurança corresponde a 30 unidades. A empresa adota o sistema de inventário permanente e utiliza o método do custo médio ponderado para o controle do estoque de equipamentos de segurança. O sistema de inventário periódico é adotado para o estoque de peças para reparos.

Os eventos ocorridos em X3 estão apresentados a seguir e deverão ser registrados por você.

Movimentações de vendas e de estoques durante X3, em ordem cronológica:

1. Venda de 10 equipamentos de segurança ao preço unitário de $ 3.500. A empresa recebeu 80% do valor total da venda no ano de X3.
2. Compra de 15 equipamentos de segurança ao preço unitário de $ 2.100, tendo sido pago 60% do valor total da compra durante o ano de X3.
3. Pagamento de $ 250 correspondente ao frete sobre a compra do evento 2.
4. Devolução de 5 unidades da compra do evento 2. O fornecedor considerou quitada a parte correspondente da dívida.
5. A empresa obteve um abatimento de $ 50 na compra do evento 2.
6. Venda de 8 equipamentos de segurança ao preço unitário de $ 2.500, sendo que 90% do valor total da venda já foi recebido em X3.
7. Compra de 100 unidades de peças para reparos ao preço unitário de $ 102. A empresa pagou 90% do valor da compra durante o ano de X3.
8. A empresa obteve um abatimento de $ 200 na compra do evento 7. O valor será descontado do saldo que a empresa tem a pagar para o fornecedor.
9. A empresa recebeu 2 equipamentos de segurança em devolução da venda correspondente ao evento 6. O saldo a receber da venda foi quitado pela empresa e a diferença foi devolvida em dinheiro.
10. Pagamento de $ 240 correspondente ao frete sobre a compra do evento 7.
11. A empresa concedeu um abatimento de $ 1.250 sobre o saldo a receber da venda do evento 1.
12. A empresa efetuou o pagamento de $ 100 relativos ao frete sobre a venda do evento 6.

Outros eventos ocorridos durante o ano de X3:

13. Os serviços de manutenção prestados em X3 totalizaram $ 24.240, sendo que 50% deste valor serão recebidos em X4.
14. O valor registrado em adiantamentos de clientes, em 31/12/X2, corresponde a valores que haviam sido pagos por clientes para a entrega futura de equipamentos de segurança. A empresa efetuou a entrega total em 31/12/X3, o que corresponde a 4 unidades de equipamentos de segurança.
15. O inventário de peças para reparos apresentava, em 31/12/X3, o valor de $ 20.000.
16. A empresa comprou em 30/12/X3 máquinas para uso nas suas atividades. O valor foi de $ 24.000, sendo pago 50% no ato da compra e o saldo será pago em X5.
17. A empresa recebeu $ 25.000 correspondentes a vendas e serviços prestados anteriormente.
18. O valor registrado em Seguros antecipados corresponde a um pagamento efetuado pela empresa em 01/11/X2 para manter segurados os seus bens por um período de um ano. Em 01/11/X3, a empresa contratou, pagando à vista, um novo seguro no valor de $ 12.000 com prazo de vigência de um ano.
19. A empresa assinou, em 01/12/X3, um contrato para prestação de serviços, no valor de $ 60.000. O cliente pagou 40% no ato do contrato e, para garantir o cumprimento do

saldo da dívida, entregou uma nota promissória com vencimento em X4. Até 31/12/X3 já haviam sido efetuados 20% do valor dos serviços contratados.

20. A empresa contratou, em 30/11/X3, uma construtora para fazer a reforma do prédio onde está instalada. A reforma será efetuada no período de dezembro de X3 a março de X4 e o valor total é $ 50.000, sendo que a empresa efetuou o pagamento de 40% do contrato à vista, emitindo uma nota promissória pelo valor do saldo que será pago em 31/03/X4. Até 31/12/X3 a construtora executou 10% da reforma contratada.

21. O saldo de Salários a pagar de 31/12/X2 foi totalmente pago em X3. Os salários do ano de X3 totalizaram $ 24.000, sendo que a parcela correspondente a dezembro de X3 será paga em janeiro de X4.

A partir dessas informações, pede-se:

a) Elabore a ficha de controle de estoque.
b) Efetue, em razonetes, os registros dos saldos das contas em 31/12/X2 e os lançamentos relativos a todos os eventos correspondentes a X3.
c) Efetue, nos razonetes, a apuração do resultado do ano de X3 e o encerramento das contas do resultado.
d) Elabore a demonstração do resultado para o ano de X3.
e) Elaborar a demonstração das mutações do patrimônio líquido para X3, adotando as seguintes hipóteses:
    - reserva legal: 5% do lucro líquido;
    - reserva para contingências: 15% do lucro líquido;
    - reserva para expansão: 30% do lucro líquido;
    - dividendos: saldo remanescente. O estatuto da empresa prevê um dividendo obrigatório de 40% do lucro líquido do período.
f) Elabore o balanço patrimonial em 31/12/X3.

TESTES

Utilize as informações a seguir para responder aos testes 1 e 2.

Em janeiro de X1, a empresa Revendedora S.A. adquiriu, à vista, mercadorias para revenda no valor total de $ 40.000, sendo que neste valor estavam inclusos ICMS no valor de $ 5.400 e IPI no valor de $ 3.000. A empresa ficou responsável pela retirada das mercadorias na fábrica da empresa vendedora e efetuou o pagamento do frete no valor de $ 4.000. Em fevereiro de X1, a empresa vendeu todas estas mercadorias por $ 70.000 à vista, com desconto de 5%. Adicionalmente, pagou frete para entrega das mercadorias ao cliente no valor de $ 6.000. O ICMS sobre a venda totalizou $ 12.600 e a empresa é contribuinte apenas do ICMS.

1. Com base nessas informações, o custo das mercadorias vendidas pela empresa Revendedora S.A. em fevereiro de X1 foi
   a) $ 44.000.
   b) $ 34.600.
   c) $ 37.000.
   d) $ 38.600.
   e) $ 41.000.

2. Com base nessas informações, a receita líquida e o lucro bruto apurados em fevereiro de X1 pela empresa Revendedora S.A. foi
   a) $ 57.400 e $ 18.800.
   b) $ 53.900 e $ 15.300.
   c) $ 47.900 e $ 9.300.
   d) $ 53.900 e $ 9.300.
   e) $ 57.400 e $ 15.300.

3. Uma empresa comercial, que não apresentava estoque inicial, realizou as seguintes operações durante o mês de setembro de X2:

Data	Operação	Quantidade (unidades)	Preço de compra unitário ($)	Preço de venda unitário ($)
05/09	Compra	100	10	–
12/09	Venda	75	–	20
15/09	Compra	100	15	–
23/09	Compra	50	14	–
30/09	Venda	80	–	22

Se a empresa adota o sistema de inventário permanente, o custo das mercadorias vendidas no mês de setembro de X2, pelo critério do custo médio ponderado, foi

a) $ 1.984.
b) $ 1.870.
c) $ 1.825.
d) $ 2.450.
e) $ 3.260.

4. A Cia. de Comércio adota o critério do PEPS para avaliação dos estoques e, durante o mês de agosto de X3, realizou as seguintes operações:

Data	Operação	Quantidade (unidades)	Preço de compra unitário ($)	Preço de venda unitário ($)
06/08	Compra	200	50	–
12/08	Venda	150	–	72
17/08	Compra	350	58	–
26/08	Venda	120	–	70
31/08	Venda	160	–	71

Sabendo-se que não havia estoques no início do mês, o custo das mercadorias vendidas foi

a) $ 23.460.
b) $ 23.220.
c) $ 23.340.
d) $ 23.740.
e) $ 30.560.

5. As seguintes informações, correspondentes ao ano de X4 da Cia. M&M são conhecidas:
- Estoque em 01/01/X4: $ 6.600
- Devolução de vendas: $ 500
- Compra de mercadorias: $ 3.000
- Receita de vendas: $ 30.000
- Devolução de compras: $ 200
- Frete sobre vendas: $ 800
- Estoque em 31/12/X4: $ 400
- Tributos sobre a receita: $ 3.600
- Comissões sobre vendas: $ 900

Com base nessas informações, a receita líquida e o lucro bruto apurados pela Cia. M&M no ano de X4 foram, respectivamente:

a) $ 26.400 e $ 16.900
b) $ 25.900 e $ 16.100
c) $ 25.000 e $ 15.200
d) $ 25.900 e $ 16.900
e) $ 26.400 e $ 16.100

6. O dono da empresa Recupera Tudo teve uma desagradável surpresa no dia 31/01/X2. Durante a noite, sua empresa foi atingida por um incêndio. Como a empresa possuía seguro contra incêndio, ela necessitava apurar o valor das mercadorias destruídas para pedir indenização à seguradora. Houve perda total dos produtos no incidente. O último inventário da empresa, realizado em 31/12/X1, apontava um saldo de $ 300. Sabe-se que durante o mês de janeiro de X2, a empresa adquiriu mercadorias no valor de $ 550 e as vendas realizadas foram de $ 700. O dono também sabe que a margem bruta da empresa corresponde a 40% das receitas de vendas. Com base nessas informações, o valor das mercadorias destruídas foi

a) $ 420.
b) $ 150.
c) $ 280.
d) $ 570.
e) $ 430.

7. A Cia. das Rodas utiliza o custo médio ponderado para controle dos estoques e realizou, em ordem cronológica, as seguintes transações durante o mês de maio de X2:
- Compra de 500 unidades por $ 25 cada.
- Venda de 100 unidades por $ 40 cada.
- Compra de 80 unidades por $ 22 cada.
- Devolução de 10 unidades vendidas no item 2.
- Abatimento de $ 810 sobre a compra realizada no item 3.
- Pagamento de frete de $ 300 sobre a compra realizada no item 3.
- Compra de 400 unidades por $ 20 cada.
- Devolução de 40 unidades da compra realizada no item 7.
- Venda de 300 unidades por $ 43 cada.

Com base nessas informações, o custo das mercadorias vendidas em maio de X2 e o valor do estoque final foram, respectivamente,

a) $ 8.850 e $ 12.100.
b) $ 8.853 e $ 12.097.
c) $ 9.030 e $ 12.430.
d) $ 9.139 e $ 12.621.
e) $ 8.744 e $ 11.906.

6 PROVISÕES

6.1 Introdução

O termo provisão pode ser entendido, no contexto da contabilidade, como estimativa de perdas e, historicamente, era adotado para o reconhecimento de acréscimos de passivos e também para estimativa de redução no valor de ativos.

No entanto, o Pronunciamento Técnico CPC 25 – Provisões, Passivos Contingentes e Ativos Contingentes, que determina os critérios de reconhecimento e mensuração das provisões, restringe a utilização do termo provisão apenas para os acréscimos de passivos.

6.2 Caracterização das provisões

O Pronunciamento Técnico CPC 25, no item 10, apresenta a seguinte definição de provisão: "*Provisão é um passivo de prazo ou de valor incerto*".

Percebe-se, na definição, que o termo não deve ser aplicado a passivos que, embora não tenham seu valor definitivo conhecido, não são incertos, uma vez que os valores na data do balanço não são estimados, como, por exemplo, 13º salário a pagar e férias a pagar. Esses passivos que se alteram ao longo do tempo, em função do regime de competência, não se confundem com as provisões que apresentam a característica de incerteza quanto a prazo e/ou valor.

A provisão deve ser reconhecida quando atender à definição de passivo, ou seja, caracterizar-se como uma obrigação derivada de evento passado para a qual o montante é estimado e/ou o prazo é incerto.

O CPC 25 apresenta, no item 14, as seguintes condições para o reconhecimento de uma provisão:

> *Uma provisão deve ser reconhecida quando:*
> *(a) a entidade tem uma obrigação presente (legal ou não formalizada) como resultado de um evento passado;*
> *(b) seja provável que será necessária uma saída de recursos que incorporam benefícios econômicos para liquidar a obrigação; e*

> (c) possa ser feita uma estimativa confiável do valor da obrigação.
>
> Se essas condições não forem satisfeitas, nenhuma provisão deve ser reconhecida.

Assim, verifica-se que o reconhecimento de uma provisão está associado à existência de uma obrigação presente, cujo valor possa ser estimado com confiança e para a qual o desembolso (pagamento) seja provável.

É importante salientar que uma provisão pode ser decorrente de aspectos legais, formais ou até não formalizados. A este respeito, o CPC 25 expõe no item 10 que *"Um evento que cria obrigação é um evento que cria uma obrigação legal ou não formalizada que faça com que uma entidade não tenha nenhuma alternativa realista senão liquidar essa obrigação"*.

No mesmo parágrafo, o pronunciamento apresenta a caracterização de obrigações legais e de obrigações não formalizadas:

> *Obrigação legal é uma obrigação que deriva de:*
>
> (a) um contrato (por meio de termos explícitos ou implícitos);
>
> (b) legislação; ou
>
> (c) outra ação da lei.
>
> *Obrigação não formalizada é uma obrigação que decorre das ações de uma entidade em que:*
>
> (a) por via de um padrão estabelecido de práticas passadas, de políticas publicadas ou de uma declaração atual suficientemente específica, a entidade tenha indicado a outras partes que aceitará certas responsabilidades; e
>
> (b) em consequência, a entidade cria uma expectativa válida nessas outras partes de que cumprirá com essas responsabilidades.

Podemos citar como exemplos de provisões derivadas de aspectos legais as provisões para processos judiciais e as provisões para garantias estabelecidas em contratos. Como exemplos de provisões derivadas de aspectos não formalizados podemos citar as provisões que devem ser feitas para riscos ambientais e provisões para custos de reestruturação.

As provisões devem ser reconhecidas com base nas melhores estimativas disponíveis e são determinadas pelo julgamento da administração, podendo ser usados relatórios de especialistas. Podem ser utilizados instrumentos estatísticos e conceitos matemáticos de valor esperado e ajuste a valor presente, para auxílio na mensuração dos valores das provisões.

As provisões devem ser revistas em cada data de balanço, ou quando novos fatos e informações relevantes forem conhecidos e indicarem a necessidade de revisão dos valores registrados anteriormente, de forma a refletir em cada novo balanço a melhor estimativa.

Se já não é provável que uma saída de recursos será necessária para liquidar uma obrigação, a provisão deverá ser revertida.

Observa-se que uma provisão deve ser usada somente para gastos relacionados com a provisão originalmente reconhecida.

6.3 Reconhecimento e evidenciação

O Pronunciamento CPC 25 afirma, no seu item 12, que, em sentido geral, todas as provisões são contingentes, porque são incertas quanto ao seu prazo ou valor. Entretanto, **o termo passivo contingente**, no contexto deste pronunciamento técnico, **fica restrito aos passivos que não são reconhecidos por não satisfazerem aos critérios de reconhecimento**, e sua existência somente será confirmada pela ocorrência ou não de um ou mais eventos futuros incertos não totalmente sob o controle da entidade.

O reconhecimento de uma provisão e sua contabilização dependem da análise de algumas características relacionadas com o grau de risco da obrigação e da possibilidade de uma mensuração confiável do seu valor. O CPC 25 apresenta, no Apêndice B, uma árvore de decisão para auxiliar no reconhecimento e evidenciação das provisões e passivos contingentes, cujas conclusões são apresentadas, resumidamente, no quadro a seguir:

Risco relacionado com a obrigação presente	Tratamento atual	
	Contabiliza	Notas explicativas
1. Risco provável e valor quantificável	Sim	Sim
2. Risco provável e valor não quantificável	Não	Sim
3. Risco possível	Não	Sim
4. Risco remoto	Não	Nada é informado

Observações:

- As obrigações associadas ao risco do tipo 1 são contabilizadas como Provisões e também são evidenciadas em Notas explicativas.
- As obrigações associadas aos riscos do tipo 2, 3 e 4 são caracterizadas como Contingências e NÃO DEVEM SER CONTABILIZADAS.
- As obrigações associadas aos riscos do tipo 2 e 3 são apresentadas apenas em Notas explicativas.
- As obrigações associadas ao risco do tipo 4 não devem ser contabilizadas nem apresentadas em Notas explicativas.
- A nomenclatura "Provisões para contingências" NÃO DEVE ser utilizada, pois as contingências não são contabilizadas.

▶ EXERCÍCIO RESOLVIDO

A Cia. Tudo Garante vende produtos eletrônicos com garantia que assegura aos seus clientes cobertura de todo o custo de reparação de qualquer defeito de fabricação pelo prazo de seis meses após a data da compra.

A empresa fez uma estimativa de qual seria o montante a ser desembolsado se forem detectados problemas em todos os produtos vendidos:

- pequenos defeitos: incorrerá em custos de reparação de $ 5 milhões;
- defeitos significativos: incorrerá em custos de reparação de $ 20 milhões.

Segundo estudos da empresa, as expectativas futuras indicam para o próximo ano as seguintes previsões:

- 80% dos bens vendidos não terão defeito;
- 17% dos bens vendidos terão defeitos menores;
- 3% dos bens vendidos terão defeitos significativos.

A partir dessas informações, pede-se:

a) Determine o valor esperado das indenizações.
b) Ela deve ser contabilizada? Se sim, contabilize a operação.

▷ **Solução**

a) Para calcular o valor esperado das indenizações, considera-se o valor estimado das indenizações e a probabilidade de sua ocorrência de acordo com os estudos da empresa. Assim, têm-se:

O valor esperado = (80% × 0) + (17% × $ 5 milhões) + (3% × $ 20 milhões) = $ 1.450.000.

▷ **Solução**

b) A provisão deve ser contabilizada em função dos estudos que indicam que a empresa historicamente incorre em indenizações em função das garantias asseguradas.

Os registros correspondentes nos razonetes são:

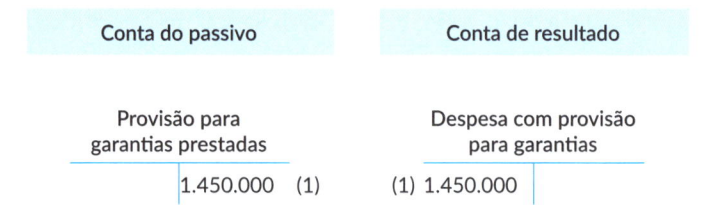

Conta do passivo	Conta de resultado
Provisão para garantias prestadas	Despesa com provisão para garantias
1.450.000 (1)	(1) 1.450.000

▶ EXERCÍCIOS PROPOSTOS

▷ Exercício 1

A Siderúrgica Só Fumaça, estabelecida no município de Santo Agostinho, está sendo obrigada a instalar equipamentos para o controle de resíduos sólidos. Segundo a legislação municipal, as fábricas terão o prazo até 31 de dezembro de X1 para a sua adequação.

Ao encerrar o exercício em 31/12/X0, considerando que a empresa ainda não tenha tomado nenhuma providência em relação ao assunto, qual será o tratamento contábil a ser adotado?

▷ Exercício 2

A rede de restaurantes Rabichos, quando do seu processo de reestruturação comercial e administrativa, demitiu 100 funcionários, sendo 40 da área administrativa que tinham a jornada de trabalho das 8 às 17 horas, com uma hora para o almoço, e 60 funcionários da área operacional que atuavam nos restaurantes no período das 13 a 22 horas, com uma hora para o jantar. No processo de demissão, os funcionários da área administrativa passaram a reivindicar adicional noturno, uma vez que o horário de funcionamento da empresa era das 8 às 24 horas.

Analise a situação e indique qual é o procedimento a ser adotado pela contabilidade.

▷ Exercício 3

A Stand Centro vende produtos eletrônicos com a garantia de cobertura dos custos de reparação de defeitos significativos de fabricação, por meio de substituição dos mesmos, pelo prazo de até seis meses após a data da compra.

A empresa fez uma estimativa que incorreria em custos de reparação de $ 50 milhões se todos os produtos vendidos apresentassem defeitos.

Segundo estudos da empresa, as expectativas futuras indicam para o próximo ano as seguintes previsões:

- 5% dos bens vendidos terão defeitos significativos.

A partir dessas informações, pede-se:

a) Determine o valor esperado das indenizações.
b) Ela deve ser contabilizada? Se sim, contabilize a operação.

▶ TESTES

1. A empresa Preventiva S.A. recebeu, do departamento jurídico, as seguintes informações sobre os processos judiciais interpostos contra ela:

Processos	Probabilidade de perda em 30/06/X0	Valor da perda estimado em 30/06/X0 (em $)
A	Remota	100.000
B	Provável	70.000
C	Possível	40.000

   Com base nessas informações, a empresa Preventiva S.A. reconheceu como provisão, em 30/06/X0, o valor de
   a) $ 170.000.
   b) $ 110.000.
   c) $ 210.000.
   d) $ 70.000.
   e) $ 140.000.

2. Considere as seguintes assertivas a respeito das provisões:

   I – O saldo das provisões pode ser usado para os desembolsos relacionados com todas as provisões, reconhecidas ou não no balanço patrimonial. Caso o saldo total seja insuficiente, provisões adicionais devem ser constituídas.

   II – As provisões devem ser revistas em cada data de balanço e ajustadas para refletir a melhor estimativa corrente.

   III – A entidade deve reconhecer todas as obrigações presentes decorrentes de eventos passados, com probabilidade de perda considerada possível, cujos valores possam ser estimados com confiança.

   É correto o que se afirma em
   a) I, apenas.
   b) II, apenas.
   c) III, apenas.
   d) I e II, apenas.
   e) II e III, apenas.

3. Considere as seguintes assertivas a respeito das provisões:

   I – Todas as contingências devem ser devidamente informadas nas notas explicativas das companhias.

II – As provisões devem ser revistas e ajustadas somente nas datas de apuração de balanço.

III – Uma provisão já reconhecida no balanço patrimonial cuja estimativa de perda torna-se possível gera um impacto positivo no resultado da companhia.

IV – Um risco provável que não dispõe de estimativas quantitativas adequadas não deve ser reconhecido nas demonstrações contábeis.

É correto o que se afirma em

a) I e II, apenas.

b) III e IV, apenas.

c) II e IV, apenas.

d) I, III e IV, apenas.

e) I, II, III e IV.

Considere as informações a seguir para responder às questões 4 e 5.

A empresa Cautelosa S.A. possuía alguns processos judiciais em andamento, cujas informações são dadas a seguir:

Processos	Provisão reconhecida em 31/12/X1 (em $)	Probabilidade de perda em 31/12/X2	Valor reestimado da perda em 31/12/X2 (em $)
1	100.000	Possível	80.000
2	50.000	Provável	90.000
3	–	Provável	30.000
4	20.000	Possível	50.000

4. O valor que a empresa Cautelosa S.A. apresentou em seu balanço patrimonial de 31/12/X2, como provisões, foi

a) $ 120.000.

b) $ 110.000.

c) $ 250.000.

d) $ 240.000.

e) $ 200.000.

5. O impacto reconhecido no resultado de X2 da empresa Cautelosa S.A. foi

a) $ 70.000, negativos.

b) $ 80.000, negativos.

c) $ 50.000, positivos.

d) $ 60.000, positivos.

e) $ 120.000, negativos.

7 REDUÇÃO AO VALOR RECUPERÁVEL DE ATIVOS (*IMPAIRMENT*)

7.1 Introdução

A redução ao valor recuperável de ativos tem como objetivo assegurar que os mesmos não estejam registrados contabilmente por um valor superior àquele passível de ser recuperado por uso ou por venda. Nesse sentido, caso existam evidências claras de que ativos estão avaliados por valor não recuperável no futuro, a entidade deverá imediatamente reconhecer a desvalorização por meio da constituição de estimativa para perdas. A análise do valor recuperável se aplica a todos os ativos relevantes relacionados com as atividades industriais, comerciais, agropecuárias, minerais, financeiras, de serviços e outras, cujos critérios e tratamentos contábeis a serem adotados são definidos pelo Pronunciamento Técnico CPC 01 (R1).

No Brasil, historicamente, utilizava-se o termo "provisão" também para as estimativas de retificações de ativo, mas com a adoção do Pronunciamento Técnico CPC 25 a utilização do termo se restringe ao passivo, conforme abordado no Capítulo 6.

O objetivo do ajuste é adequar o valor do ativo ao seu provável valor líquido de realização e, como exemplos, podemos citar:

- Estimativa para perdas com créditos de liquidação duvidosa
  (*Impairment of Financial Assets* – IAS 39)
- Estimativa para redução dos estoques ao valor de mercado
  (*Write Down to Net Realisable Value* – IAS 2)

Para que o ativo tenha melhor evidenciado seu valor de realização, a estimativa de perda é classificada como uma conta credora que retifica o valor do respectivo ativo (Clientes, Estoques etc.).

7.2 Caracterização

A avaliação de um ativo pode sofrer mudanças significativas ao longo de sua vida útil, e a empresa deve considerar, quando da análise para sua mensuração, informações como valor de mercado, mudanças significativas no ambiente tecnológico com efeito adverso para os ativos da empresa, taxas de juros e outros. Devem ser utilizadas também fontes internas de informação, como evidência de obsolescência ou de dano físico de um ativo, alterações na maneira como é ou será usado, planos para baixa e outras.

Com base nas informações obtidas, a empresa avaliará se o valor contábil do ativo excede seu **valor recuperável que corresponde ao maior entre o valor justo líquido das despesas de venda e o valor em uso do ativo**. Entende-se por valor em uso o valor presente dos fluxos de caixa futuros estimados, que devem resultar do uso do ativo ou da unidade geradora de caixa (ver definições no CPC 01 (R1), item 6). O valor justo líquido das despesas de venda corresponde à diferença entre o valor a ser obtido pela venda do ativo (ou da unidade geradora de caixa) e as despesas estimadas de venda. É condição essencial que as transações ocorram entre partes conhecedoras e interessadas.

A entidade deve avaliar, no mínimo ao fim de cada exercício social, se há alguma indicação de que um ativo possa ter sofrido desvalorização e, se houver, a entidade deve estimar o valor recuperável do ativo.

7.3 Mensuração do valor recuperável

Para determinar o valor recuperável de um ativo faz-se necessária a determinação do valor justo líquido das despesas de venda desse ativo e o seu valor em uso. No entanto, nem sempre é preciso determinar ambos os valores, pois, se apenas um dos dois valores exceder o valor contábil do ativo, significa que não há desvalorização.

7.3.1 Valor justo líquido das despesas de venda

A melhor evidência do valor justo líquido das despesas de venda é o preço de um contrato de venda firme em uma transação entre partes conhecedoras e interessadas, ajustado por despesas adicionais que seriam diretamente atribuíveis à venda do ativo. Se a negociação ocorre em um mercado ativo, o valor justo líquido das despesas de venda é o preço de mercado menos as despesas de venda. O preço de mercado adequado é normalmente o preço atual de cotação. Caso não haja um contrato de venda firme ou mercado ativo, o valor justo líquido das despesas de venda deve ser baseado na melhor informação disponível para refletir o valor que a entidade obteria, na data do balanço, para a baixa do ativo em uma transação entre partes conhecedoras e interessadas, após deduzir as despesas da baixa.

Em situações nas quais não é possível determinar o valor justo líquido das despesas de venda porque não há base para se fazer uma estimativa confiável do valor a ser obtido com a venda do ativo em uma transação entre partes conhecedoras e interessadas, o valor em uso poderá ser utilizado como seu valor recuperável.

7.3.2 Valor em uso

O valor em uso de um ativo, conforme o CPC 01 (R1), item 30, deve ser determinado levando-se em consideração os seguintes fatores:

a) *estimativa dos fluxos de caixa futuros que a entidade espera obter com esse ativo;*
b) *expectativas acerca de possíveis variações no montante ou no período de ocorrência desses fluxos de caixa futuros;*
c) *o valor do dinheiro no tempo, representado pela atual taxa de juros livre de risco;*
d) *o preço pela assunção da incerteza inerente ao ativo (prêmio);*
e) *outros fatores, tais como falta de liquidez, que participantes do mercado considerariam ao precificar os fluxos de caixa futuros esperados da entidade, advindos do ativo.*

O item 31 estabelece que, a estimativa do valor em uso de um ativo envolve os seguintes passos:

a) *estimar futuras entradas e saídas de caixa derivadas do uso contínuo do ativo e da sua baixa final;*
b) *aplicar taxa de desconto apropriada a esses fluxos de caixa futuros.*

Em situações em que não há razões para acreditar que o valor em uso de um ativo exceda significativamente seu valor justo líquido das despesas de venda, o valor justo líquido das despesas de venda do ativo pode ser considerado como seu valor recuperável.

Em alguns casos, estimativas, médias e cálculos sintéticos podem oferecer uma aproximação razoável para determinar o valor justo líquido das despesas de venda ou o valor em uso.

7.4 Reconhecimento de uma perda por desvalorização

De acordo com o CPC 01 (R1), item 59, a perda por desvalorização só pode ser reconhecida se, e somente se, o valor recuperável de um ativo for menor do que seu valor contábil. Essa redução representa uma perda por desvalorização do ativo e deve ser reconhecida imediatamente no resultado do período.

A entidade deve avaliar, em cada data de balanço, se há alguma indicação de que uma perda por desvalorização, reconhecida em período anterior, não mais exista ou tenha diminuído. Caso haja essa indicação, a entidade deve estimar o valor recuperável desse ativo e, se ocorrer um aumento no valor recuperável desde a data em que a última desvalorização foi reconhecida, a perda por desvalorização, reconhecida em período anterior, deve ser revertida. Assim, o valor contábil do ativo será aumentado para seu valor recuperável em função da reversão da perda por desvalorização.

Uma observação a ser feita é que o aumento do valor contábil de um ativo atribuível à reversão de perda por desvalorização não deve exceder o valor contábil que teria sido determinado, líquido de depreciação, amortização ou exaustão, caso nenhuma desvalorização tivesse sido reconhecida em anos anteriores.

7.5 Estimativa de perdas com créditos de liquidação duvidosa

O tratamento contábil da estimativa de perdas com vendas a prazo é analisado a seguir.

As nomenclaturas historicamente adotadas para estas estimativas eram provisão para devedores duvidosos (PDD), provisão para créditos de liquidação duvidosa (PCLD), provisão para créditos de liquidação duvidosa e provisão para riscos de crédito. Com a adoção das Normas Internacionais de Contabilidade, estas nomenclaturas estão sendo alteradas em função de não mais se adotar o termo provisão para contas redutoras de ativo.

Essa estimativa de perdas está relacionada com o risco de não receber valores futuros, geralmente decorrentes de vendas a prazo, e o objetivo de sua constituição consiste em ajustar os valores a receber ao valor provável de realização. Identificado o risco da perda, associado à probabilidade de não receber parte dos direitos, a estimativa deve ser reconhecida nas demonstrações contábeis.

A determinação do valor da estimativa pode ser feita por análise individual dos créditos a receber (com avaliação da situação econômica dos clientes, dos seus setores de atuação, das garantias existentes para os créditos etc.) ou utilizando modelos estatísticos que mensurem adequadamente o risco potencial.

A seguir apresenta-se, detalhadamente, a contabilização da estimativa de perdas analisada e sugere-se a nomenclatura **estimativa de perdas com créditos de liquidação duvidosa** (EPCLD) para a conta do ativo, e a nomenclatura **despesa com estimativa de perdas com créditos** para a conta do resultado.

a) Registro no momento da venda a prazo (pelo valor da venda a prazo realizada)

  Débito: **Clientes** ou **Valores a receber de clientes**

  Crédito: **Receita de vendas** ou **serviços**

b) No período em que o risco de não recebimento for identificado (pelo valor da perda estimada)

  Débito: **Despesa com estimativa de perdas com créditos** (conta do resultado)

  Crédito: **Estimativa de perdas com créditos de liquidação duvidosa** (conta retificadora de ativo)

c) No momento da identificação da perda efetiva (pela baixa do ativo que não apresenta mais perspectiva de realização)

  Débito: **Estimativa de perdas com créditos de liquidação duvidosa**

  Crédito: **Clientes** ou **Valores a receber de clientes**

  Obs.: O valor deste lançamento deve ser até o limite do saldo da conta Estimativa de perdas com créditos de liquidação duvidosa.

d) Quando a estimativa for insuficiente (pelo valor da perda efetiva que ultrapassar a estimativa constituída anteriormente)

    Débito: **Prejuízo com clientes** (conta do resultado)

    Crédito: **Clientes** ou **Valores a receber de clientes**

e) Quando há sobra de estimativa no final do período (pelo estorno do saldo de estimativa de perda não ocorrida)

    Débito: **Estimativa de perdas com créditos de liquidação duvidosa**

    Crédito: **Reversão de estimativa de perdas com créditos de liquidação duvidosa** (conta do resultado)

f) Quando há recuperação de crédito em momento posterior à consideração da perda efetiva do mesmo

    Débito: **Caixa e equivalentes de caixa** ou **Contas a receber**

    Crédito: **Recuperação de créditos baixados** (conta do resultado)

7.6 Estimativa para redução do valor dos estoques

Os estoques, um dos importantes ativos das empresas industriais e comerciais, podem sofrer alterações em seu valor de realização. O Pronunciamento Técnico CPC 16 esclarece que o custo dos estoques pode não ser recuperável se os mesmos estiverem danificados, total ou parcialmente, obsoletos ou seus preços de venda diminuírem. O custo dos estoques pode também não ser recuperável se os custos estimados de acabamento ou os custos estimados a serem incorridos para realizar a venda aumentarem. A redução do valor de custo dos estoques ao valor realizável líquido (conhecida como *write down*) atende ao objetivo de os ativos não estarem escriturados por valor superior ao que se espera realizar com a sua venda ou uso.

As estimativas do valor realizável líquido são baseadas nas evidências mais confiáveis disponíveis no momento em que são feitas e levam em consideração variações nos preços e nos custos diretamente relacionados com eventos que ocorram após o fim do período, à medida que tais eventos confirmem as condições existentes. Consideram, também, a finalidade para a qual o estoque é mantido. Por exemplo, o valor realizável líquido da quantidade de estoque mantida para atender contratos de venda ou de prestação de serviços é baseado no preço do contrato. Se os contratos de venda dizem respeito a quantidades inferiores às quantidades de estoque possuídas, o valor realizável líquido do excesso baseia-se em preços gerais de venda.

Os materiais e outros bens de consumo mantidos para uso na produção de estoques ou na prestação de serviços não serão reduzidos abaixo do custo se for previsível que os produtos acabados nos quais serão incorporados ou os serviços em que serão utilizados serão vendidos pelo custo ou acima do custo. Porém, quando uma diminuição no preço dos produtos acabados ou no preço dos serviços prestados indicar que o custo de elaboração desses produtos ou serviços excederá seu valor realizável líquido, os materiais são reduzidos ao valor realizável líquido. Em tais circunstâncias, o custo de reposição dos materiais pode ser a melhor medida disponível do seu valor realizável líquido.

▶ EXERCÍCIO RESOLVIDO

A empresa Olympia S.A. tem como prática estimar as perdas com créditos de liquidação duvidosa com base nas vendas realizadas a prazo. Nos últimos três anos, o percentual aplicado sobre esse tipo de venda foi de 7%.

Os saldos de algumas contas em 31/12/X0 eram os seguintes:

- Caixa e Equivalentes de Caixa: $ 10.000
- Clientes: $ 300.000
- EPCLD: $ 50.400
- Estoques: $ 850.000

Durante o exercício de X1, ocorreram as seguintes operações:

1. Pagamento realizado pela empresa Ômega Ltda. no valor de $ 14.000. A dívida desse cliente já havia sido considerada incobrável há mais de dois anos.
2. A empresa Latina Ltda. teve a falência decretada e sua dívida de $ 40.000 foi considerada incobrável.
3. Por apresentar dificuldade financeira, a Cia. Gamão não quitou sua dívida que foi considerada incobrável no valor total de $ 20.000.
4. A Cia. Alpha só conseguiu quitar 40% de sua dívida de $ 30.000, e o restante for considerado incobrável.
5. A Cia. Gamão quitou 50% da dívida que havia sido considerada incobrável.
6. O saldo remanescente de clientes foi inteiramente recebido.
7. As vendas do exercício de X1 totalizaram $ 1.100.000, dos quais 80% foram a prazo.
8. O custo das mercadorias vendidas totalizou $ 750.000.

A partir dessas informações, pede-se:

a) Lance os saldos iniciais nos razonetes próprios e registre as operações referentes ao exercício de X1.
b) Constitua novo saldo de EPCLD para o próximo exercício.
c) Faça o encerramento das contas do resultado.

▷ Solução

Contas do ativo

Caixa e equivalentes de caixa			Clientes				EPCLD			
	10.000			300.000	40.000	(2)	(2)	40.000	50.400	
(1)	14.000				20.000	(3)	(3)	10.400	61.600	(9)
(4)	12.000				30.000	(4)				
(5)	10.000				210.000	(6)				
(6)	210.000		(7)	880.000						
(7)	220.000									
	476.000			880.000					61.600	

Estoques		
850.000	750.000	(8)
100.000		

Contas do resultado

Receitas de vendas			Recuperação créditos baixados				Despesas com EPCLD			
	1.100.000	(7)			14.000	(1)	(9)	61.600		
					10.000	(5)				
a 1.100.000	1.100.000		b 24.000	24.000				61.600	61.600	c

CMV			Perdas com incobráveis		
(8) 750.000			(3)	9.600	
			(4)	18.000	
750.000	750.000	e		27.600	27.600 d

ARE		
c 61.600	1.100.000	a
d 27.600	24.000	b
e 750.000		
	284.800	

> **EXERCÍCIOS PROPOSTOS**

> **Exercício 1**

A Cia. dos Créditos apresentava os seguintes saldos em seu balanço patrimonial de 31/12/X0:

- Caixa e equivalentes de caixa .... $ 100.000
- Estoques .... $ 90.000
- Capital social .... $ 190.000

Durante o mês de janeiro de X1, a empresa realizou as seguintes operações:

1. Vendeu $ 240.000 em mercadorias para diversos clientes, cujos valores seriam recebidos 40% em fevereiro de X1 e 60% em março de X1.
2. O custo das mercadorias vendidas foi de $ 25.000.
3. No dia 31/01/X1, ao analisar o risco de crédito de seus clientes, estimou que 3% dos valores a receber dos clientes não seriam recebidos.

Durante o mês de fevereiro de X1, a empresa realizou as seguintes operações:

1. Vendeu $ 360.000 em mercadorias para diversos clientes, cujos valores seriam recebidos 70% em março de X1 e 30% em abril de X1.
2. O custo das mercadorias vendidas foi de $ 45.000.
3. Dos valores que deveria receber, a empresa verificou que $ 10.000 não foram recebidos e os considerou como incobráveis. O saldo remanescente dos valores a receber em fevereiro de X1 foi recebido.
4. No dia 28/02/X1, ao analisar o risco de crédito de seus clientes, estimou que 3% dos valores a receber dos clientes não seriam recebidos.

Durante o mês de março de X1, a empresa realizou as seguintes operações:

1. Vendeu $ 150.000 em mercadorias para diversos clientes, cujos valores seriam recebidos 20% em abril de X1 e 80% em maio de X1.
2. O custo das mercadorias vendidas foi de $ 15.000.
3. Dos valores que deveria receber, a empresa verificou que $ 12.000 não foram recebidos e os considerou como incobráveis. O saldo remanescente, dos valores a receber em março de X1, foi recebido.
4. No dia 31/03/X1, ao analisar o risco de crédito de seus clientes, estimou que 3% dos valores a receber dos clientes não seriam recebidos.

A partir dessas informações, pede-se:

a) Contabilize as operações realizadas e apure o resultado obtido pela empresa Cia. dos Créditos em cada um dos meses (janeiro, fevereiro e março) de X1.

▷ Exercício 2

O contador da empresa Só Calotes S.A. estimou que, em 31/12/X0, os débitos incobráveis nos últimos três anos correspondiam a 6% das vendas a prazo. Nessa data, o saldo da conta EPCLD era de $ 41.280. As vendas realizadas em X0 totalizaram $ 860.000, sendo 20% à vista e o restante a ser recebido em X1.

Durante o exercício de X1, ocorreram as seguintes transações:

1. A empresa Polo Ômega Ltda. efetuou um pagamento no valor de $ 13.500. Sua conta havia sido considerada incobrável e baixada em X0.
2. A empresa Fusca S.A. faliu e comunicou à empresa que não pagaria seu débito referente a um título no valor de $ 38.200.
3. O débito da empresa Gol Ltda., no valor de $ 7.500, foi integralmente considerado incobrável.
4. A Cia. Uno pagou 75% de sua dívida de $ 30.000, pois suas atividades não estavam bem e a dívida restante foi considerada incobrável.
5. O Sr. Gurgel informou à empresa que requereu falência e não teria como liquidar sua dívida de $ 8.600.
6. Em dezembro, o Sr. Gurgel, em suas costumeiras visitas à empresa, pagou $ 4.000 referentes à sua dívida e informou que era tudo o que poderia pagar.
7. O saldo remanescente a receber de clientes foi totalmente recebido.

Informações adicionais:

8. As vendas realizadas durante o exercício de X1 totalizaram $ 1.200.000, das quais 75% referem-se às vendas a prazo.

A partir dessas informações, pede-se:

a) Fazer o lançamento das operações em razonetes próprios.
b) Fazer os ajustes necessários na conta de EPCLD relativos a X1.
c) Considerar para o exercício de X1 que o custo das mercadorias vendidas foi de $ 860.000 e as despesas operacionais foram de $ 100.000. Calcular o imposto de renda a ser provisionado sabendo-se que a alíquota é 25% e que somente as despesas com EPCLD não são dedutíveis.

▷ **Exercício 3**

O balancete de verificação da Empresa Anônima Ltda. apresentava em 31/12/X1 os seguintes saldos:

Conta	$	Conta	$
Caixa e equivalentes de caixa	1.500	Empréstimos	3.000
Vendas	10.000	Custo dos produtos vendidos	4.000
Valores a receber de clientes	6.000	Fornecedores	2.400
Estoques	3.680	Despesas antecipadas	600
Salários a pagar	40	Contas a pagar	200
Despesas com salários	300	Despesas financeiras	80
Veículos	2.500	Comissões sobre vendas	300
Capital	4.000	EPCLD	300
Equipamentos	4.800	Despesas de seguros	100
Reservas de capital	1.500	Despesas de aluguel	1.500
Outras despesas	620	Reservas de lucros	4.540

Após uma auditoria interna, verificou-se que não foram contabilizados os seguintes fatos ocorridos durante o ano de X1:

1. Em 15/02/X1, o cliente XYZ encerrou suas atividades, deixando de pagar um título no valor de $ 80.
2. Em 16/03/X1, o cliente ABC teve a sua falência decretada, sendo que devia para a empresa vários títulos no montante de $ 130, as quais foram consideradas incobráveis.
3. Em 21/06/X1, o cliente XLT pagou $ 350 por conta de vários títulos que totalizavam $ 400, informando que não pagaria o restante por estar em processo de encerramento das atividades.
4. A empresa Alpha teve suas atividades encerradas, deixando de pagar alguns títulos no valor de $ 150.
5. Vários títulos no montante de $ 240 foram considerados incobráveis pela empresa.

A partir dessas informações, pede-se:

a) Elaborar, para o ano de X1, a demonstração do resultado do exercício, sabendo-se que a empresa adota o percentual de 5% sobre o saldo de valores a receber de clientes para calcular a EPCLD. A alíquota de imposto de renda é 30% e somente a despesa com EPCLD é indedutível.

b) Elaborar o balanço patrimonial em 31/12/X1, admitindo-se que a empresa não distribuiu dividendos.

▷ Exercício 4

A Cia. de Celulose apresentava, em seu ativo, estoques de produtos acabados avaliados por $ 2.800.000, constituído ao longo dos últimos três meses. Quando do encerramento do exercício em 31/12/X0, considerando a cotação do produto nessa data, o valor de mercado dos estoques havia sofrido uma queda de 15%, ou seja, passou a valer $ 2.380.000.

A partir dessas informações, pede-se:

a) Analise a situação e indique os procedimentos contábeis a serem adotados nessa situação.

▷ Exercício 5

A Cia. das Indústrias possuía, em 31/12/X1, um ativo a ser comercializado que estava contabilizado por $ 500.000. Ao realizar a análise de recuperabilidade desse ativo, a Cia. obteve as seguintes informações:

- Valor de venda: $ 540.000
- Despesas para realizar a venda: $ 60.000
- Valor em uso: $ 470.000

A partir dessas informações, pede-se:

a) Indique o tratamento que a Cia. das Indústrias deve dar a este ativo.

▶ TESTES

1. Em 31/12/X0, a empresa Só Baixa S.A. possuía em seu balanço patrimonial os seguintes saldos:
   - Valores a receber de clientes: $ 200.000
   - Estimativa para perdas com crédito de liquidação duvidosa (EPCLD): $ 11.000

   Em janeiro de X1, a empresa Só Baixa S.A. recebeu um comunicado da Cia. Líquida que não tinha condições de saldar a sua dívida no valor de $ 9.000, sendo sua dívida considerada incobrável. Ao reconhecer este evento, a empresa Só Baixa S.A.
   a) reconheceu uma perda com clientes, no resultado.
   b) reduziu o total do ativo.
   c) debitou valores a receber de clientes.
   d) reduziu o saldo da conta EPCLD.
   e) reduziu o patrimônio líquido.

2. Em 10/07/X1, a empresa Voadora S.A. recebeu $ 1.850 de um cliente que havia sido considerado incobrável no exercício passado (X0). Ao contabilizar este evento, a empresa debitou
   a) EPCLD e creditou reversão de EPCLD no valor de $ 1.850.
   b) caixa e creditou recuperação de créditos no valor de $ 1.850.
   c) caixa e creditou EPCLD no valor de $ 1.850.
   d) caixa e creditou reversão de EPCLD no valor de $ 1.850.
   e) EPCLD e creditou recuperação de créditos no valor de $ 1.850.

3. Valor recuperável é definido como
   a) a diferença entre o valor justo e o valor contábil do ativo.
   b) a diferença entre o valor em uso e o valor justo líquido das despesas de venda do ativo.
   c) o maior valor entre o valor justo líquido das despesas de venda e o valor contábil do ativo.
   d) o menor valor entre o valor justo líquido das despesas de venda e o custo histórico do ativo.
   e) o maior valor entre o valor justo líquido das despesas de venda e o valor em uso do ativo.

4. A Cia. Metais Leves possuía, em 31/12/X1, um ativo imobilizado, cujo valor contábil, após o reconhecimento da despesa de depreciação de X1, era composto por:
   - Custo de aquisição: $ 380.000
   - Depreciação acumulada: $ 100.000
   - Perda por desvalorização reconhecida em X0: $ 60.000

Em 31/12/X1, antes de elaborar suas demonstrações contábeis, a Cia. realizou o teste de recuperabilidade desse ativo e obteve as seguintes informações:

- Valor em uso: $ 185.000
- Valor justo líquido das despesas de venda: $ 170.000

O valor que a Cia. Metais Leves apresentou em seu balanço patrimonial de 31/12/X1, para este ativo imobilizado, foi

a) $ 185.000.
b) $ 170.000.
c) $ 220.000.
d) $ 280.000.
e) $ 380.000.

5. A Cia. Duvidosa apresentava, em 31/12/X1, as seguintes informações para um determinado ativo:

- Custo de aquisição: $ 300.000
- Valor em uso: $ 280.000
- Valor justo líquido das despesas de venda: $ 330.000

Com base nessas informações, é correto afirmar que:

a) o valor apresentado no balanço patrimonial de 31/12/X1 para este ativo foi de $ 280.000.
b) a empresa não precisou realizar nenhum ajuste no balanço patrimonial de 31/12/X1 para este ativo.
c) a empresa reconheceu, no resultado de X1, uma perda no valor de $ 50.000.
d) a empresa reconheceu, no resultado de X1, uma perda no valor de $ 20.000.
e) a empresa reconheceu, no resultado de X1, um ganho no valor de $ 30.000.

8 OPERAÇÕES FINANCEIRAS

8.1 Introdução

As operações financeiras realizadas por uma empresa são classificadas em operações financeiras **ativas** ou **passivas**, sendo denominadas **instrumentos financeiros**. Instrumento financeiro é qualquer contrato que dá origem a um ativo financeiro para uma entidade e a um passivo financeiro (ou instrumento patrimonial) para outra entidade.

Ativo financeiro pode ser entendido, de forma simplificada, como sendo qualquer ativo que é caixa ou um direito contratual de receber caixa, como, por exemplo, aplicações financeiras ou contas a receber. Passivo financeiro corresponde a qualquer passivo que será liquidado com caixa ou outro ativo financeiro, como, por exemplo, empréstimos obtidos ou contas a pagar. Instrumento patrimonial é qualquer contrato que evidencie uma participação no patrimônio líquido de uma entidade, como, por exemplo, as ações.

Iremos tratar, neste capítulo, das principais operações de aplicações e captações de recursos e os respectivos tratamentos contábeis definidos pelo Pronunciamento Técnico CPC 48. Operações financeiras mais sofisticadas, como operações com derivativos, não fazem parte do escopo deste capítulo.

8.2 Aplicações financeiras

As aplicações financeiras surgem quando há excessos de recursos em relação às necessidades imediatas de desembolsos e se objetiva obter ganhos mediante o recebimento de juros ou dividendos. Há vários exemplos de aplicações financeiras, como os certificados de depósito bancário (CDB), depósitos de poupança, fundos de investimentos de renda fixa, fundos de investimentos de renda variável (ações), títulos públicos federais, dentre outros.

Cada tipo de aplicação tem suas características próprias no que se refere a prazos de resgate, grau de liquidez, risco e rentabilidade. Tradicionalmente, as aplicações financeiras são classificadas como de **renda fixa**, caracterizadas por aplicações em títulos que possuem uma taxa prefixada ou pós-fixada baseada no mercado de juros, e de **renda variável**, caracterizadas por aplicações em ações ou títulos cuja remuneração é variável e não baseada diretamente nesse mercado.

Quanto à forma de mensuração das aplicações financeiras, o artigo 183 da Lei nº 6.404/1976 e alterações posteriores estabelece que as aplicações em instrumentos financeiros, inclusive derivativos, e em direitos e títulos de créditos classificados no ativo circulante ou no realizável a longo prazo, serão avaliadas segundo os seguintes critérios:

> a) *pelo seu valor justo, quando se tratar de aplicações destinadas à negociação ou disponíveis para venda;*
>
> b) *pelo valor de custo de aquisição ou valor de emissão, atualizado conforme disposições legais ou contratuais, ajustado ao valor provável de realização, quando este for inferior, no caso das demais aplicações e os direitos e títulos de crédito.*

O parágrafo 1º do artigo 183 da Lei nº 6.404/1976 estabelece que o valor justo dos instrumentos financeiros é

> *o valor que pode se obter em um mercado ativo, decorrente de transação não compulsória realizada entre partes independentes, e, na ausência de um mercado ativo para determinado instrumento financeiro:*
>
> 1) *o valor que se pode obter em um mercado ativo com a negociação de outro instrumento financeiro de natureza, prazo e risco similares;*
>
> 2) *o valor presente líquido dos fluxos de caixa futuros para instrumentos financeiros de natureza, prazo e risco similares; ou*
>
> 3) *o valor obtido por meio de modelos matemático-estatísticos de precificação de instrumentos financeiros.*

De acordo com o CPC 48, item 4.1.1, a entidade deve classificar os ativos financeiros como subsequentemente mensurados ao custo amortizado, ao valor justo por meio de outros resultados abrangentes ou ao valor justo por meio do resultado, com base no modelo de negócios da entidade para a gestão dos ativos financeiros e nas características de fluxo de caixa contratual do ativo financeiro.

No reconhecimento inicial, a entidade deve mensurar o ativo financeiro ao seu valor justo mais os custos de transação que sejam diretamente atribuíveis à aquisição do ativo financeiro, exceto para os ativos financeiros mensurados ao valor justo por meio do resultado, em que tais custos devem ser reconhecidos diretamente no resultado do período.

O CPC 48 estabelece os seguintes critérios para a mensuração subsequente dos ativos financeiros:

- **Ativos financeiros classificados como mensurados ao custo amortizado:** os juros devem ser calculados utilizando-se a taxa efetiva de juros e devem ser reconhecidos no resultado do período.

- **Ativos financeiros classificados como mensurados ao valor justo por meio de resultado:** a variação positiva ou negativa no valor justo do ativo, ou seja, o ganho ou a perda, deve ser reconhecida no resultado do período.

- **Ativos financeiros classificados como mensurados ao valor justo por meio de outros resultados abrangentes:**

a) os juros calculados utilizando-se a taxa efetiva de juros devem ser reconhecidos no resultado do período, e

b) a diferença entre o valor calculado de acordo com o item a (pela taxa efetiva de juros) e o valor justo deve ser reconhecida em outros resultados abrangentes, diretamente no patrimônio líquido.

A seguir são apresentados exemplos de aplicações financeiras e suas respectivas contabilizações.

8.2.1 Aplicação em títulos de renda fixa com taxa de juros variável diariamente

Suponha que a Cia. MMJ&B realizou uma aplicação financeira em um CDB (Certificado de Depósito Bancário) nas seguintes condições:

- Valor da aplicação: $ 5.000
- Data da aplicação: 30/11/X0
- Data de vencimento: 30/06/X1, com possibilidade de resgate diário
- Taxa de juros: 100% da taxa do CDI (Certificados de Depósitos Interfinanceiros) em cada período

Na data da aplicação, foi efetuada a seguinte contabilização:

Caixa e equivalentes de caixa			Aplicações financeiras	
XXXXXX	5.000 (1)	(1)	5.000	
			5.000	

No momento da aplicação financeira, há a transferência dos recursos aplicados para uma conta específica: Aplicações financeiras.

A taxa acumulada do CDI foi de 0,8% no mês de dezembro de X0 e o valor dos rendimentos obtidos no período deve ser apropriado de acordo com a seguinte contabilização:

Receitas financeiras = 0,8% × 5.000 = $ 40

Aplicações financeiras		Receitas financeiras	
5.000			40 (2)
(2) 40			
5.040			40

Com o decorrer do tempo, há a necessidade de se reconhecer periodicamente (diariamente, semanalmente ou mensalmente) os juros auferidos com a aplicação financeira e a atualização do valor aplicado.

Em 30/06/X1, a empresa efetuou o resgate da aplicação financeira e a taxa acumulada do CDI de 31/12/X0 a 30/06/X1 foi de 5%. A contabilização nessa data seria:

Receitas financeiras = 5% × 5.040 = $ 252

a) **Pela apropriação dos rendimentos**

Aplicações financeiras		Receitas financeiras	
5.040			252 (3)
(3) 252			
5.292			252

Novamente, há o reconhecimento dos juros auferidos no período e atualização do valor aplicado.

b) **Pelo resgate**

Aplicações financeiras		Caixa e equivalentes de caixa	
5.292	5.292 (4)	(4) 5.292	
–		5.292	

No resgate, há a transferência dos recursos para a conta corrente.

Esse tipo de aplicação está avaliado a valor de mercado em função de a taxa de juros ser pós-fixada e existir a possibilidade de resgate diário. Assim, a "curva do papel" (isto é, o valor atualizado com a taxa pela qual o título foi adquirido) e a avaliação a mercado (valor justo) são coincidentes.

8.2.2 Aplicação em títulos de renda fixa com taxa de juros fixada, atualizada pela variação de um indexador

Suponha que a Cia. MMJ&B tenha efetuado uma aplicação financeira em um título nas seguintes condições:

- Valor da aplicação: $ 10.000
- Data da aplicação: 30/11/X0
- Data de vencimento: 30/11/X3
- Taxa de juros compostos: 1% ao mês
- Indexador: IGPM[1]

Serão analisados a seguir os lançamentos contábeis que seriam efetuados nas três classificações possíveis definidas pelo CPC 48.

---

[1] IGPM: Índice Geral de Preços do Mercado.

1ª hipótese: A empresa classificou o título como mensurado ao custo amortizado

Nesse caso, o título será atualizado pela taxa contratada na operação e teremos os seguintes registros:

Na data da aplicação, deve-se efetuar a seguinte contabilização:

Caixa e equivalentes de caixa				Aplicações financeiras	
XXXXXX	10.000	(1)	(1)	10.000	
				10.000	

Supondo que a variação do IGPM no mês de dezembro foi de 2%, em 31/12/X0 o valor dos rendimentos obtidos (variação do IGPM mais a taxa de juros de 1%) seria contabilizado como se segue:

Atualização monetária = 2% × 10.000 = $ 200

Receitas financeiras = 1% × 10.200 = $ 102

Aplicações financeiras			Receitas financeiras		
	10.000			200	(2)
(2)	200			102	(3)
(3)	102				
	10.302			302	

Para as aplicações financeiras que são remuneradas por uma taxa de juros e com correção por algum tipo de indexador – taxa referencial (TR), IGPM, dólar etc. –, deve-se, primeiro, atualizar o valor da aplicação pela variação do indexador e depois calcular os juros sobre o valor atualizado. No exemplo, calculou-se, inicialmente, a variação monetária (2% no período) e, então, o valor dos juros sobre o valor atualizado, ou seja, o valor da receita de juros é 1% sobre $ 10.200.

Esses lançamentos deverão ser elaborados em cada balanço até a data do resgate da aplicação.

2ª hipótese: A empresa classificou o título como mensurado ao valor justo por meio do resultado

Nesse caso, o critério de mensuração será o valor justo, **com impacto no resultado**.

No momento da aquisição, o título está avaliado ao valor justo, pois o custo de aquisição se refere ao valor de mercado e, portanto, deve-se efetuar a seguinte contabilização:

Caixa e equivalentes de caixa				Aplicações financeiras	
XXXXXX	10.000	(1)	(1)	10.000	
				10.000	

Vamos supor que, em 31/12/X0, fosse possível comprar um título com vencimento para 35 meses, ou seja, com vencimento em 30/11/X3, com taxa de juros de 1,5% a.m. e correção por IGPM. Nesse caso, se a empresa desejar vender seu título, o comprador exigirá, no mínimo, essa alternativa de remuneração.

Em 31/12/X0, o valor atualizado do título é de $ 10.302, conforme o cálculo realizado anteriormente:

$$VF = \$\ 10.000 \times (1,02) \times (1,01) = \$\ 10.302$$

Em 31/12/X0, o valor de mercado desse título deve ser tal que a remuneração que ele dê ao seu comprador seja a taxa real de 1,5% a.m. Logo, o valor máximo que a empresa conseguirá obter pela sua venda será:

$$MtM = \frac{10.302 \times (1,01)^{35}}{(1,015)^{35}} = \$\ 8.666,79$$

em que MtM = valor a mercado (ou *Mark to Market*) do título.

Assim, em 31/12/X0, deve-se realizar a seguinte contabilização para evidenciar o valor justo do título e o impacto correspondente no resultado do período:

Aplicações financeiras				Receitas financeiras			Ajustes ao valor justo (conta do resultado)	
10.000	1.635,21	(4)			200	(2)	(4) 1.635,21	
(2) 200					102	(3)		
(3) 102								
8.666,79					302		1.635,21	

Esses lançamentos, incluindo os ajustes a valor justo, deverão ser elaborados em cada balanço até a data do resgate ou venda da aplicação.

3ª hipótese: A empresa classificou o título como mensurado ao valor justo por meio de outros resultados abrangentes

Nesse caso, o critério de mensuração será valor justo, **com reflexo no patrimônio líquido.**

No momento da aquisição, o título está avaliado ao valor justo, pois o custo de aquisição se refere ao valor de mercado e, portanto, deve-se efetuar a seguinte contabilização:

Caixa e equivalentes de caixa			Aplicações financeiras		
XXXXXX	10.000	(1)	(1) 10.000		
			10.000		

Dado que, em 31/12/X0, o valor de mercado deste título é $ 8.666,79, conforme calculado para a 2ª hipótese analisada anteriormente, deve-se realizar a seguinte contabilização:

Aplicações financeiras			Receitas financeiras		Ajustes de avaliação patrimonial (conta do PL)	
10.000	1.635,21	(4)	200	(2)	(4) 1.635,21	
(2) 200			102	(3)		
(3) 102						
8.666,79			302		1.635,21	

Esses lançamentos, incluindo os ajustes a valor justo, deverão ser elaborados em cada balanço até a data do resgate ou venda da aplicação.

Observação:

A diferença entre o valor justo e o custo amortizado em cada momento é reconhecida no resultado do período quando o título for classificado como **mensurado ao valor justo por meio do resultado**. Se o título for classificado como **mensurado ao valor justo por meio de outros resultados abrangentes**, esta diferença é reconhecida diretamente em conta específica do patrimônio líquido. Quando ocorrer a venda ou o resgate do título, o valor acumulado registrado na conta Ajustes de avaliação patrimonial, no patrimônio líquido, deve ser apropriado no resultado do período em que ocorrer tal fato.

8.2.3 Aplicação em títulos de renda fixa com taxa de juros prefixada

Suponha que a Cia. MMJ&B tenha efetuado uma aplicação financeira em um título nas seguintes condições:

- Valor da aplicação: $ 2.000
- Valor de resgate: $ 2.459,75
- Taxa de juros compostos: 3% a.m.
- Data da aplicação: 30/11/X0
- Data de vencimento: 30/06/X1

Serão analisados a seguir os lançamentos contábeis que seriam efetuados nas três classificações possíveis definidas pelo CPC 48.

1ª hipótese: A empresa classificou o título como mensurado ao custo amortizado

Nesse caso, o título será atualizado pela taxa contratada na operação e teremos os seguintes registros:

Na data da aplicação, deve-se efetuar a seguinte contabilização:

Caixa e equivalentes de caixa			Aplicações financeiras	
XXXXXX	2.000	(1)	(1) 2.000	
			2.000	

Em 31/12/X0, deve-se calcular o valor dos rendimentos obtidos e realizar a contabilização. Considerando que da data da aplicação até 31/12 decorreu um mês, o valor da receita financeira é de 3% sobre os $ 2.000 aplicados. O lançamento correspondente é o seguinte:

	Aplicações financeiras			Receitas financeiras	
	2.000				60 (2)
(2)	60				
	2.060				60

Os rendimentos devem ser apropriados mensalmente até a data do resgate.

Pela apropriação dos rendimentos até a data do resgate (que devem ser reconhecidos mensalmente)

	Aplicações financeiras			Receitas financeiras	
	2.060,00				399,75 (3)
(3)	399,75				
	2.459,75				399,75

Na data do resgate, o valor da aplicação financeira estará atualizado pelo valor dos rendimentos contratados e corresponderá ao valor a ser resgatado pela empresa.

Pelo resgate

	Aplicações financeiras			Caixa e equivalentes de caixa	
	2.459,75	2.459,75 (4)	(4)	2.459,75	
	–			2.459,75	

No resgate, há a transferência dos recursos para a conta corrente da empresa.

2ª hipótese: A empresa classificou o título como mensurado ao valor justo por meio do resultado

Nesse caso, o critério de mensuração será o valor justo, **com impacto no resultado**.

No momento da aquisição, o título está avaliado ao valor justo, pois o custo de aquisição se refere ao valor de mercado e deve-se efetuar a seguinte contabilização:

	Caixa e equivalentes de caixa			Aplicações financeiras	
XXXXXX	2.000 (1)	(1)	2.000		
				2.000	

Vamos supor que, em 31/12/X0, fosse possível comprar um título com vencimento para seis meses, ou seja, com vencimento em 30/06/X1, com remuneração à taxa de juros de 4% a.m. Nesse caso, se a empresa desejar vender seu título, o comprador exigirá, no mínimo, 4% a.m. de remuneração e, assim, o cálculo do valor de mercado deve ser apurado a partir do valor do título no vencimento. O valor do título no vencimento é obtido pela seguinte equação:

$$VF = \$\ 2.000 \times (1,03)^7 = \$\ 2.459,75$$

Para que esse título renda ao comprador a taxa de juros de 4% a.m., o valor máximo que a empresa conseguirá obter pela sua venda será:

$$MtM = \frac{2.459,75}{(1,04)^6} = 1.943,98$$

Assim, em 31/12/X0, deve-se realizar a seguinte contabilização para evidenciar o valor justo do título e o impacto correspondente no resultado do período:

Aplicações financeiras				Receitas financeiras			Ajustes ao valor justo (conta do resultado)	
	2.000	116,02	(2)		60	(1)	(2) 116,02	
(1)	60							
	1.943,98				60		116,02	

Esses lançamentos, incluindo os ajustes a valor justo, deverão ser elaborados em cada balanço até a data do resgate ou venda da aplicação.

3ª hipótese: A empresa classificou o título como mensurado ao valor justo por meio de outros resultados abrangentes

Nesse caso, o critério de mensuração será valor justo, **com reflexo no patrimônio líquido**.

No momento da aquisição, o título está avaliado ao valor justo, pois o custo de aquisição se refere ao valor de mercado e deve-se efetuar a seguinte contabilização:

Caixa e equivalentes de caixa				Aplicações financeiras	
XXXXXX	2.000	(1)	(1)	2.000	
				2.000	

Dado que, em 31/12/X0, o valor de mercado deste título é $ 1.943,98, conforme calculado para a 2ª hipótese analisada anteriormente, deve-se realizar a seguinte contabilização:

Aplicações financeiras			Receitas financeiras		Ajustes de avaliação patrimonial (conta PL)	
2.000	116,02	(2)		60 (1)	(2) 116,02	
(1) 60						
1.943,98				60	116,02	

Esses lançamentos, incluindo os ajustes a valor justo, deverão ser elaborados em cada balanço até a data do resgate ou venda da aplicação.

8.2.4 Aplicações em renda variável

As aplicações de recursos feitas pela empresa em ações (instrumento patrimonial) com o objetivo de negociá-las, ou seja, aquelas para as quais não há intenção da empresa de uma participação duradoura, devem ser classificadas como instrumentos financeiros e não como investimentos e são avaliadas ao valor justo (valor de mercado). Apenas em circunstâncias limitadas, o custo pode ser uma estimativa apropriada do valor justo. No entanto, o custo nunca é a melhor estimativa do valor justo para investimentos em instrumentos patrimoniais (ações) cotados em mercado.

As variações no valor justo desses ativos financeiros são reconhecidas no resultado de cada período. Para investimentos em instrumentos patrimoniais que não sejam mantidos para negociação, a entidade pode efetuar uma escolha irrevogável de apresentar as alterações no valor justo em outros resultados abrangentes. Se a entidade efetuar esta escolha, os dividendos recebidos desse investimento devem ser reconhecidos no resultado do período. Já o ganho ou a perda reconhecida em outros resultados abrangentes não deve ser subsequentemente transferida para o resultado do período.

8.3 Captações financeiras

As captações financeiras são operações utilizadas pelas empresas quando necessitam de recursos financeiros para financiar suas atividades. Esses recursos são obtidos mediante o pagamento de juros e, como exemplos, podem-se citar os empréstimos, financiamentos, debêntures, desconto de títulos (cessão de recebíveis), dentre outros. Cada tipo de captação tem suas características próprias, como prazo de vencimento, taxa de juros e garantias.

De acordo com o CPC 48, item 4.2, os passivos financeiros podem ser classificados como mensurados ao custo amortizado ou ao valor justo por meio do resultado.

No reconhecimento inicial, a entidade deve mensurar o passivo financeiro ao seu valor justo menos os custos de transação que sejam diretamente atribuíveis à emissão do passivo financeiro. Para os passivos financeiros mensurados ao valor justo por meio do resultado, tais custos devem ser reconhecidos diretamente no resultado do período.

O CPC 48 estabelece os seguintes critérios para a mensuração subsequente dos passivos financeiros:

- **passivos financeiros classificados como mensurados ao custo amortizado:** os juros devem ser calculados utilizando-se a taxa efetiva de juros e ser reconhecidos no resultado do período;
- **passivos financeiros classificados como mensurados ao valor justo por meio de resultado:** a variação positiva ou negativa no valor justo do passivo, ou seja, o ganho ou a perda, deve ser reconhecida no resultado do período.

8.3.1 Cessão de recebíveis

Esta operação é uma alternativa de captação de recursos em que a empresa negocia com uma instituição financeira o recebimento antecipado dos direitos a receber que detém. Esta operação é também conhecida por desconto de títulos e os seguintes pontos são geralmente observados:

- A empresa que efetuou o desconto é responsável pelo pagamento dos títulos ao banco, caso o devedor não efetue o pagamento no vencimento. Essa responsabilidade é denominada direito de regresso da instituição financeira contra a empresa cedente.
- O montante dos títulos descontados na data do balanço deve ser demonstrado no passivo, representando a essência econômica que é a dívida da empresa, uma vez que a empresa cedente é a responsável final pelo pagamento.

Exemplo

A Cia. Paraná efetuou o desconto de um título nas seguintes condições:

- Valor do título: $ 10.000
- Taxa de desconto comercial: 5% a.m.
- Prazo de vencimento: 60 dias
- Data da operação: 01/04/X4
- Despesas iniciais: $ 100

Na data do desconto
i. Cálculo do valor líquido recebido

Valor do desconto cobrado: $ 1.000 = (5% × 10.000 × 2)
Tarifa bancária: $ 100
Valor líquido recebido = 10.000 – (0,05 × 10.000 × 2) – 100 = 8.900

ii. Cálculo da taxa de custo efetivo da operação

$M = C \times (1 + i)^n$
$10.000 = 8.900 \times (1 + i)^2$
$i = 5,9998\%$ a.m.

Utilizando uma calculadora financeira:

2 ⟶ n

8.900 CHS ⟶ PV

0 ⟶ PMT

10.000 ⟶ FV

↓

i ⟶ 5,9998% a.m.

Os valores dos encargos apropriados em cada mês e os saldos apresentados nos balanços são os seguintes:

Data	Taxa de custo efetivo (i = 5,9998% a.m.)	Parcela	Saldo contábil no passivo
01/04/X4	–	–	8.900,00
30/04/X4	533,98	–	9.433,98
31/05/X4	566,02	10.000,00	–

Descrição dos eventos contabilizados:

1. Realização do desconto em 01/04/X4.
2. Apropriação dos encargos de competência do mês 04/X4.
3. Apropriação dos encargos de competência do mês 05/X4.
4. Pagamento do título pelo cliente em 01/06/X4.

Contas do ativo		Contas do passivo		Contas do resultado	
Caixa e equivalentes de caixa		**Títulos descontados**		**Encargos financeiros**	
(1) 8.900		(4) 10.000	10.000 (1)	(2) 533,98	
				(3) 566,02	
			–	1.100	
Clientes		**Encargos a apropriar**			
XXXXXX	10.000 (4)	(1) 1.100	533,98 (2)		
			566,02 (3)		
			–		

Observação:

Caso o cliente não efetue o pagamento do título, o crédito correspondente ao lançamento (4) será feito na conta Caixa e equivalentes de caixa.

Nesse tipo de operação, a empresa recebe o valor líquido correspondente à diferença entre o valor nominal dos títulos e o valor dos juros e das despesas adicionais cobradas pela instituição financeira.

Como os juros e os demais custos referem-se a períodos futuros, a empresa os reconhece, no momento inicial, em conta redutora da conta Títulos descontados no passivo. Com o passar do tempo, a empresa deve reconhecer como encargos financeiros os juros e as tarifas bancárias correspondentes a cada período em atendimento ao regime de competência.

No vencimento, se houver o pagamento do título pelo devedor, a empresa reconhece o vencimento da operação de desconto debitando a conta Títulos descontados e creditando a conta Clientes (ou outra conta representativa do título que fora descontado), pelo recebimento ocorrido. Se, contudo, no vencimento não houver o pagamento do título pelo cliente, a empresa paga para a instituição financeira o valor do respectivo título, debitando a conta Títulos descontados e creditando a conta Caixa e equivalentes de caixa.

8.3.2 Empréstimos e financiamentos

Os empréstimos e financiamentos referem-se a recursos que são obtidos junto às instituições financeiras, do país e do exterior. Normalmente, os empréstimos e financiamentos estão suportados por contratos, os quais estipulam as características contratadas como valor, forma de liberação dos recursos, condições de pagamento, taxa de juros, tipo de correção, garantias e outras.

Os juros incidentes sobre os empréstimos e financiamentos também devem ser contabilizados pelo regime de competência, ou seja, em função do tempo transcorrido e, desse modo, o seu reconhecimento independe da data de seu pagamento.

8.3.2.1 *Empréstimo bancário com taxa de juros fixada, atualizado pela variação de um indexador*

Suponha que a Cia. MMJ&B tenha obtido um empréstimo com as seguintes condições:

- Valor do empréstimo: $ 50.000
- Data do empréstimo: 31/10/X0
- Data de vencimento: 31/12/X0 (juros e principal)
- Taxa de juros compostos: 2% ao mês
- Índice de correção: TR (taxa referencial)

Os valores da variação da TR referentes aos meses de novembro e dezembro foram os seguintes:

Mês	Variação da TR (%)
11/X0	0,5
12/X0	0,6

Os valores da variação monetária (TR), dos juros e das parcelas pagas em cada mês, bem como os saldos da dívida no final de cada mês, são os seguintes:

Data	Variação monetária (TR)	Juros (2%)	Pagamento	Saldo contábil no passivo
31/10/X0	–	–	–	50.000
30/11/X0	250,00	1.005 (*)	–	51.255
31/12/X0	307,53	1.031,25	52.593,78	–

(*) Para os empréstimos que possuem algum tipo de indexador (dólar, TR, IGPM etc.) deve-se, primeiro, atualizar o valor da dívida em função do indexador e, depois, calcular os juros sobre o valor atualizado. Desse modo, o valor das despesas de juros é de 2% sobre $ 50.250.

Descrição dos eventos contabilizados:

1. Obtenção do empréstimo em 31/10/X0.
2. Apropriação da variação monetária e da despesa de juros de competência do mês 11/X0.
3. Apropriação da variação monetária e da despesa de juros de competência do mês 12/X0.
4. Pagamento do empréstimo corrigido em 31/12/X0.

Contas do ativo		Contas do passivo		Contas do resultado	
Caixa e equivalentes de caixa		Empréstimos		Encargos financeiros	
XXXXX	52.593,78 (4)	(4) 52.593,78	50.000,00 (1)	(2) 1.255,00	
(1) 50.000,00			1.255,00 (2)	(3) 1.338,78	
			1.338,78 (3)		
			–	2.593,78	

8.3.2.2 Empréstimo bancário com taxa de juros fixada, atualizado pela variação cambial

A Cia. Paulista obteve, em 01/05/X2, um empréstimo do exterior com as seguintes características:

- Valor do empréstimo: US$ 10.000
- Prazo do empréstimo: 2 meses
- Taxa de juros: 2% ao mês
- Forma de pagamento:
  - os juros são pagos mensalmente (não inclui a variação cambial)
  - o principal é pago integralmente no final
- As cotações do dólar (US$) nas diversas datas foram as seguintes:

Data	Cotação do US$	Variação cambial (%)
01/05/X2	R$ 1,00	–
31/05/X2	R$ 1,20	20
30/06/X2	R$ 1,32	10

Os valores da variação cambial, dos juros e das parcelas pagas em cada mês, bem como os saldos da dívida no final de cada mês, são os seguintes:

Data	Valor (em US$)	Taxa de câmbio	Valor (em R$)	Variação cambial	Juros	Parcela paga	Saldo contábil no passivo
01/05/X2	10.000	1,00	10.000	–	–	–	10.000
31/05/X2	10.000	1,20	12.000	2.000	240	240	12.000
30/06/X2	10.000	1,32	13.200	1.200	264	13.464	–

Descrição dos eventos contabilizados:

1. Obtenção do empréstimo em 01/05/X2.
2. Apropriação da variação cambial de competência do mês 05/X2.
3. Apropriação da despesa de juros de competência do mês 05/X2.
3a. Pagamento dos juros de 05/X2.
4. Apropriação da variação cambial de competência do mês 06/X2.
5. Apropriação da despesa de juros de competência do mês 06/X2.
5a. Pagamento dos juros de 06/X2.
6. Pagamento do empréstimo corrigido em 30/06/X2.

Contas do ativo			Contas do passivo				Contas do resultado	
Caixa e equivalentes de caixa				Empréstimos			Encargos financeiros	
XXXXX	240	(3a)	(3a)	240	10.000	(1)	(2)	2.000
(1) 10.000	264	(5a)	(5a)	264	2.000	(2)	(3)	240
	13.200	(6)	(6)	13.200	240	(3)	(4)	1.200
					1.200	(4)	(5)	264
					264	(5)		
					–			3.704

Os empréstimos obtidos em moeda estrangeira devem ser convertidos para moeda nacional à taxa de câmbio vigente na data da realização da operação. Assim, os US$ 10.000 obtidos em 01/05/X2 correspondiam, nessa data, a R$ 10.000.

Em 31/05/X2, dado que a taxa de câmbio era de R$ 1,20, deve-se atualizar o valor do empréstimo, uma vez que o valor original da dívida é de US$ 10.000. Dessa forma, os juros incidentes sobre a operação são de 2% ao mês sobre R$ 12.000 correspondentes a US$ 240 nesta data.

8.3.2.3 Empréstimo prefixado

Existem empréstimos que possuem valores de parcelas predeterminados, ou seja, os encargos financeiros são previamente estabelecidos. Nestes casos, a empresa recebe o valor líquido do empréstimo e os encargos incidentes na operação são contabilizados como despesa durante o prazo da operação em atendimento ao regime de competência. O passivo pode ser evidenciado em uma única conta que apresente o valor líquido em cada data ou com a utilização de duas contas: uma conta que apresenta o valor nominal do empréstimo (soma dos valores das parcelas futuras) e uma conta redutora que apresenta o valor dos encargos correspondentes a períodos futuros.

Exemplo - empréstimo prefixado com pagamentos parcelados

A Cia. ABC obteve, em 31/12/X2, um empréstimo com as seguintes características:

- Valor do empréstimo: $ 50.000
- Prazo do empréstimo: 3 meses
- Taxa de juros: 5% ao mês (regime de capitalização composta)
- Forma de pagamento: 3 parcelas mensais iguais (Tabela Price)
- A empresa deve pagar, adicionalmente, no dia da obtenção do empréstimo, despesas relacionadas com o contrato no valor de $ 500

Cálculo do valor das parcelas que serão pagas em cada mês

$$C = P \times \frac{(1+i)^n - 1}{i \times (1+i)^n} \qquad 50.000 = P \times \frac{(1+0,05)^3 - 1}{0,05 \times (1+0,05)^3}$$

$$\boxed{P = 18.360,43}$$

Utilizando uma calculadora financeira:

$3 \rightarrow n$

$5 \rightarrow i$

$50.000 \rightarrow PV$

$0 \rightarrow FV$

$\downarrow$ Modo END

$\boxed{PMT \rightarrow 18.360,43}$

Cálculo da taxa de custo efetivo da operação

$$C = PMT \times \frac{(1+i)^n - 1}{i \times (1+i)^n} \qquad 50.000 - 500 = 18.360,43 \times \frac{(1+i)^3 - 1}{i \times (1+i)^3}$$

$$\boxed{i = 5,5382\% \text{ a.m.}}$$

Utilizando uma calculadora financeira:

$3 \rightarrow n$

$18.360,43$ CHS $\rightarrow PMT$

$49.500 \rightarrow PV$

$0 \rightarrow FV$

$\downarrow$ Modo END

$\boxed{i \rightarrow 5,5382\% \text{ a.m.}}$

Com base na taxa de custo efetivo (5,5382% a.m.), os valores dos encargos financeiros de cada mês são os seguintes:

Data	Encargos financeiros (i = 5,5382% a.m.)	Parcela	Saldo contábil no passivo
31/12/X2	–	–	49.500,00
31/01/X3	2.741,41	18.360,43	33.880,98
28/02/X3	1.876,40	18.360,43	17.396,95
31/03/X3	963,48	18.360,43	–

Os valores dos encargos financeiros apropriados em cada mês referem-se aos juros e às despesas relacionadas com a obtenção do empréstimo, como se segue:

Data	Encargos financeiros (i = 5,5382% a.m.)	Juros contratuais (5%)	Amortização dos custos iniciais
31/12/X2	–	–	–
31/01/X3	2.741,41	2.500,00	241,41
28/02/X3	1.876,40	1.706,98	169,42
31/03/X3	963,48	874,31	89,17
Total	5.581,29	5.081,29	500,00

Descrição dos eventos contabilizados:

1. Obtenção do empréstimo em 31/12/X2.
2. Apropriação dos encargos de competência do mês 01/X3.
3. Pagamento da parcela de 01/X3.
4. Apropriação dos encargos de competência do mês 02/X3.
5. Pagamento da parcela de 02/X3.
6. Apropriação dos encargos de competência do mês 03/X3.
7. Pagamento da parcela de 03/X3.

1ª alternativa: não utilizando conta retificadora

Contas do ativo				Contas do passivo				Contas do resultado		
Caixa e equivalentes de caixa				**Empréstimos**				**Encargos financeiros**		
XXXXX	18.360,43	(3)	(3)	18.360,43	49.500,00	(1)	(2)	2.741,41		
(1) 49.500,00	18.360,43	(5)	(5)	18.360,43	2.741,41	(2)	(4)	1.876,40		
	18.360,43	(7)	(7)	18.360,43	1.876,40	(4)	(6)	963,48		
					963,48	(6)				
					–			5.581,29		

2ª alternativa: utilizando conta retificadora incluindo os juros e os custos de transação

Contas do ativo				Contas do passivo				Contas do resultado		
Caixa e equivalentes de caixa				**Empréstimos**				**Encargos financeiros**		
XXXXX	18.360,43	(3)	(3)	18.360,43	55.081,29	(1)	(2)	2.741,41		
(1) 49.500,00	18.360,43	(5)	(5)	18.360,43			(4)	1.876,40		
	18.360,43	(7)	(7)	18.360,43			(6)	963,48		
					–			5.581,29		

	Encargos a apropriar*	
(1) 5.581,29	2.741,41	(2)
	1.876,40	(4)
	963,48	(6)
	–	

* Este valor engloba os custos e os juros a apropriar.

▶ EXERCÍCIOS PROPOSTOS

▷ Exercício 1

A Aplicadora S.A. apresentava, em 31/12/X0, a seguinte situação patrimonial:

- Caixa e equivalentes de caixa: $ 100.000
- Valores a receber de clientes: $ 60.000
- Capital social: $ 160.000

Durante o ano de X1 ocorreram os seguintes eventos (não estão em ordem cronológica):

1. Vendas no valor de $ 200.000, das quais 80% foram recebidos à vista e o saldo será recebido em X2.
2. Compras de produtos para revenda no valor de $ 250.000, das quais 50% foram pagos à vista. O saldo final do estoque em 31/12/X1 era de $ 150.000.
3. As despesas de salários de X1 foram de $ 2.000 ao mês, e os salários de dezembro serão pagos em 05/01/X2. O restante foi pago em X1.
4. Em 01/09/X1 a empresa aplicou $ 10.000 em títulos que vencerão em 01/12/X2 à taxa de juros compostos de 2% a.m. A empresa classificou esses títulos como mensurados ao custo amortizado.
5. Em 01/10/X1 a empresa aplicou $ 20.000 em títulos que vencerão em 01/02/X2 à taxa de juros compostos de 1% a.m. A empresa classificou esses títulos como mensurados ao valor justo por meio do resultado.
6. Em 01/11/X1, a empresa aplicou $ 25.000 em outros títulos que vencerão em 01/06/X2, e a taxa de juros compostos contratada foi de 1,5% a.m. A empresa classificou esses títulos como mensurados ao valor justo por meio de outros resultados abrangentes.
7. A empresa adota o percentual de 3% sobre o saldo de Valores a receber de clientes para a constituição da EPCLD (Estimativa de Perdas com Créditos de Liquidação Duvidosa).

Informações adicionais:

8. Os títulos adquiridos pela empresa durante o ano apresentavam os seguintes valores de mercado em 31/12/X1:
- Títulos adquiridos em 01/09/X1: $ 10.950.
- Títulos adquiridos em 01/10/X1: $ 20.501.
- Títulos adquiridos em 01/11/X1: $ 25.500.

A partir dessas informações, pede-se:

a) Elaborar, para o ano de X1, a Demonstração do Resultado do Exercício, sabendo-se que a alíquota de imposto de renda é de 15%. A EPCLD não é dedutível e os ajustes a valores de mercado de aplicações financeiras não são considerados na apuração do imposto de renda do período.

b) Elaborar, para o ano de X1, a Demonstração das Mutações do Patrimônio Líquido, sabendo-se que a empresa adota a seguinte destinação dos resultados:
- reserva legal = 5% do lucro líquido;
- reserva estatutária = 10% do lucro líquido;
- dividendos = 25% do lucro líquido;
- reserva para expansão: lucro líquido remanescente.

c) Elaborar o Balanço Patrimonial em 31/12/X1.

▷ Exercício 2[2]

A Cia. Aplicwell S.A. efetuou aplicação financeira, em 31/12/X8, nas seguintes condições:

- Valor aplicado: $ 40.000
- Prazo: 3 anos
- Taxa de juros: 10% ao ano (juros compostos)
- Valor da curva, ao final de cada ano: $ 44.000; $ 48.400; $ 53.240
- Valor de mercado, ao final de cada ano: $ 41.000; $ 47.000; $ 53.240
- A aplicação financeira só pode ser resgatada na data do vencimento (final do 3º ano)

A partir dessas informações, pede-se:

a) Efetuar os lançamentos contábeis dos 3 anos, considerando três hipóteses:
- aplicação considerada como mensurada ao custo amortizado;
- aplicação considerada como mensurada ao valor justo por meio do resultado;
- aplicação considerada como mensurada ao valor justo por meio de outros resultados abrangentes.

b) Considere, no caso da 2ª alternativa (mensurada ao valor justo por meio do resultado), que a aplicação tenha sido vendida no 1º dia útil do 3º ano e que o valor de mercado nessa data era o mesmo do final do 2º ano. Refaça todos os lançamentos desde a compra do título até a data da venda.

▷ Exercício 3

A empresa Desconhecida S.A. apresentava, em 31/12/X0, a seguinte situação patrimonial:

- Caixa e equivalentes de caixa: $ 100.000
- Valores a receber de clientes: $ 50.000
- Capital social: $ 150.000

---

[2] Este exercício foi desenvolvido pelo Prof. Bruno Meirelles Salotti, professor doutor da Universidade de São Paulo.

Durante o ano de X1, ocorreram os seguintes eventos (não estão em ordem cronológica):

1. Vendas no valor de $ 400.000, das quais 80% foram recebidas à vista e o saldo será recebido em X2.
2. Compras de produtos para revenda no valor de $ 500.000, que foram pagos à vista. O saldo final do estoque em 31/12/X1 era de $ 300.000.
3. As despesas de salários de X1 foram de $ 4.000 ao mês, e os salários de dezembro serão pagos em 05/01/X2.
4. Em 01/07/X1, a empresa obteve um empréstimo de $ 90.000 com as seguintes características:
   - Data de vencimento: 30/06/X2.
   - Taxa de juros: 2% ao mês (**juros compostos**).
   - Pagamento de principal e juros na data de vencimento.
5. Em 15/10/X1, a empresa obteve um empréstimo no valor de $ 6.480, que será pago integralmente (principal e juros) em 15/02/X2. A taxa de juros contratada foi de 2,4114% ao mês (juros simples) e as despesas e comissões bancárias cobradas no ato do empréstimo totalizaram $ 100. A taxa de custo efetivo da operação é de 2,8103% a.m.
6. Em 01/09/X1, a empresa obteve um empréstimo de $ 50.000 com as seguintes características:
   - Data de vencimento: 30/03/X2.
   - Pagamento de principal e juros na data de vencimento.
   - Taxa de juros: 2% ao mês (juros compostos) mais a variação do Índice Geral de Preços do Exercício (IGPE). O IGPE variou 5% no mês de dezembro de X1.
7. Em 01/11/X1, a empresa realizou uma operação de desconto de valores a receber de clientes cujo valor total era $ 50.000, com data de vencimento em 01/02/X2. Os seguintes encargos foram pagos à vista:
   - Taxa de desconto: 3% ao mês.
   - Despesas de cobrança: 1% do valor dos títulos descontados.

   A taxa de custo efetivo é 3,5744% a.m.
8. A empresa adota o percentual de 3% sobre o saldo de valores a receber de clientes para a constituição da EPCLD.

A partir dessas informações, pede-se:

a) Elaborar, para o ano de X1, a Demonstração do Resultado do Exercício, sabendo-se que a alíquota de imposto de renda é de 30% e que a EPCLD não é dedutível no período.

b) Elaborar, para o ano de X1, a Demonstração das Mutações do Patrimônio Líquido, sabendo-se que a empresa adota a seguinte destinação dos resultados:
   - reserva legal: 5% do lucro líquido;
   - reserva estatutária: 10% do lucro líquido;

- o saldo remanescente de lucros acumulados será distribuído aos acionistas, e o dividendo obrigatório previsto no estatuto da empresa é de 25% do lucro líquido.
c) Elaborar o Balanço Patrimonial em 31/12/X1.

▷ Exercício 4

A Cia. Tempestade S.A. efetuou durante o ano de X1 as seguintes operações financeiras:

- Em 01/10/X1, foi ao Banco Drabesco S.A. e realizou um desconto de títulos, cujo valor total era de $ 10.000.000 e com vencimento em 01/03/X2. O banco adotou a taxa de desconto comercial de 8% ao mês e ainda cobrou despesas iniciais de $ 200.000. Todos os encargos foram pagos à vista pela empresa. A taxa de custo efetivo é de 11,5102% a.m.
- Em 01/11/X1, efetuou outro desconto de títulos de sua emissão no Banco Frasa S.A. no valor de $ 5.000.000, com vencimento em 90 dias e taxa de desconto comercial de 5% ao mês. Tanto os juros como as despesas de cobrança de $ 15.000 foram pagos à vista pela empresa. A taxa de custo efetivo é 5,6912% a.m.
- Em 30/11/X1, obteve um empréstimo de $ 8.000.000 no Banco Estrangeiro S.A. a ser pago em 31/05/X2. A taxa de juros foi de 3% ao mês (juros compostos) e o empréstimo é corrigido pela variação da TR (taxa referencial). Todos os encargos serão pagos no vencimento do contrato.
- Em 31/12/X1, obteve no Banco Itaó S.A. um empréstimo de $ 6.000.000 a ser pago em 31/12/X2. A taxa de juros foi de 5% ao mês (juros compostos) mais a correção pela TR (taxa referencial). Todos os encargos serão pagos no vencimento do contrato.

A variação mensal da TR (taxa referencial) foi:

Mês/Ano	Variação (%)
Setembro/X1	7
Outubro/X1	8
Novembro/X1	9
Dezembro/X1	10

A partir dessas informações, pede-se:

a) Efetuar todos os lançamentos correspondentes à obtenção dos quatro empréstimos.
b) Efetuar todos os lançamentos necessários à apuração do resultado de X1.
c) Apresentar o saldo de todas as contas relativas aos empréstimos que devem figurar no balanço patrimonial de 31/12/X1.

▷ **Exercício 5**

A empresa Bicicletas Baloi S.A. apresentava, em 30/06/X0, os saldos das seguintes contas:

Caixa e equivalentes de caixa $ 33.165; Valores a receber de clientes $ 8.820; Fornecedores $ 15.859; Salários a pagar $ 2.031; EPCLD $ 617; Instalações $ 10.000; Capital social $ 70.000; Reserva para expansão $ 11.035; Terrenos $ 16.000; Estoques $ 6.000; Imóvel $ 30.000; Impostos e encargos a recolher $ 2.272; Reserva legal $ 102; Dividendos a pagar $ 485; e IR a pagar $ 1.584.

A empresa realizou durante os meses de julho e agosto de X0 as seguintes operações:

1. Obtenção, em 01/07/X0, de um empréstimo, no valor de $ 15.000, com juros compostos de 6% ao bimestre, com vencimento em 01/10/X2. Tanto os juros quanto o principal serão pagos no vencimento.
2. Em 01/07/X0, efetuou o desconto de valores a receber do Cliente F, cujo valor era de $ 5.000, com vencimento para 31/08/X0. A instituição financeira descontou $ 200 referentes aos juros e $ 100 referentes à comissão. A taxa de custo efetivo é 3,1421% a.m.
3. Recebimento de $ 500 de um cliente, considerado incobrável em 22/12 do ano anterior.
4. Venda de $ 15.000 para o Cliente D, sendo 50% à vista com desconto de 5% sobre a parcela à vista.
5. Compra de mercadorias, à vista, no valor de $ 6.000, com desconto de 10%.
6. Devolução de venda no valor de $ 1.000 e abatimento sobre as restantes no valor de $ 200 (referente ao item 4) a descontar da parcela a prazo.
7. Pagamento antecipado de uma dívida com fornecedores cujo valor total era de $ 3.500, obtendo um desconto de 6%.
8. Pagamento de frete sobre compras no valor de $ 200.
9. Recebimento de $ 5.000 para entrega futura de mercadorias ao Cliente E.
10. O Cliente G foi considerado incobrável em 15/08/X0 em $ 250.
11. Pagamento, em 15/08/X0, de um seguro contra incêndio, no valor de $ 2.000, com validade até 15/12/X0.
12. Em 31/08/X0, efetuou outro desconto de títulos cujo valor total era de $ 4.000, com data de vencimento em 31/10/X0. A taxa de desconto comercial é 4% ao mês e a taxa de custo efetivo é 4,2572% a.m.
13. Foram debitados na conta da empresa $ 5.000 referentes a um título anteriormente descontado e não pago pelo Cliente F.
14. O inventário final dos estoques, em 31/08/X0, era de $ 4.000.
15. Pagamento de diversas contas referentes ao mês de junho/X0: Salários a pagar, Dividendos a pagar e Impostos e encargos a recolher.
16. Constituição da provisão para devedores duvidosos para o período seguinte à base de 2% do saldo de valores a receber de clientes.

Informação adicional:

17. Considerar para fins de cálculo do IR os seguintes ajustes: despesa com EPCLD, reversão de EPCLD (se houver) e recuperação de créditos baixados anteriormente (se houver).

A partir dessas informações, pede-se:

a) Lançar os saldos iniciais e os ajustes referentes aos meses de julho e agosto em razonetes.
b) Fazer o encerramento e a apuração do resultado dos meses de julho e agosto, sabendo que a alíquota de imposto de renda é de 35% e que os lucros serão distribuídos da seguinte forma: Reserva legal = 5% do lucro líquido; Reserva estatutária = 10% do lucro líquido; Dividendos = 25% do lucro líquido; e Reserva para expansão = lucro líquido remanescente.
c) Elaborar a Demonstração do Resultado do período de julho a agosto de X0.
d) Elabore o Balanço Patrimonial em 31/08/X0.
e) Elabore a Demonstração das Mutações do Patrimônio Líquido de julho a agosto de X0.

▶ TESTES

Utilize as informações a seguir para responder aos testes 1 e 2.

A Cia. Financeira, em 01/12/X1, aplicou $ 430.000 em ativos financeiros, cujas características são apresentadas a seguir:

Valor aplicado ($)	Data de vencimento	Critério de mensuração	Taxa de juros (compostos)	Valor justo do título em 31/12/X1
150.000	30/06/X2	mensurado ao valor justo por meio do resultado	2% a.m.	160.000
100.000	30/09/X3	mensurado do custo amortizado	5% a.m.	110.000
180.000	30/11/X3	mensurado ao valor justo por meio de outros resultados abrangentes	1% a.m.	205.000

1. Com base nessas informações, o valor total apresentado no balanço patrimonial de 31/12/X1 para as três aplicações foi

    a) $ 439.800.
    b) $ 470.000.
    c) $ 475.000.
    d) $ 446.800.
    e) $ 463.000.

2. Com base nessas informações, o impacto total reconhecido na demonstração do resultado da Cia. Financeira no mês de dezembro de X1 foi

    a) $ 45.000 positivos.
    b) $ 9.800 positivos.
    c) $ 40.000 positivos.
    d) $ 16.800 positivos.
    e) $ 38.200 positivos.

Utilize as informações a seguir para responder aos testes 3 e 4.

A Cia. Inovadora obteve, em 30/11/X2, um empréstimo para fins de expansão. O valor do empréstimo obtido foi de $ 100.000, para pagamento integral (principal e juros) em 30/11/X4 e taxa de juros compostos de 4% a.m. Os custos incorridos e pagos para a obtenção deste empréstimo foram de $ 3.000.

3. Sabendo que o empréstimo é mensurado pelo custo amortizado, o reconhecimento desta operação, em 30/11/X2, provocou um aumento de

   a) $ 97.000 no passivo não circulante.
   b) $ 100.000 no ativo circulante.
   c) $ 100.000 no passivo não circulante, apenas.
   d) $ 256.330 no passivo não circulante.
   e) $ 100.000 no passivo não circulante e uma redução de $ 3.000 no resultado do período.

4. Sabendo que a taxa efetiva de juros é de 4,13% ao mês, o impacto relativo a este empréstimo reconhecido na demonstração do resultado da Cia. Inovadora, no mês de dezembro de X2, foi

   a) $ 2.000 negativos.
   b) $ 4.000 negativos.
   c) $ 4.006 negativos.
   d) $ 4.130 negativos.
   e) $ 6.000 negativos.

5. A Cia. Antecipada realizou um desconto de títulos no valor de $ 60.000 em 01/10/X3. As características da operação são as seguintes:

   - Taxa de desconto comercial: 3% a.m.
   - Prazo de vencimento: 60 dias
   - Despesas iniciais: $ 200

   Com base nessas informações, é correto afirmar que a Cia. Antecipada

   a) recebeu $ 60.000, em 01/10/X3.
   b) reconheceu apenas títulos descontados no valor de $ 60.000, em 01/10/X3.
   c) reconheceu títulos descontados no valor de $ 59.800 e despesa financeira no valor de $ 200, em 01/10/X3.
   d) reconheceu títulos descontados no valor de $ 60.000 e despesa financeira no valor de $ 3.800, em 01/10/X3.
   e) reconheceu títulos descontados no valor de $ 60.000 e encargos a apropriar no valor de $ 3.800, em 01/10/X3.

9 INVESTIMENTOS

9.1 Introdução

Os investimentos de caráter permanente são classificados em um grupo específico no balanço patrimonial. O artigo 179, inciso III, da Lei nº 6.404/1976 e alterações posteriores, estabelece que em investimentos serão classificadas *"as participações permanentes em outras sociedades e os direitos de qualquer natureza, não classificáveis no ativo circulante, e que não se destinem* à *manutenção da atividade da companhia ou da empresa"*.

Verifica-se pelo texto legal que, em investimentos, deverão ser classificados tanto as participações permanentes em outras sociedades quanto os outros investimentos permanentes, tais como imóveis para utilização futura, obras de arte e imóveis não de uso. Os investimentos temporários não devem ser classificados nesse grupo e, sim, no ativo circulante ou realizável a longo prazo.

De modo simplificado, os investimentos podem ser classificados em:

- participações permanentes em outras sociedades;
- propriedades para investimento;
- outros investimentos permanentes.

A segregação entre os diversos tipos de investimentos se faz necessária, em função dos diferentes critérios de avaliação aplicados a eles.

9.2 Critérios de avaliação aplicáveis

Em relação aos diversos tipos de investimentos, têm-se os seguintes critérios de mensuração:

- Participações permanentes em outras sociedades
  - Método de custo
  - Método de equivalência patrimonial

- Propriedades para investimento
    - Método de custo
    - Valor justo (*Fair value*)

- Outros investimentos permanentes
    - Avaliados pelo custo, devendo ser feito ajuste ao valor de mercado se for identificada uma perda permanente

Este capítulo trata apenas de alguns aspectos relacionados com as participações permanentes em outras sociedades, pois o assunto é bastante complexo. Para mais informações, ver os seguintes pronunciamentos:

(i) Pronunciamento Técnico CPC 18 – Investimento em Coligada, em Controlada e em Empreendimento Controlado em Conjunto;

(ii) Pronunciamento Técnico CPC 36 – Demonstrações Consolidadas; e

(iii) ICPC 09 – Demonstrações Contábeis Individuais, Demonstrações Separadas, Demonstrações Consolidadas e Aplicação do Método de Equivalência Patrimonial.

9.3 Participações societárias

As participações permanentes em outras sociedades são caracterizadas pela aquisição, pela investidora, de ações ou cotas das empresas investidas. Normalmente, caracterizam-se como investimentos voluntários que representam uma extensão da atividade econômica desenvolvida pela empresa, podendo ser parte da ampliação desta atividade ou como forma de diversificação das atividades por ela desenvolvidas.

A Lei nº 6.404/1976 estabelece dois critérios para avaliar os investimentos permanentes em outras sociedades. O artigo 183 determina que os investimentos em participação no capital social de outras sociedades, ressalvado o disposto nos artigos 248 a 250, serão avaliados pelo **custo de aquisição**, deduzido de provisão para perdas prováveis na realização do seu valor, quando essa perda estiver comprovada como permanente, e que não será modificada em razão do recebimento, sem custo para a companhia, de ações ou cotas bonificadas.

O artigo 248 estabelece que, no balanço patrimonial da companhia, os investimentos em coligadas ou em controladas e em outras sociedades que façam parte de um mesmo grupo ou estejam sob controle comum serão avaliados pelo **método de equivalência patrimonial**.

Os critérios definidos para avaliação das participações societárias serão analisados a seguir.

9.3.1 Definição do critério de avaliação

O processo de identificação do critério de avaliação a ser adotado para as participações societárias é ilustrado na Figura 9.1.

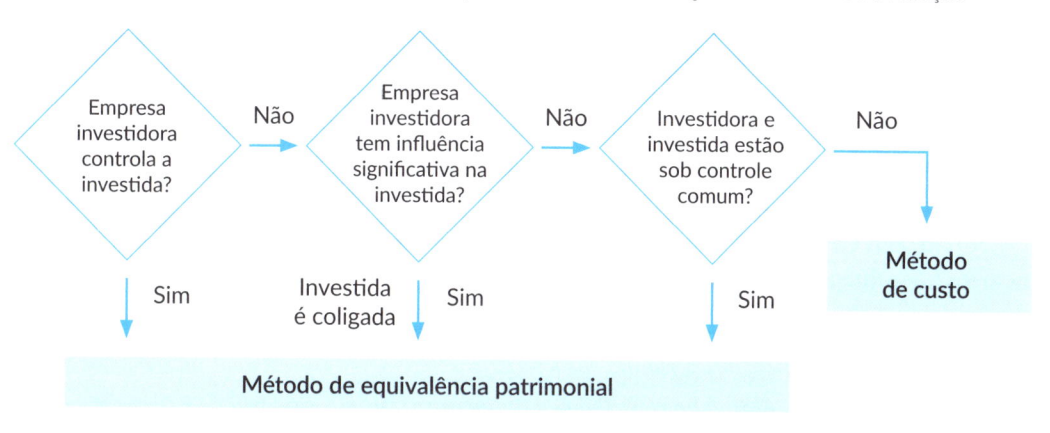

Figura 9.1 Participações societárias: processo de identificação do critério de avaliação

```
[Empresa investidora controla a investida?] --Não--> [Empresa investidora tem influência significativa na investida?] --Não--> [Investidora e investida estão sob controle comum?] --Não--> [Método de custo]
         |Sim                                         |Sim (Investida é coligada)                                  |Sim
         v                                            v                                                            v
                              [Método de equivalência patrimonial]
```

Se o investimento for realizado em empresa controlada, em empresa sobre a qual a investidora tenha influência significativa (caracterizada como coligada), ou em empresa que pertence a um mesmo grupo ou que esteja sob controle comum, deve ser obrigatoriamente avaliado pelo método de equivalência patrimonial. Caso contrário, adota-se o método de custo para a avaliação do investimento.

9.3.1.1 *Definição de controlada*

A Lei nº 6.404/1976 e o CPC 18 definem **controlada** como a entidade na qual a controladora, diretamente ou por meio de outras controladas, é titular de direitos de sócio que lhe assegurem, de modo permanente, **preponderância nas deliberações sociais** e o poder de eleger a maioria dos administradores.

Como regra, a empresa investidora deve **deter controle** sobre mais de 50% do **capital votante**[1] da empresa investida, mas há diversas exceções em que ocorre o controle com percentuais bem menores, em função de outras características da relação entre as empresas investidora e investida.

9.3.1.2 *Definição de coligada*

A Lei nº 6.404/1976 e o CPC 18 definem **coligada** como uma entidade sobre a qual o investidor **tenha influência significativa** e que não se configura como uma controlada ou uma participação em um empreendimento sob controle conjunto (*joint venture*). Considera-se que há influência significativa quando a investidora detém ou exerce poder de participar nas decisões das políticas financeira e operacional da investida, **sem controlá-la**.

De acordo com a Lei nº 6.404/1976, artigo 243, parágrafo 5º, presume-se que haja influência significativa se a investidora possuir vinte por cento ou mais do capital votante da empresa investida, sem controlá-la. A esse respeito, o CPC 18, em seu item 5, esclarece que *"se o investidor mantém direta ou indiretamente (por meio de controladas, por exemplo),*

---

[1] Devem ser consideradas apenas as ações com direito a voto (ordinárias ou preferenciais em alguns casos), pois é esse tipo de ação que confere poder de deliberação nas assembleias.

vinte por cento ou mais do poder de voto da investida, presume-se que ele tenha influência significativa, a menos que possa ser claramente demonstrado o contrário".

Por sua vez, se o investidor detém, direta ou indiretamente, por meio de controladas, menos de 20% do poder de voto da investida, presume-se que ele não tenha influência significativa a menos que essa influência possa ser claramente comprovada. A propriedade substancial ou majoritária por outro investidor não necessariamente impede que o investidor tenha influência significativa.

O mesmo CPC 18, no item 6, apresenta as condições a serem analisadas para identificar se há influência significativa:

> *A existência de influência significativa por um investidor pode ser evidenciada por uma ou mais das seguintes características:*
>
> *a) representação no conselho de administração ou na diretoria da investida;*
>
> *b) participação nos processos de elaboração de políticas, inclusive em decisões sobre dividendos e outras distribuições;*
>
> *c) operações materiais entre o investidor e a investida;*
>
> *d) intercâmbio de diretores ou gerentes;*
>
> *e) provimento de informação técnica essencial.*

A Figura 9.2 ilustra as possíveis classificações de um investimento em participações permanentes em outras sociedades.

Figura 9.2 Classificações de um investimento

```
                        INVESTIDORA
         ┌──────────────────┼──────────────────┐
  Investidora tem poder   Investidora tem
     de deliberação    influência sem deter controle
         │                  │                  │
    Controlada           Coligada           Outros
                                         investimentos
```

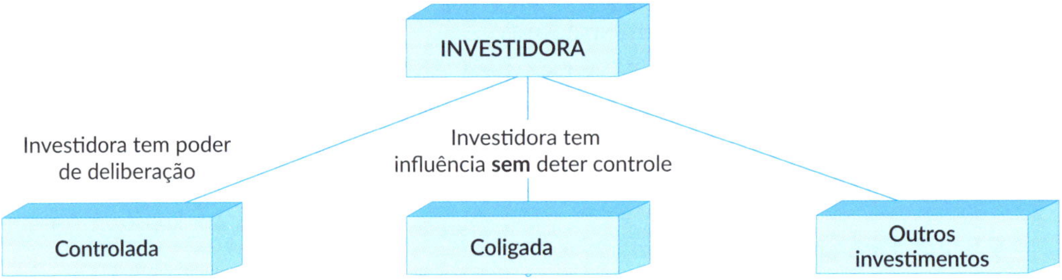

9.4 Métodos de avaliação

9.4.1 Método de custo

Os investimentos avaliados pelo custo de aquisição referem-se a investimentos realizados em sociedades que não são consideradas coligadas ou controladas e que não fazem parte do mesmo grupo ou estejam sob controle comum. De modo geral, os investimentos avaliados pelo método de custo são os menos significativos.[2]

---

[2] É importante salientar que a norma internacional (*International Financial Reporting Standards* – IFRs) não admite o método de custo para a avaliação de participações permanentes, exceto em situações muito específicas. Se a investidora não controla a investida nem se caracteriza a coligação, a norma entende que não se trata de participação permanente, mas sim de uma aplicação em instrumento financeiro que deve ser avaliada pelo valor justo.

Esses investimentos são registrados pelo valor de custo desde a data da aquisição até a data de sua venda, devendo ser ajustados ao provável valor de realização quando o valor de mercado for inferior ao custo e se caracterizar como permanente (deve-se, então, constituir uma **estimativa para perdas**).

Os lucros obtidos pela participação são contabilizados somente quando da declaração de dividendos por parte da empresa investida, ou quando do recebimento de dividendo (caso não tenha havido a declaração anterior de dividendos). Percebe-se, assim, que o reconhecimento do resultado da participação na investidora não fica associado à geração do lucro na empresa investida, mas sim à distribuição desse lucro, fazendo que o reflexo do resultado da investida somente se reflita no resultado da investidora no período em que esse lucro for distribuído na forma de dividendos. Por sua vez, caso a empresa investida apresente um prejuízo, não ocorre o reflexo desse resultado no valor do investimento da empresa investidora, a menos que seja constituída uma estimativa para perdas permanentes que não está diretamente associada ao prejuízo que a investida apresentou nesse período.

O nome geralmente adotado para a conta do resultado na empresa investidora, que representa a sua participação no resultado da empresa investida (distribuído na forma de dividendos), é **receita de dividendos**.

Exemplo

a) A Investidora S.A. adquiriu, em 30/05/X1, uma participação na Empresa A no valor de $ 100.000, que corresponde a 10% das ações da empresa investida. A Investidora S.A. não detém controle nem tem influência significativa na Empresa A.

No momento da aquisição, a Investidora S.A. faz a seguinte contabilização:

Caixa e equivalentes de caixa			Investimentos	
XXXXX	100.000 (1)		(1) 100.000	

b) Em X1, a Empresa A obteve um lucro de $ 100.000 e em seu balanço patrimonial, em 31/12/X1, apresentava o valor de $ 50.000 a título de dividendos propostos.

Com base nessas informações, a empresa Investidora S.A. fez os seguintes lançamentos:

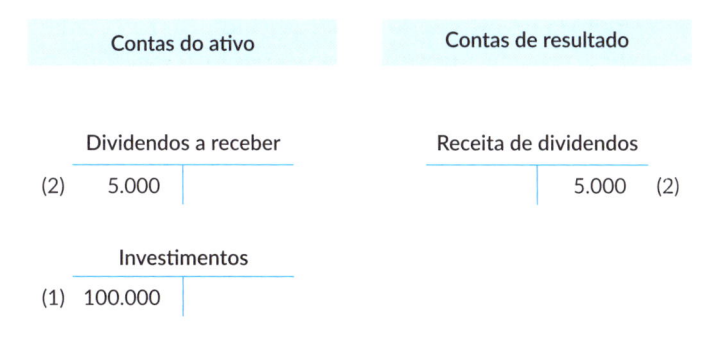

Contas do ativo	Contas de resultado

Dividendos a receber		Receita de dividendos	
(2) 5.000			5.000 (2)

Investimentos	
(1) 100.000	

Valor dos dividendos a receber = 50.000 × 10% = 5.000

c) Em 30/04/X2, a Empresa A pagou os dividendos propostos no balanço de 31/12/X1.

Caixa e equivalentes de caixa		Dividendos a receber	
XXXXX		(2) 5.000	5.000 (3)
(3) 5.000			
		–	

Por esse método, o valor do investimento registrado pela Investidora S.A. não se altera e a distribuição de dividendos, no valor de $ 5.000, afeta somente seu resultado.

9.4.2 Método de equivalência patrimonial

Os investimentos avaliados pelo método de equivalência patrimonial referem-se a investimentos realizados em coligadas, em controladas e em sociedades que façam parte do mesmo grupo ou estejam sob controle comum. De modo geral, referem-se aos investimentos mais significativos.

9.4.2.1 Análise da Lei nº 6.404/1976 e alterações posteriores

O artigo 248 estabelece que, no balanço patrimonial da companhia investidora, o valor do investimento será determinado mediante a aplicação, sobre o valor do patrimônio líquido da investida, da porcentagem de participação no capital da coligada ou controlada.

O mesmo artigo estabelece que o valor do patrimônio líquido da coligada ou da controlada será determinado com base em balanço patrimonial ou balancete de verificação levantado na mesma data, ou até 60 dias, no máximo, antes da data do balanço patrimonial da companhia, desconsiderando os resultados não realizados decorrentes de negócios com a companhia, ou com outras sociedades coligadas à companhia, ou por ela controladas.

A diferença entre o novo valor apurado para o investimento e o valor apurado anteriormente deve ser contabilizada como receita ou despesa do período se:

- decorrer de lucro ou prejuízo apurado na coligada ou controlada;
- corresponder, comprovadamente, a ganhos ou perdas efetivos.

Desse modo, o valor do investimento deve equivaler, em cada balanço patrimonial, ao percentual de participação da investidora no capital da investida multiplicado pelo valor do patrimônio líquido desta na data do balanço, e a diferença entre o valor contábil do investimento no início do exercício social e o valor apurado no final do exercício social será registrada no resultado da investidora se decorrer de lucro ou prejuízo apurado na coligada ou controlada ou corresponder a ganhos ou perdas efetivos. Outros eventos que impactarem diretamente o patrimônio líquido da investida, como diferenças de conversão em moeda estrangeira, também serão reconhecidos diretamente no patrimônio líquido da investidora em contrapartida do investimento.

O nome geralmente adotado para a conta do resultado na empresa investidora é **resultado de equivalência patrimonial** (sigla usual, REP).

▶ EXERCÍCIO RESOLVIDO (DE ACORDO COM A LEI N° 6.404/1976)

A Investidora S.A. adquiriu, em 30/05/X1, a participação na Empresa B pelo valor de $ 100.000, que corresponde a 80% das ações da empresa investida. O patrimônio líquido da Empresa B era de $ 125.000.

No momento da **aquisição**, a Investidora S.A. faz a seguinte contabilização:

Caixa e equivalentes de caixa			Investimento em B	
XXXXX	100.000	(1)	(1) 100.000	

A Figura 9.3 mostra a equivalência entre o valor do investimento na empresa Investidora S.A. e o patrimônio líquido da Empresa B.

Figura 9.3 Empresa B e Investidora S.A.: equivalência entre patrimônio líquido e valor do investimento

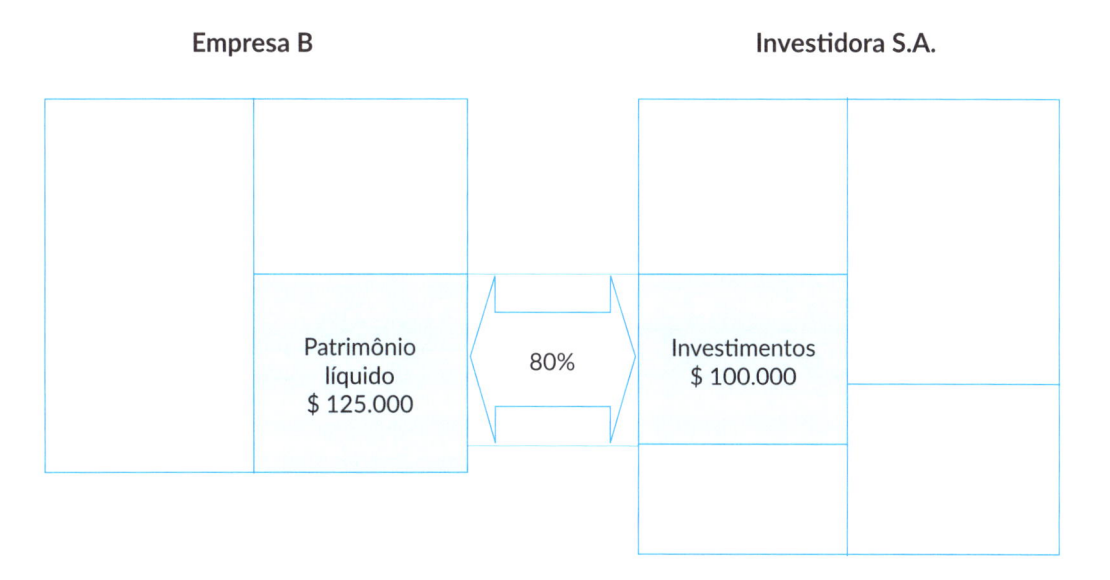

Em um investimento avaliado por equivalência patrimonial, qualquer alteração no patrimônio líquido da empresa investida implica alteração no valor do investimento na investidora.

Supondo-se que o patrimônio líquido da Empresa B, em 31/12/X1, apresentava o saldo de $ 155.000, como consequência de um lucro de $ 30.000, tem-se a seguinte contabilização:

- O investimento avaliado por equivalência patrimonial na Investidora S.A. deve aumentar em $ 24.000 (80% × $ 30.000) para que o seu valor seja equivalente ao PL de B. Como contrapartida, tem-se o reconhecimento do REP.
    - Valor do investimento = $ 155.000 × 80% = $ 124.000.

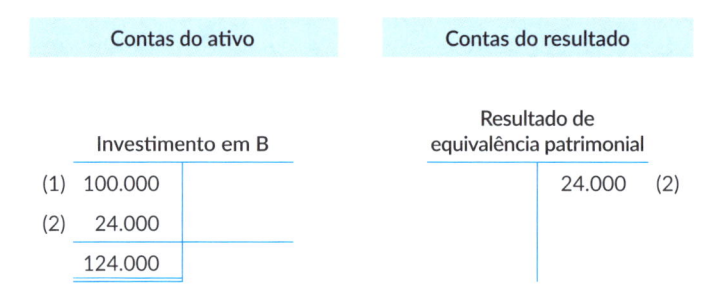

	Contas do ativo		Contas do resultado	
	Investimento em B		Resultado de equivalência patrimonial	
(1)	100.000		24.000	(2)
(2)	24.000			
	124.000			

A Figura 9.4 mostra que a equivalência entre o valor do investimento na Investidora S.A. e o patrimônio líquido na Empresa B se mantém.

Figura 9.4 Mantém-se a equivalência entre o valor do investimento na Investidora e o patrimônio líquido da Empresa B

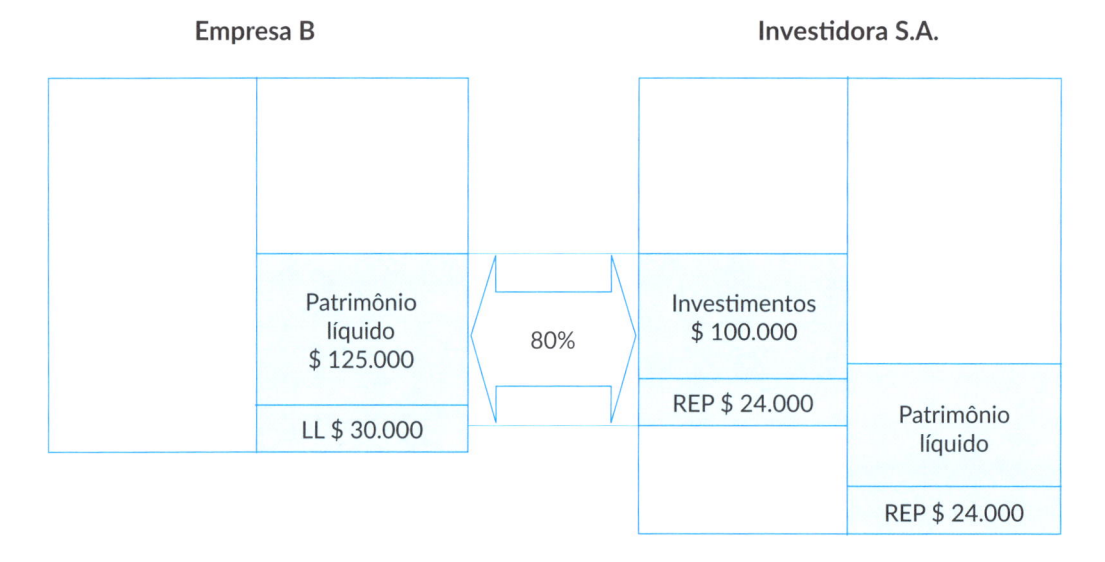

Empresa B

Patrimônio líquido $ 125.000

LL $ 30.000

80%

Investidora S.A.

Investimentos $ 100.000

REP $ 24.000

Patrimônio líquido

REP $ 24.000

Supondo-se que, em 10/01/X2, a Empresa B pagou $ 20.000 a título de **dividendos**, têm-se a seguinte contabilização:

- O investimento, que é avaliado por equivalência patrimonial na Investidora S.A., deve ser diminuído em $ 16.000 (80% × $ 20.000) para que seu valor seja equivalente ao patrimônio líquido de B, o qual passou para $ 135.000 após a redução do valor dos dividendos distribuídos.

  Valor do investimento = $ 135.000 × 80% = $ 108.000.

	Caixa e equivalentes de caixa				Investimento em B		
	XXXXX	100.000	(1)	(1)	100.000	16.000	(3)
(3)	16.000			(2)	24.000		
					108.000		

No pagamento/distribuição de dividendos, há a realização de parte do resultado reconhecido como REP, pois este valor foi ou será recebido pela empresa Investidora S.A.

Desse modo, o saldo final do investimento em B é **sempre** equivalente à participação da Investidora S.A. (80%) no patrimônio líquido de B, conforme demonstrado na Figura 9.5.

Figura 9.5 Equivalência do saldo final do investimento na Empresa B

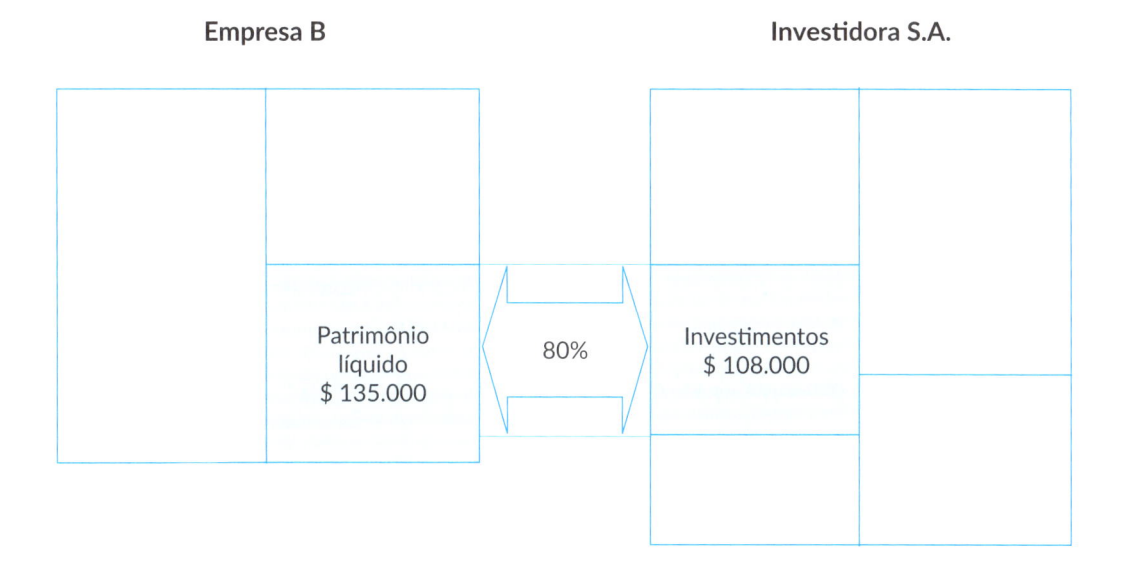

Empresa B	Investidora S.A.
Patrimônio líquido $ 135.000	80% → Investimentos $ 108.000

9.4.2.2 Análise do Pronunciamento Técnico CPC 18

O CPC 18, no item 10, estabelece que, pelo método de equivalência patrimonial, um investimento em coligada, em empreendimento controlado em conjunto e em controlada é **inicialmente reconhecido pelo custo** e o seu valor contábil será aumentado ou diminuído pelo reconhecimento da participação do investidor nos lucros ou prejuízos gerados pela investida em cada período posterior à aquisição.

A parte do investidor no lucro ou prejuízo da investida é reconhecida no resultado da investidora como resultado de equivalência patrimonial em cada período e as distribuições de dividendos feitas pelas investidas reduzem o valor contábil dos investimentos.

Outros ajustes no valor contábil do investimento também são necessários para reconhecer a participação proporcional da investidora nas variações de saldo de outros eventos reconhecidos diretamente no patrimônio líquido da investida, ou seja, a investidora também reconhece no seu patrimônio líquido os eventos que alteram diretamente o patrimônio líquido da investida, ajustando, assim, o valor contábil dos investimentos e de seu patrimônio líquido.

É importante destacar que, na aquisição de investimentos, o valor-base para o cálculo do valor do investimento pela equivalência patrimonial é o valor justo líquido dos ativos e passivos da investida e não o valor contábil do patrimônio líquido constante no seu balanço patrimonial. Desse modo, abandona-se o valor contábil da investida como parâmetro para se determinar o valor do investimento, **critério que difere do que é previsto na Lei nº 6.404/1976**.

O CPC 18, no item 32, define que, na aquisição do investimento, quaisquer diferenças entre o custo do investimento e a parte do investidor no valor justo líquido de ativos e passivos identificáveis da investida devem ser contabilizadas, no balanço individual, do seguinte modo:

a) Se for ágio, que corresponde ao excedente do custo do investimento sobre a parte do investidor no valor justo líquido de ativos e passivos identificáveis da investida, fundamentado em rentabilidade futura (*goodwill*) relativo a uma coligada ou controlada, deve ser incluído no valor contábil do investimento e sua amortização não é permitida (fica sujeito ao teste de *impairment*).

b) Se for deságio, que corresponde ao excedente da parte do investidor no valor justo líquido de ativos e passivos identificáveis da investida sobre o custo do investimento, deve ser incluído como receita na determinação da parte do investidor nos resultados da investida no período em que o investimento for adquirido.

Considerando o disposto no CPC 18 e o fato de o patrimônio líquido da investida não ser ajustado em função do valor justo líquido de ativos e passivos identificáveis da investida, o valor pago pela investidora deve ser alocado em:

1. Equivalência patrimonial: valor referente à participação no patrimônio líquido contábil da investida.
2. Mais valia: valor referente à participação na diferença entre o patrimônio líquido contábil e o patrimônio líquido a valor justo da investida.
3. Ágio, caso o valor pago seja maior que a soma dos itens 1 e 2.
4. Caso o valor pago seja inferior à participação no patrimônio líquido a valor justo da investida, a investidora deve reconhecer a diferença (deságio) diretamente no resultado do período em que ocorrer a aquisição da participação acionária.

Analisando os critérios definidos pela Lei nº 6.404/1976 e os definidos pelo CPC 18, verifica-se que há diferenças no reconhecimento inicial do investimento, como comentado a seguir:

Evento	Regulamentação	
	Lei nº 6.404/1976	CPC 18
Valor-base para cálculo do investimento	Patrimônio líquido contábil	Valor justo líquido de ativos e passivos identificáveis
Reconhecimento inicial	Percentual de participação sobre o PL contábil	Custo de aquisição OU percentual de participação sobre o valor justo líquido de ativos e passivos identificáveis. Deve-se registrar o MAIOR dos dois valores
Valor do ágio	Diferença entre o custo de aquisição e percentual de participação sobre o patrimônio líquido contábil	Diferença entre o custo de aquisição e o percentual de participação sobre o valor justo líquido de ativos e passivos identificáveis
Ágio	Reconhecido como ágio (separadamente)	Integra o valor do investimento (custo)
Deságio	Reconhecido como deságio (retificadora de ativo)	Reconhecido como ganho no exercício social em que o investimento foi adquirido

Desse modo, o valor do investimento reconhecido na investidora, de acordo com o CPC 18, **só será equivalente** à participação da investidora no patrimônio líquido da investida se este for igual ao patrimônio líquido a valor justo e não houver ágio na aquisição.

Nas mensurações subsequentes, a investidora deverá atualizar o valor do investimento para refletir sua participação no resultado apurado pela investida, em contrapartida do resultado de equivalência patrimonial. Adicionalmente, a investidora deverá efetuar ajustes para refletir as diferenças entre o valor contábil e o valor justo do patrimônio líquido da investida, como, por exemplo, ajustar o resultado para considerar a depreciação de ativos com base nos respectivos valores justos na data de aquisição, além de eventuais retificações por conta de perdas reconhecidas pela investida por redução do valor desses ativos ao seu valor recuperável (*impairment*).

▶ EXEMPLO (DE ACORDO COM OS CRITÉRIOS DO CPC 18)

O patrimônio líquido contábil da Cia. Investida, em 31/12/X0, era de $ 8.000.000, e os valores constantes no balanço patrimonial, correspondentes ao saldo de estoques e aos saldos líquidos dos bens do seu ativo imobilizado, eram os seguintes:

Conta	Saldo (em $)
Estoques	2.800.000
Veículos	200.000
Edifícios	1.700.000

A empresa Investidora com Ágio S.A. adquiriu 60% das ações com direito a voto da Cia. Investida, assumindo o seu controle. À exceção das contas apresentadas no quadro anterior, todos os demais ativos e passivos constantes no balanço patrimonial da Cia. Investida estão registrados por seus valores justos. Os valores justos das contas da tabela anterior são:

Conta	Saldo (em $)
Estoques	2.850.000
Veículos	250.000
Edifícios	3.750.000

A partir dessas informações, pede-se:

a) Determinar o valor justo dos ativos líquidos da Cia. Investida em 31/12/X0.
b) Efetuar o registro da aquisição do investimento pela empresa Investidora com Ágio S.A. em 31/12/X0, nas seguintes situações:
   1ª – O valor pago foi de $ 6.090.000.
   2ª – O valor pago foi de $ 6.000.000.
   3ª – O valor pago foi de $ 7.000.000.

c) Em 31/12/X1, o patrimônio líquido da Cia. Investida era de $ 8.165.000 e a variação em relação ao saldo anterior se deveu exclusivamente ao resultado obtido no ano. Sabe-se que os estoques existentes no balanço patrimonial da Cia. Investida no momento da aquisição das ações foram integralmente vendidos e que as vidas úteis remanescentes dos demais ativos eram as seguintes:

Conta	Vida útil
Veículos	5 anos
Edifícios	25 anos

Efetue os registros correspondentes ao investimento relativos ao ano de X1, para as três situações propostas no item b.

d) Se, em 31/12/X1, o patrimônio líquido da Cia. Investida fosse $ 8.365.000 e a variação em relação ao saldo anterior se devesse a um lucro de $ 165.000 e a uma parcela de ajuste de avaliação patrimonial de $ 200.000 registrado pela Cia. Investida, efetue os registros correspondentes ao investimento relativos ao ano de X1, para as três situações propostas no item b.

e) Em 20/05/X2, a Cia. Investida pagou dividendos no valor de $ 30.000. Efetue os registros correspondentes ao investimento relativos ao ano de X2, para as três situações propostas no item b.

▷ Solução

a)

Como a Investidora com Ágio S.A. assumiu o controle da Cia. Investida, é necessário calcular o valor justo dos ativos líquidos da Cia. Investida, que corresponde à diferença entre o valor justo dos ativos deduzido do valor justo dos passivos. Esse valor será a base para a determinação do valor do investimento na Investidora com Ágio S.A.

Assim, têm-se os seguintes valores para a determinação do valor justo dos ativos líquidos da Cia. Investida, em 31/12/X0:

Itens do balanço	Valor contabilizado (em $)	Valor justo (em $)	Diferença a atualizar (em $)
Estoques	2.800.000	2.850.000	50.000
Veículos	200.000	250.000	50.000
Edifícios	1.700.000	3.750.000	2.050.000
Totais	4.700.000	6.850.000	2.150.000

Assim, o valor justo dos ativos líquidos da Cia. Investida é de **$ 10.150.000** ($ 8.000.000 + $ 2.150.000). Como a Investidora com Ágio S.A. adquiriu 60% de participação, o valor do investimento equivalerá a **$ 6.090.000** (60% de $ 10.150.000).

▷ Solução

b)

1ª situação

O valor pago pela investidora foi de **$ 6.090.000**, que corresponde exatamente a 60% do valor justo dos ativos líquidos da Cia. Investida. Assim, teríamos o seguinte registro na aquisição da participação:

Caixa e equivalentes de caixa			Investimentos	
XXXXX	6.090.000 (1)	(1)	4.800.000	
		(1)	1.290.000	
			6.090.000	

O valor pago ($ 6.090.000) foi alocado em:

- Equivalência patrimonial: participação no patrimônio líquido da Cia. Investida = 60% × $ 8.000.000 = $ 4.800.000.
- Mais valia: participação na diferença entre o patrimônio líquido contábil e o patrimônio líquido a valor justo = 60% × $ 2.150.000 = $ 1.290.000.

Como o valor pago pela investidora correspondeu exatamente ao percentual adquirido multiplicado pelo valor justo dos ativos líquidos da Cia. Investida, ocorre apenas o registro do valor do investimento pelo custo.

2ª situação

O valor pago pela investidora foi de **$ 6.000.000**. Assim, teríamos o seguinte registro na aquisição da participação:

Caixa e equivalentes de caixa			Investimentos		Ganho por compra vantajosa	
XXXXX	6.000.000 (1)	(1)	4.800.000		90.000	(1a)
		(1)	1.200.000			
		(1a)	90.000			
			6.090.000		90.000	

Como o valor pago pela investidora foi menor que o valor obtido pela aplicação do percentual adquirido sobre o valor justo dos ativos líquidos da Cia. Investida, ocorreu uma compra vantajosa para a investidora. O valor do investimento deve corresponder ao percentual de participação sobre o valor justo dos ativos líquidos da Cia. Investida e a diferença para o valor pago foi registrada como um ganho de participação (equivalência patrimonial) no momento da aquisição da participação.

O valor pago ($ 6.000.000) foi alocado em:

- Equivalência patrimonial: participação no patrimônio líquido da Cia. Investida = 60% × $ 8.000.000 = $ 4.800.000.
- Mais valia: participação na diferença entre o patrimônio líquido contábil e o patrimônio líquido a valor justo = 60% × $ 2.150.000 = $ 1.290.000.

A diferença entre o valor correspondente à participação no patrimônio líquido a valor justo ($ 6.090.000) e o valor pago pelo investimento ($ 6.000.000) é registrada no resultado do período em que ocorre a aquisição. A contrapartida é registrada na conta de ativo que representa o investimento, fazendo com que a avaliação corresponda à participação no patrimônio líquido a valor justo ($ 6.090.000).

3ª situação

O valor pago pela investidora foi de **$ 7.000.000**. Assim, teríamos o seguinte registro na aquisição da participação:

Caixa e equivalentes de caixa			Investimentos	
XXXXX	7.000.000 (1)		(1) 4.800.000	
			(1) 1.290.000	
			(1) 910.000	
			7.000.000	

Como o valor pago pela investidora foi maior que o valor obtido pela aplicação do percentual adquirido sobre o valor justo dos ativos líquidos da Cia. Investida, ocorreu uma compra com ágio. Nesse caso, o valor do investimento deve englobar o valor total pago, segregando internamente o ágio pago na aquisição do investimento.

O valor pago ($ 7.000.000) foi alocado em:

- Equivalência patrimonial: participação no patrimônio líquido da Cia. Investida = 60% × $ 8.000.000 = $ 4.800.000.
- Mais valia: participação na diferença entre o patrimônio líquido contábil e o patrimônio líquido a valor justo = 60% × $ 2.150.000 = $ 1.290.000.
- Ágio: $ 7.000.000 – ($ 4.800.000 + $ 1.290.000) = $ 910.000.

▷ Solução

c)
Cálculo da parcela a ser deduzida do ganho da participação societária

A parcela paga pela investidora à investida, correspondente à diferença entre os valores contabilizados e o valor justo dos ativos e passivos da investida no momento da aquisição da participação, deverá ser registrada como uma diminuição do resultado de equivalência patrimonial de cada período, em função do período de realização dos ativos pela Cia. Investida. Os valores a serem registrados são apresentados a seguir:

Itens do balanço	Diferença apurada (em $)	Valor pago pela investidora (60%) (em $)	Prazo de realização na investida (em $)	Parcela anual a ser contabilizada (em $)
Estoques	50.000	30.000	1º ano	30.000 (*)
Veículos	50.000	30.000	5 anos	6.000
Edifícios	2.050.000	1.230.000	25 anos	49.200
Totais	2.150.000	1.290.000	-	-

(*) Como há a informação de que os estoques foram integralmente vendidos durante o ano de X1, esse valor total será contabilizado em X1 e afetará somente o resultado desse ano.

1ª situação

Como o lucro da investida foi de **$ 165.000** em X1, a parcela correspondente a 60% desse lucro será adicionada ao valor dos investimentos na investidora, caracterizando-se como resultado de equivalência patrimonial. O registro é o que se segue:

Pela contabilização do resultado de equivalência patrimonial

Composição da conta Investimentos		Resultado

Equivalência patrimonial		Mais valia		REP	
(1) 4.800.000		(1) 1.290.000			99.000 (2)
(2) 99.000					
4.899.000		1.290.000			99.000

As parcelas correspondentes à realização dos ativos na investida devem ser registradas em redução a esse resultado, em contrapartida à redução do valor do investimento, como apresentado a seguir:

Pela contabilização da redução do resultado de equivalência patrimonial

Composição da conta Investimentos						Resultado			
Equivalência patrimonial			Mais valia				REP		
(1) 4.800.000		(1) 1.290.000	30.000	(2a)	(2a)	30.000	99.000	(2)
(2) 99.000			6.000	(2b)	(2b)	6.000		
			49.200	(2c)	(2c)	49.200		
4.899.000			1.204.800					13.800	

2ª situação

Como o ganho obtido pela compra vantajosa da participação na investida foi contabilizado no momento da aquisição, a apuração do resultado pela participação da investidora é idêntica ao apresentado na **1ª situação** mostrada anteriormente, cujos registros são reapresentados a seguir:

Pela contabilização do resultado de equivalência patrimonial

Composição da conta Investimentos			Resultado	
Equivalência patrimonial		Mais valia	REP	
(1) 4.800.000		(1) 1.290.000	99.000	(2)
(2) 99.000				
4.899.000		1.290.000	99.000	

Pela contabilização da redução do resultado de equivalência patrimonial

Composição da conta Investimentos						Resultado			
Equivalência patrimonial		Mais valia				Resultado			
(1) 4.800.000		(1) 1.290.000	30.000	(2a)	(2a)	30.000	99.000	(2)
(2) 99.000			6.000	(2b)	(2b)	6.000		
			49.200	(2c)	(2c)	49.200		
4.899.000			1.204.800					13.800	

3ª situação

A apuração do resultado pela participação da investidora é idêntica ao apresentado nas duas situações (1ª e 2ª) expostas anteriormente, cujos registros são reapresentados a seguir:

Pela contabilização do resultado de equivalência patrimonial

Composição da conta Investimentos		Resultado	

Equivalência patrimonial		Mais valia		REP	
(1) 4.800.000		(1) 1.290.000			99.000 (2)
(2) 99.000					
4.899.000		1.290.000			99.000

Ágio	
(1) 910.000	
910.000	

Pela contabilização da redução do resultado de equivalência patrimonial

Composição da conta Investimentos				Resultado	

Equivalência patrimonial		Mais valia		REP	
(1) 4.800.000		(1) 1.290.000	30.000 (2a)	(2a) 30.000	99.000 (2)
(2) 99.000			6.000 (2b)	(2b) 6.000	
			49.200 (2c)	(2c) 49.200	
4.899.000		1.204.800			13.800

Ágio	
(1) 910.000	
910.000	

Como comentado, o ágio não é amortizado e está sujeito ao teste de *impairment*.

▷ **Solução**

d)
Nessa situação, ocorreram dois eventos que alteraram o patrimônio líquido da Cia. Investida: o lucro de $ 165.000 e a parcela de ajuste de avaliação patrimonial de $ 200.000 registrado pela Cia. Em relação ao lucro, os lançamentos são exatamente os mesmos já apresentados no item c, para as 3 situações.

1ª situação

Em relação ao ajuste de avaliação patrimonial de **$ 200.000**, a parcela correspondente a 60% desse valor será refletida no valor dos investimentos em contrapartida da conta ajuste de avaliação patrimonial, no patrimônio líquido da investidora, não transitando pelo resultado. O registro é o que se segue:

Pela contabilização do ajuste de avaliação patrimonial

Investimentos		Patrimônio líquido	
Equivalência patrimonial		Ajuste de avaliação patrimonial	
(1) 4.800.000			120.000 (3)
(2) 99.000			
(3) 120.000			
5.019.000			120.000

Para as 2ª e 3ª situações, o registro a ser efetuado é exatamente o mesmo ao apresentado aqui para a 1ª situação.

▷ **Solução**

e)

1ª situação

Como a investida pagou dividendos no valor de $ 30.000, a parcela correspondente a 60% desse dividendo reduzirá o valor dos investimentos na investidora, uma vez que o pagamento diminui o patrimônio líquido da Investida. O registro é o que se segue:

Investimentos				Ativo	
Equivalência patrimonial				Caixa e equivalentes de caixa	
(1) 4.800.000	18.000	(4)		XXXXX	
(2) 99.000			(4)	18.000	
(3) 120.000					
5.001.000					

Para as 2ª e 3ª situações, o registro a ser efetuado é exatamente o mesmo ao apresentado aqui para a 1ª situação.

9.4.3 Aspectos adicionais

Nas três situações analisadas, é necessária a realização do teste de recuperabilidade do ativo (*impairment*) para identificar se é possível a recuperação do valor do investimento realizado. Na 3ª situação, a análise deve ser realizada em relação ao valor total do investimento, incluindo o valor pago a título de ágio. Assim, o valor contabilizado para o investimento deve ser comparado com os seguintes valores:

a) Valor justo do investimento: esse valor corresponde ao valor de cotação das ações da investida no mercado ou, na sua ausência, corresponde ao percentual de participação da investidora na investida aplicado sobre o valor da empresa investida (obtido pelos critérios de avaliação normalmente adotados).

b) Valor em uso: corresponde ao valor presente dos fluxos de caixa líquidos futuros desse investimento. Esse valor pode ser obtido pelo cálculo do valor presente dos fluxos de caixa de dividendos esperados como resultado do investimento ou pela aplicação do percentual de participação da investidora na investida sobre o valor presente dos fluxos de caixa líquidos a serem gerados pela investida.

Caso os dois valores calculados sejam inferiores ao valor do investimento contabilizado, a empresa deve registrar uma perda, reduzindo o valor do investimento no ativo ao maior dos dois valores calculados em contrapartida do resultado do período.

9.5 Sociedade de propósito específico (SPE/EPE)

As sociedades de propósitos específicos possuem como características gerais:

- São sociedades cuja razão de existência é cumprir um negócio específico.
- Suas atividades são normalmente restritas.
- Podem ter prazo de duração determinado e serem extintas após a conclusão do negócio específico.
- Normalmente são utilizadas para isolar o risco financeiro da atividade desenvolvida.

A Instrução CVM nº 408/2004, artigo 2º, determina que as participações societárias em SPE/EPE, incluídas na consolidação, deverão ser avaliadas pelo método de equivalência patrimonial.

▶ EXERCÍCIOS RESOLVIDOS

▷ Exercício 1

Em 30/04/X3, a Cia. Sergipe adquiriu 50% do capital da Cia. Alagoas por $ 10.000. Após a aquisição, os balanços patrimoniais das empresas eram os seguintes:

Cia. Sergipe		Cia. Alagoas	
ATIVO		ATIVO	
Ativo circulante	3.000	Ativo circulante	5.000
Ativo não circulante	62.000	Ativo não circulante	25.000
Realizável a longo prazo	12.000	Realizável a longo prazo	1.000
Investimentos Cia. Alagoas	10.000	Investimentos	–
Imobilizado	40.000	Imobilizado	24.000
Total do ativo	65.000	Total do ativo	30.000
PASSIVO		PASSIVO	
Passivo circulante	10.000	Passivo circulante	2.000
Passivo não circulante	10.000	Passivo não circulante	8.000
Patrimônio líquido	45.000	Patrimônio líquido	20.000
Capital social	30.000	Capital social	20.000
Reservas de lucros	15.000		
Total do passivo e patrimônio líquido	65.000	Total do passivo e patrimônio líquido	30.000

Sabendo-se que:

1. O patrimônio líquido contábil e a valores justos (valor justo líquido de ativos e passivos) da Cia. Alagoas são iguais.
2. Ao final do exercício de X3, o patrimônio líquido da investida Alagoas era de $ 26.000 em função de a Cia. Alagoas apurar lucro de $ 6.000 no ano de X3.
3. A Cia. Alagoas distribuiu $ 600 como dividendos aos seus acionistas.
4. No período, a Cia. Sergipe realizou receitas de vendas no valor de $ 4.000 e incorreu em custos de mercadorias vendidas de $ 1.000 e despesas de $ 500. As receitas de vendas foram recebidas e as despesas foram pagas no período.
5. Em 02/01/X4, a Cia. Sergipe vendeu, à vista, o investimento na Cia. Alagoas por $ 15.000.

A partir dessas informações, pede-se:

a) Apurar o resultado da investidora e elaborar a demonstração do resultado da Cia. Sergipe.
b) Apurar o resultado obtido na venda da participação na Cia. Alagoas.

▷ Solução

a) Apuração do resultado da investidora e elaboração da demonstração do resultado

Cálculo da equivalência patrimonial

Lucro líquido da Investida em 31/12/X3	$ 6.000
% de participação da investida.	50%
Resultado da equivalência patrimonial	$ 3.000

Cálculo dos dividendos

50% × $ 600 = $ 300

Contabilização da equivalência patrimonial e do recebimento de dividendos

	Caixa e equivalentes de caixa				Investimentos				Lucros acumulados	
	XXXXX				10.000	300	(2)		5.500	(A)
(2)	300			(1)	3.000					
(3)	2.500									
					12.700				5.500	

	REP				Receitas				Despesas	
(c)	3.000	3.000	(1)	(a)	4.000	4.000	(3)	(3)	1.500	1.500	(b)

	Apuração do resultado		
(b)	1.500	4.000	(a)
		3.000	(c)
(A)	5.500	5.500	

Demonstração do resultado

Cia. Sergipe Demonstração do Resultado do Exercício – X3 (em $)	
Receitas de vendas	4.000
(–) Custos das mercadorias vendidas	(1.000)
(=) Resultado bruto	3.000
(–) Despesas	(500)
(+) Outras receitas	
Resultado de equivalência patrimonial	3.000
(=) Resultado do exercício	5.500

b) Venda do investimento

Apuração do resultado na venda

Valor de venda: $ 15.000

(–) Valor contábil: $ 12.700

(=) Resultado (ganho): $ 2.300

Contabilização da venda do investimento

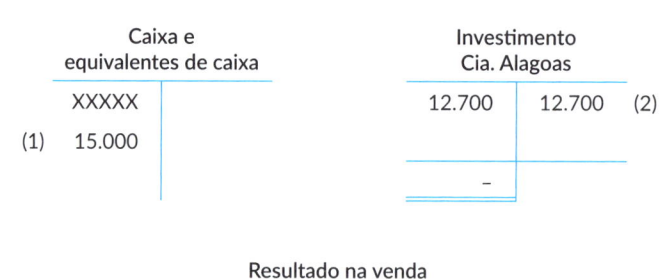

```
      Caixa e                        Investimento
  equivalentes de caixa              Cia. Alagoas
       XXXXX              |          12.700  |  12.700  (2)
  (1)  15.000             |                  |
                                            —

              Resultado na venda
               do investimento
         (2)   12.700  |  15.000  (1)
                       |   2.300
```

▷ **Exercício 2**

Analise as participações societárias apresentadas na figura a seguir, em que os percentuais apresentados correspondem às ações ordinárias que dão direito a voto em assembleia. Sabendo que não há qualquer evidência de que o poder possa ser exercido nas diversas empresas por condições específicas e, portanto, este poder está diretamente relacionado apenas com o poder de voto nas assembleias, determine a relação de cada empresa com a empresa A, identificando as relações de coligação e controle.

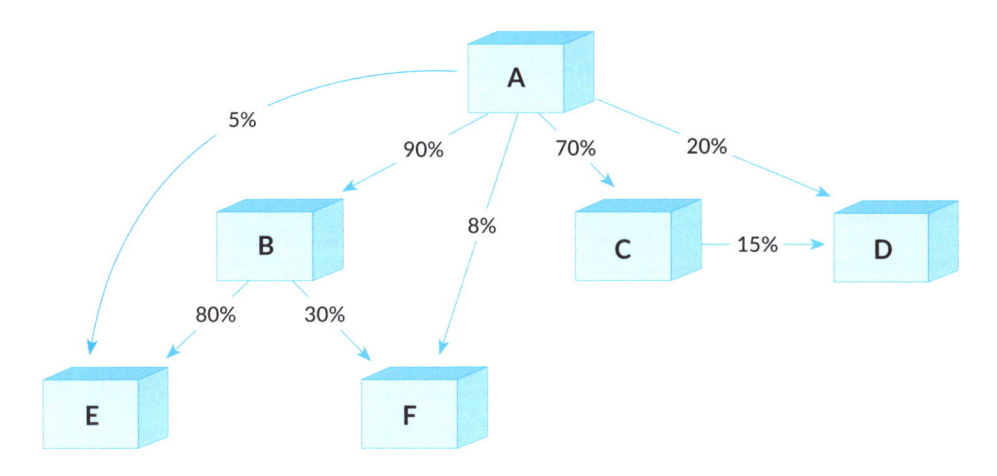

▷ **Solução**

- B é controlada de A (com 90% das ações de B, a Empresa A tem poder de decisão sobre a Empresa B).
- C é controlada de A (com 70% das ações de C, a Empresa A tem poder de decisão sobre a Empresa C).
- D é coligada de A, pois esta detém 20% das ações de D. A participação indireta que A detém sobre D (15% por intermédio da empresa C) não dá poder de controle sobre a Empresa D.
- E é controlada de A (embora A detenha somente 5% de participação direta sobre E, os 80% que detém indiretamente por intermédio de B dão poder de decisão sobre a empresa E, porque os votos da Empresa B serão determinados pela Empresa A em função do controle).
- F é coligada de A, pois, embora a participação direta desta no capital da Empresa F seja inferior a 10%, os demais 30% que detém, indiretamente, por intermédio de B caracterizam a influência significativa.

EXERCÍCIOS PROPOSTOS

▷ Exercício 1

O balanço patrimonial da Cia. Holding, em 31/12/X0, apresentava os seguintes saldos:

Contas	Saldo ($)	Contas	Saldo ($)
Caixa e equivalentes de caixa	10.000	Capital social	190.000
Investimento na Empresa A	50.000	Equipamentos	35.000
Investimento na Empresa B	30.000	Contas a pagar	80.000
Investimento na Empresa C	20.000	Reservas de capital	10.000
Investimento na Empresa D	60.000	Reserva legal	20.000
Contas a receber	25.000	Aplicações financeiras	30.000
Investimento na Empresa E	40.000		

Os eventos ocorridos durante o ano de X1 foram os seguintes:

1. A Cia. Holding adquiriu em setembro de X1 uma participação na Empresa F por $ 50.000, que será avaliada pelo método de custo. O pagamento da compra ocorrerá em fevereiro de X2.
2. Os investimentos nas Empresas A, D e E são avaliados pelo método de equivalência patrimonial, enquanto os demais são avaliados pelo método de custo. Os resultados líquidos das empresas A, B, C, D, E e F em X1, bem como as participações que a Cia. Holding detém de cada uma delas, são apresentados a seguir:

Empresa	Resultado líquido em X1 (em $)	Participação da Cia. Holding
A	(6.600)	60%
B	60.000	10%
C	50.000	8%
D	14.200	70%
E	10.000	80%
F	10.000	5%

3. A Cia. Holding vendeu por $ 36.000 à vista, em 31/12/X1, a participação que tinha na Empresa B.
4. Em 31/12/X1, as Empresas D e C distribuíram dividendos no valor total de $ 5.000 e $ 20.000, respectivamente.
5. A Cia. Holding obteve receitas de aplicações financeiras no valor de $ 6.500, recebidas durante o período.
6. Despesas gerais no valor de $ 9.500 que serão pagas em X2.

Informações adicionais:

7. O patrimônio líquido contábil e a valores justos (valor justo líquido de ativos e passivos) das investidas são iguais.
8. Os resultados de participações societárias **não** são tributados pelo imposto de renda.
9. A alíquota de imposto de renda é 30%.
10. A reserva legal é 5% do lucro líquido.
11. A reserva estatutária é 15% do lucro líquido.
12. O saldo remanescente de lucros acumulados será distribuído aos acionistas, sendo que o dividendo mínimo obrigatório previsto no estatuto da empresa é de 20% do lucro líquido.

A partir dessas informações, pede-se:

a) Elaborar, para o ano de X1, a demonstração do resultado do exercício, a demonstração das mutações do patrimônio líquido e o balanço patrimonial da Cia. Holding, de acordo com a Lei das Sociedades por Ações, sabendo-se que os dividendos destacados e o imposto de renda serão pagos durante o exercício social de X2.

▷ **Exercício 2**

Em 31/12/X1, a Cia. Crystal adquiriu 70% das ações da Cia. Fibras, cujo patrimônio líquido era de $ 12.000.000 no momento da compra. Em função da negociação foi realizada uma avaliação dos ativos e passivos da Cia. Fibras aos respectivos valores justos e, após as análises, alguns ativos apresentaram valores diferentes daqueles que estavam reconhecidos nas demonstrações contábeis. Os valores dos ativos registrados nas demonstrações e seus correspondentes valores justos estão descritos na tabela a seguir:

Ativo	Valor contábil	Valor justo
Estoques	$ 800.000	$ 900.000
Terrenos	$ 1.000.000	$ 3.700.000
Instalações industriais	$ 2.540.000	$ 2.840.000

A partir dessas informações, pede-se:

a) Determinar o valor justo dos ativos líquidos da Cia. Fibras em 31/12/X1.
b) Efetuar o registro da aquisição do investimento pela Cia. Crystal, em 31/12/X1, nas seguintes situações:

1ª – O valor pago foi de $ 10.570.000.

2ª – O valor pago foi de $ 10.000.000.

3ª – O valor pago foi de $ 12.000.000.

c) Em 31/12/X2, o patrimônio líquido da Cia. Fibras era de $ 13.450.000 e a variação em relação ao período anterior é resultante unicamente do resultado apurado em X2. A vida útil das instalações industriais era de 15 anos e o estoque foi totalmente vendido em X2. Efetue os registros correspondentes ao investimento relativos ao ano de X2, para a 3ª situação do item b.
d) A partir da situação apresentada no item c, considere que, em 31/12/X2, a Cia. Fibras reconheceu $ 250.000 em seu patrimônio líquido, na conta Ajuste de avaliação patrimonial. Efetue os registros correspondentes a esta transação.
e) A partir da situação apresentada no item d, considere que, em 05/01/X3, a Cia. Fibras distribuiu e pagou dividendos no valor de $ 180.000. Efetue os registros correspondentes a esta transação.

▷ **Exercício 3**

A empresa Analphabeta S.A. apresentava, em 31/12/X1, os seguintes saldos em suas contas patrimoniais:

Contas	Saldo ($)	Contas	Saldo ($)
Caixa e equivalentes de caixa	12.000	Salários a pagar	12.000
Empréstimos	180.000	Seguros antecipados	8.000
Valores a receber de clientes	90.000	Veículos	10.000
Fornecedores	40.000	Reservas de capital	26.000
EPCLD	5.400	Terrenos	148.000
Capital social	100.000	Reserva legal	7.000
Estoques	12.000	Investimento – Empresa A	75.000
Imposto de renda a pagar	24.600	Aplicações financeiras	40.000

Durante o ano de X2, ocorreram os seguintes eventos:

1. Em março de X2, foram considerados incobráveis $ 2.000 de vários títulos.
2. Em junho de X2, foram recebidos $ 3.000 de um título cujo valor era de $ 4.000. O saldo foi considerado incobrável.

3. Em agosto de X2, foram recebidos $ 3.500 correspondentes a um título que havia sido baixado como incobrável em X1.
4. Em outubro de X2, foi considerado incobrável um título de $ 3.200.
5. O saldo de Valores a receber de clientes de 31/12/X1 não considerado como incobrável foi totalmente recebido em X2.
6. As vendas de X2 foram de $ 240.000, das quais 60% foram recebidas à vista e o saldo será recebido em X3.
7. As compras de produtos no valor de $ 300.000 foram pagas no próprio ano. O saldo final de estoques em 31/12/X2 era de $ 192.000.
8. A empresa incorreu nas seguintes despesas, que foram pagas à vista:
    - Comissões sobre vendas de 3%.
    - Despesas de aluguel = $ 1.200.
    - Despesas gerais = $ 800.
9. Os saldos de imposto de renda a pagar, salários a pagar, empréstimos e fornecedores existentes em 31/12/X1 foram totalmente pagos durante o ano de X2.
10. Com relação ao valor total registrado na conta **Aplicações financeiras**, sabe-se que a empresa fez a seguinte classificação:
    - 30% foram classificados como mensurados a valor justo por meio do resultado e a taxa de juros contratada era 9% ao ano.
    - 50% foram classificados como mensurados a valor justo por meio de outros resultados abrangentes e a taxa de juros contratada era 11% ao ano.
    - 20% foram classificados como mensurados pelo custo amortizado e a taxa de juros contratada era 15% ao ano.

Os valores justos de mercado, em 31/12/X2, para as aplicações financeiras são os seguintes:
- Mensurados a valor justo por meio do resultado: $ 13.500
- Mensurados a valor justo por meio de outros resultados abrangentes: $ 21.000
- Mensurados pelo custo amortizado: $9.500

11. As despesas de salários de X2 foram de $ 20.000, sendo 90% pagas no próprio ano.
12. Os seguros antecipados existentes em 31/12/X1 correspondem à cobertura dos veículos e equipamentos para o ano de X2.
13. Em 31/10/X2, a empresa obteve um empréstimo no valor de $ 192.500 no Banco Gama S.A., que será pago integralmente após quatro meses. A taxa de juros compostos contratada foi de 5% ao mês.
14. Em 30/11/X2, foi efetuado um desconto de títulos com vencimento para 31/01/X3, no valor de $ 40.000. Foram pagos à vista os seguintes encargos:
    - Despesas de cobrança: $ 2.000.
    - Taxa de desconto comercial: 15% ao mês.

    A taxa de custo efetivo é 24,0347% a.m.

15. Em 30/11/X2, a empresa obteve um novo empréstimo de $ 200.000 com as seguintes características:
    - Data de vencimento: 31/03/X3.
    - Taxa de juros: 5% ao mês (juros compostos).
    - Pagamento de principal e juros na data de vencimento.
    - Correção pela TRE (taxa de referência do exercício).

16. A Empresa A apurou em X2 um lucro líquido de $ 60.000. A empresa Analphabeta S.A. detém seu controle acionário com uma participação de 40%, sendo o investimento avaliado pelo método de equivalência patrimonial. Em 31/12/X2, a Empresa A distribuiu dividendos no valor de $ 20.000.

17. A empresa adota o percentual de 6% sobre o saldo de Valores a receber de clientes para a constituição da EPCLD.

18. Os valores da TRE durante o 2º semestre de X2 foram:

Mês	Valor da TRE(*)
31/07/X2	1,028330
31/08/X2	1,034510
30/09/X2	1,038640
31/10/X2	1,041760
30/11/X2	1,047000
31/12/X2	1,052235

(*) Para calcular a variação ocorrida em determinado período deve-se dividir a TRE final pela TRE inicial.

Informação adicional:

19. O patrimônio líquido contábil e a valores justos (valor justo líquido de ativos e passivos) das investidas são iguais.

A partir dessas informações, pede-se:

a) Efetuar, em razonetes, todos os lançamentos necessários para o ano de X2.

b) Elaborar, para o ano de X2, a demonstração do resultado do exercício, sabendo-se que a alíquota de imposto de renda é de 30%, e somente a despesa com riscos de crédito não é dedutível e os resultados com participações societárias não são tributáveis no cálculo do imposto de renda.

c) Elaborar, para o ano de X2, a demonstração das mutações do patrimônio líquido, sabendo-se que a empresa adota a seguinte destinação dos resultados:
   - Reserva legal: 5% do lucro líquido.

- Reserva estatutária: 10% do lucro líquido.
- Dividendos: saldo remanescente de lucros acumulados (dividendo mínimo obrigatório é 30% do lucro líquido).

d) Elaborar o balanço patrimonial em 31/12/X2.

▷ Exercício 4

Os saldos das contas no balanço patrimonial da Cia. Investe em Tudo, em 31/12/X1, eram:

Contas	Saldo ($)	Contas	Saldo ($)
Caixa e equivalentes de caixa	5.000	Investimento na Empresa D	30.000
Capital social	130.000	Imóveis	12.000
Investimento na Empresa A	25.000	Estoques	20.000
Valores a receber de clientes	12.500	Fornecedores	5.000
Investimento na Empresa B	15.000	Reserva legal	11.000
Equipamentos	17.500	Dividendos a receber – Empresa C	3.000
Investimento na Empresa C	10.000	Impostos a pagar	1.000
Contas a pagar	3.000		

Os investimentos nas Empresas A e D são avaliados pelo método de equivalência patrimonial, enquanto os demais são avaliados pelo método de custo.

Os eventos ocorridos durante o ano de X2 foram os seguintes:

1. As vendas do ano totalizaram $ 80.000 e 90% foram recebidas durante o próprio período.
2. As compras de estoque no ano foram de $ 40.000 e 80% foram pagas no próprio período.
3. O saldo de Valores a receber de clientes existente em 31/12/X1 foi integralmente recebido em X2.
4. O passivo circulante existente em 31/12/X1 foi totalmente pago em X2.
5. Os salários do ano totalizaram $ 12.000 e foram integralmente pagos em X2.
6. Os gastos com aluguel totalizaram $ 6.000 e foram totalmente pagos no próprio ano.
7. A Empresa A e a Empresa D distribuíram e pagaram dividendos no valor de $ 3.000 e $ 4.000, respectivamente, com base nos resultados obtidos em X1.
8. A Cia. Investe em Tudo adquiriu, em setembro de X2, uma participação na Empresa E por $ 20.000, que será avaliada pelo método de equivalência patrimonial. Foi efetuado o pagamento de 60% à vista e o saldo será pago em X3.

9. A Cia. Investe em Tudo recebeu $ 3.000 de dividendos pagos pela Empresa C.
10. Os resultados líquidos obtidos pelas Empresas A, B, C, D e E, em X2, bem como as participações que a Cia. Investe em Tudo detém de cada uma delas, são apresentados a seguir:

Empresa	Resultado líquido em X2 (em $)	Participação da Cia. Investe em Tudo
A	8.300	60%
B	30.000	10%
C	25.000	8%
D	12.800	70%
E	(4.000)	50%

11. A Empresa C declarou, em seu balanço patrimonial de 31/12/X2, o valor total de dividendos a pagar de $ 12.500.
12. A Empresa D declarou, em seu balanço patrimonial de 31/12/X2, o valor total de dividendos a pagar de $ 4.000.
13. A Cia. Investe em Tudo vendeu por $ 18.000, em 31/12/X2, a participação que tinha na Empresa B, tendo recebido 50% à vista e o saldo será recebido em X3.
14. O inventário no final do ano de X2 indicou um estoque no valor de $ 10.000.

Informações adicionais:

15. O patrimônio líquido contábil e a valores justos (valor justo líquido de ativos e passivos) das investidas são iguais.
16. Os resultados com participações não são tributados pelo imposto de renda.
17. A alíquota de imposto de renda é de 20%.
18. A reserva legal é de 5% do lucro líquido e a reserva estatutária de 10% do lucro líquido.
19. O saldo remanescente de lucros acumulados será distribuído aos acionistas (dividendo mínimo obrigatório é de 30% do lucro líquido).

A partir dessas informações, pede-se:

a) Elaborar, para o ano de X2, a demonstração do resultado do exercício, a demonstração das mutações do patrimônio líquido e o balanço patrimonial, de acordo com a Lei das Sociedades por Ações, sabendo-se que os dividendos destacados e o imposto de renda serão pagos durante o exercício social de X3.

▷ **Exercício 5**

O balancete da empresa Bicicletas Baloi S.A. em 31/08/X0 apresentava os seguintes saldos: Valores a receber de clientes $ 14.870; Fornecedores $ 12.359; Salários a pagar

$ 2.000; Caixa e equivalentes de caixa $ 49.192; EPCLD $ 297; Títulos descontados $ 4.000; Adiantamento de clientes $ 5.000; Estoques $ 4.000; Impostos e encargos a recolher $ 2.422; Encargos a apropriar $ 320; Seguros antecipados $ 1.750; IR a pagar $ 1.886; Dividendos a pagar $ 283; Terrenos $ 16.000; Imóveis $ 30.000; Empréstimos (LP) $ 15.000; Juros a pagar (LP) $ 900; Instalações $ 10.000; Capital social $ 70.000; Reserva legal $ 159; Reserva estatutária $ 113; Reserva para expansão $ 11.713.

Durante os meses de setembro e outubro, a empresa realizou as seguintes operações:

1. A Bicicletas Baloi S.A. adquiriu, em 1/09/X0, 50% de participação na Boa Sorte S.A., por $ 8.300. O pagamento foi à vista e o investimento será avaliado pelo método de equivalência patrimonial.
2. Compra de mercadorias no valor de $ 10.000, a prazo, e pagamento de $ 150 de frete.
3. Venda de 30.000 ao Cliente D, sendo 70% à vista e pagamento de $ 300 de frete.
4. Recebimento de $ 5.000 de diversos clientes.
5. Aquisição de 5% de participação na Welcome S.A., por $ 2.100. O pagamento foi à vista e o investimento será avaliado pelo método de custo.
6. O Cliente H tornou-se incobrável, no valor de $ 400.
7. Recebimento de dividendos, no valor de $ 500 da Boa Sorte S.A.
8. Desconto de títulos em 31/10/X0, no valor de $ 3.000, sendo cobrada a taxa de desconto comercial de 3% ao mês e tarifa bancária de $ 150. O prazo de vencimento é de quatro meses. A taxa de custo efetivo é de 4,7684 a.m.
9. Pagamento antecipado de fornecedores, no valor de $ 10.000, com desconto de 7%.
10. Os empréstimos referem-se a empréstimos adquiridos no Banco Sem Fundo em 01/07/X0, com vencimento em 01/10/X2. Os juros serão pagos no vencimento e a taxa cobrada é de 6% ao bimestre (juros compostos).
11. O contrato de seguro que a empresa possui tem vencimento em 15/12/X0.
12. O Banco Sem Fundo S.A. informou a liquidação do título descontado em agosto e com vencimento em 31/10/X0. O saldo inicial registrado na conta Encargos a apropriar refere-se a essa duplicata.
13. Pagamento dos salários e dos impostos e encargos a recolher do período anterior.
14. Recebimento de dividendos no valor de $ 300 da empresa Welcome S.A.
15. Constituição da EPCLD à base de 5% das contas a receber de clientes.
16. O inventário final dos estoques, em 31/10/X0, era de $ 5.000.
17. A empresa Boa Sorte S.A. obteve um lucro de $ 8.400, e a empresa Welcome S.A., um lucro de $ 9.000 no período.

Informações adicionais:

18. O patrimônio líquido contábil e a valores justos (valor justo líquido de ativos e passivos) das investidas são iguais.

19. Considerar os seguintes ajustes para o cálculo do imposto de renda: somente a despesa com riscos de crédito não é dedutível e os resultados com participações societárias não são tributáveis no cálculo do imposto de renda.

A partir dessas informações, pede-se:

a) Lançar os saldos iniciais e os ajustes referentes aos meses de setembro e outubro em razonetes.
b) Fazer o encerramento e a apuração do resultado dos meses de setembro a outubro, sabendo que a alíquota do imposto de renda é de 35% e o lucro será distribuído da seguinte forma: Reserva legal = 5% do lucro líquido; Reserva estatutária = 10% do lucro líquido; Dividendos = 25% do lucro líquido; e Reserva para expansão = saldo remanescente do lucro líquido.
c) Elaborar a demonstração do resultado de setembro a outubro de X0.
d) Elaborar a demonstração das mutações do patrimônio líquido de setembro a outubro de X0.
e) Elaborar o balanço patrimonial em 31/10/X0.

TESTES

1. A empresa Invest S.A. adquiriu, em 31/12/X1, 20% de participação na empresa Faz Tudo S.A. por $ 400.000. O patrimônio líquido da empresa Faz Tudo S.A. era composto apenas pelo capital social, o qual era formado por 2.000 ações ordinárias. Dado que a empresa Faz Tudo S.A. obteve lucro líquido de $ 150.000 durante X2 e distribuiu dividendos no valor total de $ 60.000, é correto afirmar que a empresa Invest S.A., em X2,

   a) reconheceu receita de dividendos no valor de $ 12.000, em função de avaliar a empresa Faz Tudo S.A. pelo método de equivalência patrimonial.

   b) reconheceu receita de equivalência patrimonial no valor de $ 30.000, em função de avaliar a empresa Faz Tudo S.A. pelo método de equivalência patrimonial.

   c) reconheceu receita de dividendos no valor de $ 30.000, em função de avaliar a empresa Faz Tudo S.A. pelo método de custo.

   d) reconheceu receita de equivalência patrimonial no valor de $ 18.000 e receita de dividendos no valor de $ 12.000, em função de avaliar a empresa Faz Tudo S.A. pelo método de equivalência patrimonial.

   e) reconheceu receita de equivalência patrimonial no valor de $ 12.000, em função de avaliar a empresa Faz Tudo S.A. pelo método de custo.

   Com base nas informações a seguir, responda aos testes 2 e 3.

   Em 31/12/X1, a Cia. Estrangeira adquiriu 80% das ações da Cia. Nacional por $ 7.000.000 à vista. Na data da aquisição, o patrimônio líquido da Cia. Nacional era de $ 8.000.000 e o valor justo líquido dos ativos e passivos identificáveis dessa Cia. era de $ 8.500.000, em que a diferença se deve ao valor justo de um terreno que a Cia. Nacional havia adquirido dois anos atrás.

2. Com base nessas informações, o valor que a Cia. Estrangeira reconheceu no balanço patrimonial em investimentos em controladas, na data da aquisição, foi

   a) $ 6.800.000.
   b) $ 6.400.000.
   c) $ 7.000.000.
   d) $ 8.000.000.
   e) $ 8.500.000.

3. O valor do ágio pago na aquisição do investimento pela Cia. Estrangeira foi

   a) a) $ 200.000.
   b) b) $ 1.000.000.
   c) c) $ 600.000.
   d) d) $ 1.500.000.
   e) e) $ 0 (zero).

4. A Cia. Paulistana adquiriu, em 31/12/X3, 40% das ações da Cia. Italiana por $ 5.300.000 à vista. Na data da aquisição, o patrimônio líquido da Cia. Italiana era de $ 8.000.000 e o valor justo líquido dos ativos e passivos identificáveis dessa Cia. era de $ 9.600.000, cuja diferença foi decorrente de um terreno que a empresa havia adquirido em X0.

No período de 01/01/X4 a 31/12/X4, a Cia. Italiana reconheceu as seguintes mutações em seu patrimônio líquido:
- Lucro líquido: $ 200.000
- Distribuição de dividendos: $ 60.000
- Ajustes acumulados de conversão de investida no exterior: $ 50.000 (credor)

Com base nessas informações, é correto afirmar que o valor reconhecido no balanço patrimonial da Cia. Paulistana, em investimentos em coligadas, em 31/12/X3 e 31/12/X4, foram, respectivamente,

a) $ 5.300.000 e $ 5.380.000.
b) $ 5.300.000 e $ 5.376.000.
c) $ 3.840.000 e $ 3.940.000.
d) $3.840.000 e $ 3.916.000.
e) $ 5.300.000 e $ 5.400.000.

5. Em 01/01/X1, a Cia. Metal Leve adquiriu 15% da Cia. dos Aços por $ 60.000, não possuindo influência na Administração da Cia. O patrimônio líquido da Cia. dos Aços, em 01/01/X1, era de $ 400.000 e, ao longo de X1, a Cia. dos Aços obteve lucro líquido de $ 80.000 e distribuiu dividendos no valor de $ 30.000. Com base nessas informações, o valor do investimento contabilizado no Ativo da Cia. Metal Leve, em 31/12/X1, e o resultado reconhecido, em X1, em função do investimento na Cia. dos Aços foram, respectivamente,

a) $ 60.000 e $ 12.000.
b) $ 64.500 e $ 4.500.
c) $ 67.500 e $ 12.000.
d) $ 60.000 e $ 4.500.
e) $ 67.500 e $ 4.500.

10 ATIVO IMOBILIZADO[1]

10.1 Introdução

Os ativos tangíveis (corpóreos) destinados à atividade operacional da empresa são classificados no subgrupo imobilizado do grupo ativo não circulante. O artigo 179, inciso IV, da Lei nº 6.404/1976 e alterações posteriores, determina que no imobilizado serão classificados *os direitos que tenham por objeto bens corpóreos destinados à manutenção das atividades da companhia ou da empresa ou exercidos com essa finalidade, inclusive os decorrentes de operações que transfiram à companhia os benefícios, riscos e controle desses bens*.

De acordo com o Pronunciamento Técnico CPC 27 – Ativo imobilizado, item 6, ativo imobilizado é o item tangível que:

> [...]
> (a) é mantido para uso na produção ou fornecimento de mercadorias ou serviços, para aluguel a outros, ou para fins administrativos; e
> (b) se espera utilizar por mais de um período.
> [...]

Como exemplos de ativos imobilizados têm-se terrenos, imóveis, máquinas, veículos, móveis e utensílios, inclusive aqueles que estão em processo de construção ou aquisição (comumente denominados imobilizado em andamento).

10.2 Critérios de avaliação

10.2.1 Mensuração inicial

A mensuração inicial deve incluir os custos incorridos para adquirir ou construir um item do ativo imobilizado e todos os demais custos necessários para que o mesmo esteja em condições de uso no processo operacional da empresa.

---

[1] Capítulo elaborado em coautoria com o professor doutor Bruno Meirelles Salotti, da Universidade de São Paulo.

De acordo com o CPC 27, item 16, o custo de um item do ativo imobilizado compreende:

(a) seu preço de aquisição, acrescido de impostos de importação e impostos não recuperáveis sobre a compra, depois de deduzidos os descontos comerciais e abatimentos;

(b) quaisquer custos diretamente atribuíveis para colocar o ativo no local e condição necessárias para o mesmo ser capaz de funcionar da forma pretendida pela administração;

(c) a estimativa inicial dos custos de desmontagem e remoção do item e de restauração do local (sítio) no qual este está localizado. Tais custos representam a obrigação em que a entidade incorre quando o item é adquirido ou como consequência de usá-lo durante determinado período para finalidades diferentes da produção de estoque durante esse período.

Alguns exemplos de custos iniciais necessários para que o ativo seja capaz de funcionar são instalação, montagem, customização, entre vários outros. Em relação aos custos de desmontagem e de restauração do local no qual o ativo está instalado, têm-se os custos incorridos para recolocar um imóvel alugado na mesma condição em que foi recebido ou os gastos com a recuperação de uma área explorada para extração, entre outros.

O reconhecimento inicial de um ativo imobilizado é feito pelo custo, equivalente ao seu preço à vista na data da aquisição. Se a aquisição for realizada para pagamento a prazo e este excede os prazos normais de crédito, a diferença entre o preço equivalente à vista e o total dos pagamentos deve ser reconhecida como despesa com juros durante o período concedido pelo fornecedor do ativo.

10.2.2 Mensuração subsequente

Após o reconhecimento inicial, um item do ativo imobilizado pode ser apresentado ao custo menos a depreciação acumulada e eventual perda por redução ao valor recuperável (conforme estabelecido no Pronunciamento Técnico CPC 01 (R1) – Redução ao valor recuperável de ativos).

Se for permitido por lei, após o reconhecimento inicial o ativo imobilizado pode ser apresentado pelo valor reavaliado, que corresponde ao seu valor justo na data da reavaliação, menos qualquer depreciação e perda por redução ao valor recuperável acumuladas subsequentes. O item 31 do Pronunciamento Técnico CPC 27 estabelece que "a reavaliação deve ser realizada com suficiente regularidade para assegurar que o valor contábil do ativo não apresente divergência relevante em relação ao seu valor justo na data do balanço".[2]

De acordo com o item 35 do mesmo CPC 27, quando um item do ativo imobilizado é reavaliado, o valor contábil do ativo deve ser ajustado para o valor reavaliado e a

---

[2] No Brasil, a reavaliação de ativos foi proibida pela Lei nº 11.638/2007, mas é prevista pelas normas internacionais de contabilidade (IAS 16) e pelo CPC 27.

depreciação acumulada na data da reavaliação deve ser ajustada para igualar a diferença entre o valor contábil bruto e o valor contábil do ativo após considerar as perdas por desvalorização acumuladas, ou ser eliminada contra o valor contábil bruto do ativo. O valor do ajuste da depreciação acumulada faz parte do aumento ou da diminuição no valor contábil registrado de acordo com os itens 39 e 40. Estabelece ainda, no item 36, que, se um item do ativo imobilizado for reavaliado, toda a classe do ativo imobilizado à qual pertence esse ativo deve ser reavaliada.

10.3 Apropriação da despesa

10.3.1 Conceito de depreciação

A despesa de depreciação se refere ao reconhecimento do consumo dos benefícios econômicos futuros dos ativos imobilizados, que é influenciado, entre outros, pelos seguintes fatores:

- Uso do ativo pela entidade.
- Desgaste físico esperado.
- Obsolescência.
- Limites legais sobre o uso do ativo.

O objetivo do reconhecimento dessa despesa é confrontar esse consumo de benefícios econômicos com as receitas que o uso desses ativos gerar, e apurar o desempenho econômico da empresa.

De modo geral, os ativos imobilizados possuem vida útil limitada e, em função disso, é preciso reconhecer o consumo dos benefícios econômicos durante o período em que esses ativos são úteis para a empresa.

Cada componente de um item do imobilizado com custo significativo em relação ao custo total do ativo deve ser depreciado separadamente, mas se a vida útil e o método de depreciação dessas partes forem iguais, tais partes podem ser agrupadas para o cálculo da depreciação.

A depreciação deve cessar na data em que o ativo é classificado como mantido para venda (ou incluído em um grupo de ativos classificado como mantido para venda de acordo com o Pronunciamento Técnico CPC 31 – Ativo não circulante mantido para venda e operação descontinuada) ou, ainda, na data em que o ativo é baixado, o que ocorrer primeiro.

10.3.2 Variáveis a serem consideradas no cálculo da depreciação

Valor de custo (VC): Custo é o montante de caixa ou equivalentes de caixa pago ou a pagar, ou o valor justo de qualquer outro recurso dado para adquirir um ativo na data da sua aquisição ou construção, ou ainda, se for o caso, o valor atribuído ao ativo quando inicialmente reconhecido.

Vida útil (VU) e vida econômica (VE) do imobilizado: Sobre esses dois conceitos, o item 19 da Interpretação ICPC 10, elaborada pelo CPC para nortear a aplicação inicial ao ativo imobilizado dos Pronunciamentos Técnicos do CPC, esclarece:

> *Merece destaque a conceituação de vida útil e de vida econômica dos ativos. A primeira refere-se à expectativa do prazo de geração de benefícios econômicos para a entidade que detém o controle, riscos e benefícios do ativo e a segunda, à expectativa em relação a todo fluxo esperado de benefícios econômicos a ser gerado ao longo da vida econômica do ativo, independente do número de entidades que venham a utilizá-lo. Dessa forma, nos casos em que o fluxo esperado de benefícios econômicos futuros seja usufruído exclusivamente por um único usuário, a vida útil será, no máximo, igual à vida econômica do ativo. Esse entendimento reforça a necessidade da determinação do valor residual, de forma que toda a cadeia de utilização do ativo apresente informações confiáveis.*

Desse modo, entende-se que vida útil de um ativo é definida em termos da sua utilidade esperada para a entidade, que pode ser medida em períodos, ou número de unidades de produção ou de unidades semelhantes que a entidade espera obter pela utilização do ativo (CPC 27, item 6). A estimativa da vida útil do ativo é uma questão de julgamento baseado na experiência da entidade com ativos semelhantes.

Valor residual (VR) do bem: é o valor que a entidade espera obter com a venda do ativo, após deduzir as despesas estimadas de venda, no final de sua vida útil. Como consequência dos fatores que causam a depreciação dos ativos, o valor de venda de um ativo imobilizado no final da sua utilização pela empresa é, em geral, inferior ao valor investido na compra.

Valor depreciável (VD): corresponde à diferença entre o valor de custo e o valor residual dos ativos imobilizados. O valor depreciável de um ativo deve ser apropriado de forma sistemática ao longo da sua vida útil estimada e deve ser considerado como despesa (custo de uso). A despesa de depreciação de cada período deve ser reconhecida no resultado a menos que seja incluída no valor contábil de outro ativo. Assim temos:

$$\text{Valor depreciável} = \text{Custo} - \text{Valor residual}$$

O valor residual e a vida útil de um ativo devem ser revisados pelo menos ao final de cada exercício e, se as expectativas diferirem das estimativas anteriores, a mudança deve ser contabilizada como mudança de estimativa contábil, segundo o Pronunciamento Técnico CPC 23 – Políticas contábeis, mudança de estimativa e retificação de erro.

10.3.3 Métodos de cálculo da depreciação

O método de cálculo da depreciação utilizado deve refletir o padrão de consumo dos benefícios econômicos futuros pela entidade e deve ser revisado pelo menos ao final de cada exercício. Havendo alteração significativa no padrão de consumo previsto, o método deve ser alterado para refletir essa mudança.

Vários métodos de depreciação podem ser utilizados para apropriar de forma sistemática o valor depreciável de um ativo ao longo da sua vida útil e os métodos mais usuais são:

a) **Método das cotas constantes ou método linear**

O método das cotas constantes resulta em valor de despesa constante durante a vida útil do ativo, caso a vida útil, o valor depreciável e o valor residual não se alterem. Até 2009, foi o método mais utilizado no Brasil, principalmente pela influência fiscal (este é o método aceito para dedutibilidade da despesa de depreciação no cálculo do imposto de renda e da contribuição social). A partir de 2010, com a adoção dos Pronunciamentos Técnicos do CPC e a atribuição de maior julgamento e subjetividade para a contabilidade, essa realidade vem sendo alterada. Para cálculo da despesa de depreciação, tem-se:

$$\text{Depreciação do período} = \frac{\text{Valor depreciável}}{\text{Vida útil}}$$

b) **Método das unidades produzidas/horas trabalhadas**

O método de unidades produzidas resulta em despesa baseada no uso ou produção esperados.

Para cálculo da despesa de depreciação, tem-se:

$$\text{Depreciação do período} = \frac{\text{Unidades produzidas} \times \text{Valor depreciável}}{\text{Capacidade total de produção}}$$

ou

$$\text{Depreciação do período} = \frac{\text{Horas consumidas} \times \text{Valor depreciável}}{\text{Total de horas de produção}}$$

Assim, a determinação do valor da despesa de depreciação depende do método adotado e da definição de algumas variáveis, principalmente a estimativa da vida útil e do valor residual, os quais dependem da política de uso da empresa, de causas físicas como desgaste natural e de causas funcionais como obsolescência, bens substitutos e avanços tecnológicos.

10.3.4 Nomenclatura usual

A apropriação da despesa correspondente ao imobilizado recebe um nome específico em função do tipo de ativo, conforme definido na Lei nº 6.404/1976:

Depreciação

> Quando corresponder à perda do valor dos direitos que tem por objeto bens físicos sujeitos a desgaste ou perda de utilidade por uso, ação da natureza ou obsolescência (Lei nº 6.404/1976, art. 183, § 2º).

Amortização

> Quando corresponder à perda do valor do capital aplicado na aquisição de direitos da propriedade industrial ou comercial e quaisquer outros com existência ou exercício de duração limitada, ou cujo objeto sejam bens de utilização por prazo legal ou contratualmente limitado (Lei nº 6.404/1976, art. 183, § 2º).

Exaustão

> Quando corresponder à perda do valor, decorrente da exploração de recursos minerais ou florestais, ou bens aplicados nessa exploração (Lei nº 6.404/1976, art. 183, § 2º).

É importante destacar que esses termos são usuais no Brasil por estarem definidos na Lei das Sociedades por Ações, mas o CPC 27 não os define para o ativo imobilizado, mencionando apenas a nomenclatura de depreciação. O termo amortização é mais usual para ativos intangíveis, inclusive com a sua definição dada pelo CPC 04.

10.3.5 Contabilização

O reconhecimento do consumo de benefícios econômicos dos ativos imobilizados é feito por meio de um registro em conta de despesa no resultado em contrapartida de uma conta redutora do ativo.

Débito: Despesa de depreciação
Crédito: Depreciação acumulada
OU
Débito: Despesa de amortização
Crédito: Amortização acumulada
OU
Débito: Despesa de exaustão
Crédito: Exaustão acumulada

As contas Depreciação acumulada, Amortização acumulada e Exaustão acumulada são retificadoras de ativo e, portanto, são de natureza credora.

10.4 Redução ao valor recuperável de ativos (*impairment*)

De acordo com o artigo 183, parágrafo 3º, da Lei nº 6.404/1976 e alterações posteriores, a companhia deverá efetuar, periodicamente, análise sobre a recuperação dos valores registrados no imobilizado e no intangível, a fim de que sejam:

> I – registradas as perdas de valor do capital aplicado quando houver decisão de interromper os empreendimentos ou atividades a que se destinavam ou quando comprovado que não poderão produzir resultados suficientes para recuperação desse valor; ou

II – revisados e ajustados os critérios utilizados para determinação da vida útil econômica estimada e para cálculo da depreciação, exaustão e amortização.

Os aspectos relacionados com a aplicação deste conceito (*impairment*) foram analisados em detalhes no Capítulo 7 deste livro.

Depois do reconhecimento de uma perda por desvalorização, a despesa de depreciação, amortização ou exaustão do ativo deve ser ajustada em períodos futuros para alocar o valor contábil revisado do ativo, menos seu valor residual, se houver, em uma base sistemática sobre sua vida útil remanescente.

Se houver indicação de que uma desvalorização reconhecida para um ativo imobilizado não mais exista ou tenha diminuído, isso pode indicar que a vida útil remanescente, o método de depreciação, amortização ou exaustão ou o valor residual podem requerer revisão e ajustes, mesmo se não houver reversão da perda por desvalorização para o ativo.

10.5 Venda ou baixa de imobilizado

O valor contábil do imobilizado corresponde à diferença entre o custo inicial do ativo e sua respectiva depreciação, amortização ou exaustão e da perda por redução ao valor recuperável acumuladas.

O valor contábil de um ativo imobilizado deve ser baixado quando a empresa vender o bem ou, por qualquer motivo, quando o item não mais pertencer à empresa ou não apresentar mais possibilidade de geração de benefícios econômicos futuros. Os ganhos ou as perdas decorrentes da baixa de um item do ativo imobilizado são determinados pela diferença entre o valor da alienação, se houver, e o valor contábil do item, e são reconhecidos no resultado quando o item é baixado. Normalmente este resultado é classificado no grupo Outras receitas ou despesas.

A importância a receber pela alienação de um ativo imobilizado deve ser reconhecida inicialmente pelo seu valor justo e, se esse pagamento for a prazo, deve ser reconhecido pelo seu valor equivalente à vista. A diferença entre o valor nominal e seu valor presente deve ser reconhecida como receita de juros ao longo do tempo.

10.5.1 Contabilização da venda de um bem depreciável

Débito: Caixa (ou Contas a receber)
Débito: Depreciação acumulada
Débito: Perdas por *impairment* (se houver)
Crédito: Conta do ativo imobilizado

E

Débito: Prejuízo na venda de ativo imobilizado

OU

Crédito: Lucro na venda de ativo imobilizado

10.6 Tratamento dos gastos com manutenção de bens

Os gastos incorridos após a aquisição ou construção de um ativo imobilizado podem ser considerados como integrantes do valor contábil do respectivo imobilizado ou como despesa do período em que ocorrerem, conforme descrito a seguir:

Imobilização: Os custos incorridos posteriormente para renovar ou substituir partes de um ativo imobilizado devem ser reconhecidos no valor contábil do respectivo ativo, se resultarem em acréscimo nos benefícios econômicos esperados futuros do uso do ativo em consequência de aumento significativo na capacidade de produção do bem ou em sua vida útil remanescente.

Despesas do período: Os custos de assistência periódica (reparos e manutenção) não devem ser reconhecidos no valor contábil do ativo imobilizado e sim como despesas no resultado do período em que ocorreram. Esse tratamento é dispensado porque esses gastos apenas restauram a capacidade de funcionamento normal do bem sem acrescentar capacidade ou aumentar sua vida útil remanescente e são tratados como despesas de manutenção.

▶ EXERCÍCIO RESOLVIDO

A Cia. Esmeralda apresentava, em 31/12/X1, os saldos das seguintes contas:

Caixa e equivalentes de caixa	$ 153.000	Títulos a pagar (longo prazo)	$ 12.600
Contas a pagar	$ 60.000	Custo das mercadorias vendidas	$ 300.000
Contas a receber	$ 36.000	Veículos	$ 400.000
Depr. acumulada – veículos	$ 128.000	Depr. acumulada – equipamentos	$ 81.000
Receitas de vendas	$ 1.086.000	Fornecedores	$ 120.000
Impostos a pagar	$ 60.000	Equipamentos	$ 300.000
Despesas de comissões	$ 45.000	Despesas de salários	$ 264.000
Despesas de aluguel	$ 90.000	Receitas de serviços	$ 210.000
Seguros antecipados	$ 3.600	Custo dos serviços prestados	$ 66.000
Clientes	$ 300.000	Contas a receber (longo prazo)	$ 120.000
Capital social	$ 700.000	Terrenos	$ 304.400
Despesas financeiras	$ 55.000	Depr. acumul. – móveis e utensílios	$ 44.000
Despesas diversas	$ 20.000	Reservas de capital	$ 150.000
Estoques	$ 90.000	Reservas de lucros	$ 5.000
Aplicações financeiras (curto prazo)	$ 6.600	Móveis e utensílios	$ 100.000
Adiantamentos de clientes	$ 6.000	Materiais	$ 9.000

Ao analisar as informações disponíveis, o responsável pela contabilidade notou que todos os eventos relacionados com o Ativo imobilizado não foram contabilizados no ano de X1 e você terá de fazer todos os registros correspondentes. Para isso, dispõe das seguintes informações:

- Os veículos existentes são todos iguais, foram adquiridos na mesma data pelo mesmo valor unitário e até 31/12/X0 foram utilizados na mesma intensidade. Na data da compra, a empresa definiu como política que a frota toda seria utilizada por 500.000 km e o valor residual esperado para a frota era de $ 80.000, e não houve qualquer alteração na expectativa de valor de revenda destes. Metade dos veículos foi utilizada durante todo o ano de X1 e rodou 50.000 km; a outra metade foi vendida em 30/06/X1, por $ 140.000 à vista, após rodarem 25.000 km no ano.

- Na data da aquisição, a empresa definiu que a produção total esperada dos equipamentos era de 135.000 unidades e o valor residual esperado no final da utilização pela empresa era de $ 30.000. Durante o ano de X1, a empresa produziu 15.000 unidades.

- Os móveis e os utensílios têm uma vida útil estimada em oito anos e valor residual esperado de $ 12.000.

- Após uma análise detalhada, baseada em estudos técnicos e levantamentos de mercado, a empresa obteve as seguintes informações sobre os equipamentos de produção e sobre os veículos remanescentes (não vendidos):

    Equipamentos
    - Valor justo (mercado) em 31/12/X1: $ 169.000.
    - Valor provável de recuperação pela utilização na atividade (valor em uso): $ 179.000.

    Veículos
    - Valor justo (mercado) em 31/12/X1: $ 94.000.
    - Valor provável de recuperação pela utilização na atividade (valor em uso): $ 125.000.

- O imposto de renda é calculado à alíquota de 30% e as seguintes informações são conhecidas:
    - A despesa de depreciação admissível para os veículos é 20% ao ano do custo de aquisição e para os equipamentos e móveis e utensílios é 10% ao ano do custo de aquisição.
    - Os ajustes relacionados com a recuperabilidade do custo dos ativos não são dedutíveis da base de cálculo do imposto de renda.

- O lucro líquido deve ser distribuído da seguinte forma:
    - Reserva legal: 5% do lucro líquido do período.
    - Reserva para expansão: 10% do lucro líquido do período.
    - O saldo remanescente de lucros acumulados será distribuído aos acionistas, e o dividendo obrigatório previsto no estatuto da empresa é de 25% do lucro líquido.

A partir dessas informações, pede-se:

Elaborar os seguintes relatórios, atendendo às formas estabelecidas pela Lei das Sociedades por Ações:

- Demonstração do resultado do exercício de X1.
- Demonstração de mutações do patrimônio líquido para o ano de X1.
- Balanço patrimonial em 31/12/X1.

▷ Solução

Cia. Esmeralda

Contas do ativo

Caixa e equivalentes de caixa
153.000	
(3) 140.000	
293.000	

Terrenos
304.400	
304.400	

Móveis e utensílios
100.000	
100.000	

Veículos
400.000	200.000 (3)
200.000	

Equipamentos
300.000	
300.000	

Depr. acumulada – móveis e utensílios
	44.000
	11.000 (5)
	55.000

Depr. acumulada – veículos
(3) 80.000	128.000
	32.000 (1)
	16.000 (2)
80.000	176.000
	96.000

Depr. acumulada – equipamentos
	81.000
	30.000 (4)
	111.000

Ajustes por *impairment* de equipamentos
	10.000 (6)
	10.000

Contas do passivo e patrimônio líquido

Dividendos a pagar		
	66.050	(D)

IR a pagar		
	112.800	(7)

Dividendos adicionais propostos		
	158.520	(D)

Reserva de lucros		
5.000		
13.210	(B)	
26.420	(C)	
44.630		

Lucros acumulados			
(B)	13.210	264.200	(A)
(C)	26.420		
(D)	224.570		
	264.200	264.200	
		–	

Contas do resultado

	Despesa depreciação		
(1)	32.000		
(2)	16.000		
(4)	30.000		
(5)	11.000		
	89.000	89.000	(a)

	Despesa por *impairment*		
(6)	10.000		
	10.000	10.000	(b)

	Result. venda imobilizado		
		20.000	(3)
(c)	20.000	20.000	

	Despesa IR		
(7)	112.800		
	112.800	112.800	(d)

	Apuração resultado		
	45.000	1.086.000	
	90.000	210.000	
	55.000	20.000	(c)
	20.000		
	300.000		
	264.000		
	66.000		
(a)	89.000		
(b)	10.000		
	939.000	1.316.000	
(d)	112.800	377.000	
(A)	264.200	264.200	

Cálculo da despesa de depreciação unitária					
Bem	Valor aquisição	Valor residual	Valor depreciável	Vida útil	Depreciação
Veículos	400.000	80.000	320.000	500.000 km	0,64/km
Equipamentos	300.000	30.000	270.000	135.000 un	2,00/un
Móveis e utensílios	100.000	12.000	88.000	8 anos	11.000/ano

Cálculo da despesa de depreciação de X1		
Grupo	Uso	Despesa depreciação
Veículos	50.000 km	32.000
Veículos	25.000 km	16.000
Equipamentos	15.000 un	30.000
Móveis e utensílios	1 ano	11.000
Total	–	89.000

Cálculo do resultado na venda ocorrida em junho de X1				
Custo de aquisição	Depreciação acumulada (*)	Saldo contábil	Valor da venda	Resultado na venda
200.000	80.000	120.000	140.000	20.000

(*) (64.000 + 16.000) = 80.000

Cálculo do *impairment*		
	Veículos	Equipamentos
Custo	200.000	300.000
Depreciação acumulada	(96.000)	(111.000)
(=) Valor contábil	104.000	189.000
Valor justo	94.000	169.000
Valor em uso	125.000	179.000
Valor recuperável	125.000	179.000
Ajuste por *impairment*	–	10.000

Cálculo do imposto de renda	
Lucro antes do imposto de renda	377.000
(+) Adições	
Excesso de depreciação de móveis e utensílios (*)	1.000
Despesa por *impairment*	10.000
(–) Exclusões	
Depreciação adicional de veículos (**)	(12.000)
(=) Base para cálculo do imposto de renda	376.000
Imposto de renda (30%)	112.800

(*) Valor contabilizado – Valor permitido = 11.000 – (100.000 × 10%).
(**) Valor permitido – Valor contabilizado = (200.000 × 20%) + (200.000 × 10%) – 48.000.

Cia. Esmeralda		
Demonstração do Resultado do Exercício – X1 (em $)		
Receita de vendas.		1.086.000
(–) Custo das mercadorias vendidas		(300.000)
(=) Resultado com mercadorias		786.000
Receitas de serviços		210.000
(–) Custo dos serviços prestados		(66.000)
(=) Resultado com serviços		144.000
(=) Resultado com mercadorias e serviços		930.000
(–) Despesas operacionais		
Comissões	45.000	
Salários	264.000	
Aluguel	90.000	
Depreciação	89.000	
Ajustes por *impairment*	10.000	
Diversas	20.000	
Despesas financeiras	55.000	(573.000)
(+) Outras receitas		
Resultado na venda de imobilizado		20.000
(=) Resultado antes dos impostos e participações		377.000
(–) Imposto de renda		(112.800)
(=) Lucro líquido do exercício		264.200

Cia. Esmeralda						
Demonstração das Mutações do Patrimônio Líquido – X1 (em $)						
	Capital	Reserva de capital	Reservas de lucros	Dividendos adicionais propostos	Lucros acumulados	Total
Saldos em 31/12/X0	700.000	150.000	5.000	–	–	855.000
Lucro líquido do exercício	–	–	–		264.200	264.200
Proposta da destinação do lucro						
Reserva legal	–	–	13.210		(13.210)	–
Reserva estatutária	–	–	26.420		(26.420)	–
Dividendos	–	–	–	158.520	(224.570)	(66.050)
Saldos em 31/12/X1	700.000	150.000	44.630	158.520	–	1.053.150

Cia. Esmeralda Balanço Patrimonial em 31/12/X1 (em $)			
ATIVO		**PASSIVO**	
Ativo circulante	738.200	*Passivo circulante*	424.850
Caixa e equivalentes de caixa	293.000	Fornecedores	120.000
Clientes	300.000	Contas a pagar	60.000
Estoques	90.000	Impostos a pagar	60.000
Aplicações financeiras	6.600	Adiantamentos de clientes	6.000
Materiais	9.000	Imposto de renda a pagar	112.800
Seguros antecipados	3.600	Dividendos a pagar	66.050
Contas a receber	36.000		
Ativo não circulante	752.400	*Passivo não circulante*	12.600
Contas a receber	120.000	Títulos a pagar	12.600
Imobilizado			
Veículos	200.000	*Patrimônio líquido*	1.053.150
(–) Depr. acumulada – veículos	(96.000)	Capital social	700.000
Equipamentos	300.000	Reservas de capital	150.000
(–) Depr. acumulada – equipamentos	(111.000)	Reservas de lucros	44.630
(–) Ajustes por *impairment*	(10.000)	Dividendos adicionais propostos	158.520
Móveis e utensílios	100.000		
(–) Depr. acumulada – móveis e utensílios	(55.000)		
Terrenos	304.400		
Total do ativo	1.490.600	**Total do passivo + PL**	1.490.600

▶ EXERCÍCIOS PROPOSTOS

▷ Exercício 1

A empresa Conceitual adquiriu uma máquina em 01/01/X0 pelo valor de $ 200.000 para utilização na prestação de serviços. A vida útil econômica estimada para essa máquina pela empresa era de seis anos, e, ao final desse prazo, a empresa esperava vendê-la por $ 20.000. A apropriação do custo de aquisição é feita de forma constante pela empresa, tendo em vista a utilização contínua da máquina.

Após o primeiro ano de uso, a empresa reavaliou que a vida útil restante da máquina seria de apenas mais três anos, em virtude de alterações na política de substituição dos equipamentos de produção definida pela administração. No final desse prazo, a empresa esperava vendê-la por $ 50.000.

No final do 2º ano, a empresa reavaliou que a máquina poderia ser vendida por um valor residual de apenas $ 30.000 no final do 4º ano, tendo em vista que surgiu no mercado um equipamento substituto do atual com mais tecnologia e melhor desempenho.

Sabe-se que as receitas de serviços anuais obtidas pela empresa foram de $ 120.000, as despesas operacionais totalizaram $ 50.000 por ano e que, no final do 4º ano, a empresa conseguiu vender a máquina por $ 25.000.

A partir dessas informações, pede-se:

a) Elaborar somente a demonstração do resultado para cada um dos quatro anos.

▷ Exercício 2

A Cia. Ferrosa comprou uma mina de minério de ferro pelo valor de $ 150.000 em X1. Nessa ocasião, estimou-se uma reserva de 500.000 toneladas de minério de ferro. Nos três primeiros anos, X1 a X3, foram extraídas as seguintes quantidades de minério de ferro:

Ano	Produção (t)
X1	50.000
X2	80.000
X3	60.000

No início de X4, um novo veio de minério foi descoberto, cuja reserva foi estimada em 155.000 toneladas.

A partir dessas informações, pede-se:

a) Calcular as cotas de exaustão por unidade.
b) Indicar a cota de exaustão total de cada período que foi considerada como despesa, sendo que em X4 foram extraídas 70.000 toneladas de minério de ferro.
c) Indicar o saldo do ativo no final de X4.

▷ Exercício 3

A Cia. Safira apresentava, em seu balanço patrimonial de 31/12/X1, os saldos das seguintes contas:

Caixa e equivalentes de caixa	$ 35.000
Valores a receber de clientes	$ 20.000
Depreciação acumulada – veículos	$ 15.000
Depreciação acumulada – máquinas e equipamentos	$ 12.000
Salários a pagar	$ 9.000
Veículos	$ 75.000
Depreciação acumulada – imóveis	$ 20.000
Capital social	$ 400.000
Imóveis	$ 250.000
Máquinas e equipamentos	$ 100.000
Reservas de lucros	$ 24.000

Ao analisar as informações disponíveis, verificou-se que os eventos relacionados com o ativo imobilizado não foram contabilizados em X1. Você foi contratado para realizar todos os registros adicionais necessários e, para isto, dispõe das seguintes informações:

- As máquinas e equipamentos foram adquiridos para produzir um total de 80.000 unidades ao longo da vida útil esperada destes ativos, e o valor residual esperado ao final do período de utilização é $ 30.000. Durante o ano de X1, foram produzidas 10.000 unidades.
- Os veículos, adquiridos todos em uma mesma data, são iguais e utilizados na mesma intensidade. Na data da aquisição, a empresa definiu que sua frota seria utilizada por um total de 600.000 km e o valor residual total de $ 15.000. Em X1, os veículos rodaram 50.000 km e, em 31/12/X1, metade dos veículos foi vendida por $ 29.000.
- Os imóveis possuem um valor residual de $ 70.000 e a vida útil estimada é de 36 anos.

Em 31/12/X1, ao realizar o teste de recuperabilidade dos ativos (teste de *impairment*), a empresa obteve as seguintes informações baseadas em estudos técnicos e pesquisas de mercado:

Veículos
- Valor justo líquido das despesas de venda: $ 29.000
- Valor em uso: $ 26.000

Máquinas e equipamentos
- Valor justo líquido das despesas de venda: $ 75.000
- Valor em uso: $ 70.000

Imóveis
- Valor justo líquido das despesas de venda: $ 200.000
- Valor em uso: $ 240.000

A partir dessas informações, pede-se:

a) Determine o valor contábil para cada grupo de bens do ativo imobilizado que será apresentado no balanço patrimonial de 31/12/X1, identificando os valores das contas componentes.

b) Determine o valor total de cada conta que afetou o resultado de X1.

▷ Exercício 4

O balanço patrimonial da empresa Geradores Elétricos Apagão S.A., em 31/12/X2, apresenta os seguintes saldos em suas contas:

Caixa e equivalentes de caixa	$ 16.000	Fornecedores	$ 30.000
Reserva estatutária	$ 32.000	Contas a receber	$ 5.200
Estoque de mercadorias	$ 50.000	Contas a pagar	$ 4.000
Investimentos – empresa Vela	$ 30.000	Valores a receber de clientes	$ 56.500
Capital social	$ 100.000	Veículos	$ 10.000
Contas a receber (X5)	$ 2.000	Investimentos – Empresa Lampião	$ 20.000
Salários a pagar	$ 3.000	Depreciação acumulada – veículos	$ 1.200
Adiantamentos de clientes	$ 8.000	Seguros antecipados	$ 5.500
Imposto de renda a pagar	$ 2.000	Reserva legal	$ 15.000

Os seguintes eventos ocorreram durante o ano de X3:

1. A Geradores Elétricos Apagão S.A. adquiriu uma participação na Lamparina por $ 1.000, com pagamento à vista.
2. O valor registrado em **Adiantamentos de clientes** corresponde a valores pagos por clientes em novembro de X2 para a entrega futura de geradores. A empresa entregou tudo em X3.
3. O valor registrado em **Seguros antecipados** corresponde a um seguro contratado pela empresa em 30/11/X2 para manter segurados seus bens por um período de um ano.
4. O saldo inicial de **Valores a receber de clientes** foi totalmente recebido em X3.
5. As vendas de X3 totalizaram $ 80.000, das quais 80% foram recebidas no próprio ano.

6. O saldo de **Contas a receber** (Ativo circulante) em 31/12/X2 foi recebido em X3.
7. Todas as contas do Passivo circulante existente em 31/12/X2 foram pagas em X3.
8. Os salários totalizam $ 1.000 por mês, e a empresa efetua o pagamento dos salários de um mês no 5º dia útil do mês subsequente.
9. As despesas com propaganda totalizaram $ 4.400 e foram totalmente pagas em X3.
10. O frete sobre vendas é pago à vista e corresponde a 1% das receitas de vendas.
11. A comissão sobre vendas corresponde a 2% das receitas de vendas, sendo paga à vista.
12. Diversas despesas administrativas, no valor total de $ 1.380, foram pagas no próprio ano.
13. A empresa adquiriu, em 30/06/X3, uma máquina pelo valor de $ 100.000, que será pago em X4. A máquina tem uma capacidade de produção total estimada em 90.000 horas e terá um valor residual de $ 10.000. Durante o ano de X3, a máquina foi utilizada durante 5.000 horas.
14. Os veículos constantes do balanço de 31/12/X2 têm uma vida útil estimada em cinco anos e um valor residual esperado de $ 4.000. A empresa utiliza esses veículos de forma constante.
15. O investimento na Lampião é avaliado pelo método de equivalência patrimonial. Os demais (empresa Vela e empresa Lamparina) são avaliados pelo método de custo. A empresa recebeu, no 1º semestre de X3, dividendos pagos pela Lampião no valor de $ 1.000. No mesmo período, a empresa Vela efetuou o pagamento de $ 800 de dividendos para a empresa.
16. Os resultados líquidos das empresas Lampião, Vela e Lamparina em X3, bem como as participações que a Geradores Elétricos Apagão S.A. detém de cada uma delas, são apresentados na tabela seguinte:

Empresa	Resultado líquido X3 (em $)	Participação da Geradores Elétricos Apagão S.A. (%)
Lampião	12.000	50
Vela	100.000	2
Lamparina	5.000	3

17. A Geradores Elétricos Apagão S.A. vendeu, em dezembro/X3, sua participação na empresa Vela por $ 32.500, tendo recebido o valor à vista.
18. O inventário de mercadorias apresentava, em 31/12/X3, um saldo de $ 2.000. A empresa adota o sistema de inventário periódico para a avaliação dos estoques.

Informações adicionais:

19. Os resultados de participação em empresas não são tributados pelo imposto de renda.
20. A alíquota de imposto de renda é 20%.
21. A reserva legal é 5% do lucro líquido.
22. A reserva estatutária é 10% do lucro líquido.
23. O saldo remanescente da conta Lucros acumulados será distribuído aos acionistas, sendo o dividendo mínimo obrigatório de 25% do lucro líquido.

A partir dessas informações, pede-se:

a) Contabilizar os lançamentos relativos aos eventos de X3, a apuração do resultado do ano de X3, o encerramento das contas de resultado, a transferência para a conta Lucros acumulados e a distribuição do resultado.
b) Elaborar a demonstração do resultado para o ano de X3.
c) Elaborar a demonstração de mutações do patrimônio líquido para o ano de X3.
d) Elaborar o balanço patrimonial em 31/12/X3.

▷ Exercício 5

A situação patrimonial da Cia. Exame, em 31/12/X0, era a seguinte:

Caixa e equivalentes de caixa	$ 500.000	Clientes	$ 2.000.000
Estoque de produtos	$ 1.500.000	Seguros antecipados	$ 100.000
Investimento na Empresa A	$ 1.600.000	Equipamentos	$ 980.000
Contas a pagar	$ 1.480.000	Investimento na Empresa B	$ 200.000
Imposto de renda a pagar	$ 600.000	Dividendos a pagar	$ 300.000
Capital social	$ 3.100.000	Reservas de capital	$ 500.000
Reservas de lucros	$ 900.000		

O saldo da conta de estoque corresponde a 15.000 unidades de produto.

Os eventos, a seguir, ocorreram em X1 e você deverá fazer os lançamentos necessários para elaborar as demonstrações contábeis em 31/12/X1.

Movimentações de vendas e de estoques durante o ano, em ordem cronológica:

1. Venda de 10.000 unidades ao preço unitário de $ 150. A empresa recebeu 80% do valor total da venda no ano de X1.
2. Compra de 5.000 unidades ao preço de $ 102 a unidade, tendo sido pago 80% do valor total da compra durante o ano de X1.
3. Pagamento de $ 30.000 correspondentes ao frete sobre a compra do evento 2.
4. Venda de 7.000 unidades ao preço unitário de $ 130, da qual 80% do valor total da venda já foi recebida em X1.
5. Devolução de 1.000 unidades da compra do evento 2. O fornecedor considerou quitado o saldo da dívida.
6. Compra de 15.000 unidades ao preço de $ 101 a unidade. A empresa pagou 90% do valor da compra durante o ano de X1.
7. A empresa obteve um abatimento de $ 8.000 na compra do evento 2. O valor será descontado do saldo que a empresa tem a pagar por outras compras com o mesmo fornecedor.

8. A empresa recebeu 2.000 unidades em devolução da venda correspondente ao evento 4. O saldo a receber da venda foi quitado pela empresa e a diferença foi devolvida em dinheiro.
9. Pagamento de $ 13.000 correspondentes ao frete sobre a compra do evento 6.
10. Venda de 12.000 unidades ao preço unitário de $ 140, da qual 90% do valor total da venda já foi recebida.
11. A empresa concedeu um abatimento de 5% sobre o valor total da venda do evento 10.
12. A empresa efetuou o pagamento de $ 10.000 relativos ao frete sobre a venda do evento 10.

Outros eventos ocorridos durante o ano:

13. As comissões sobre vendas foram de 5% do valor total das vendas líquidas do ano, tendo sido pagas no próprio período.
14. A empresa adquiriu em abril de X1 terrenos no valor de $ 800.000 que foram pagos à vista.
15. As seguintes despesas ocorreram em X1:
    - Pessoal: $ 120.000 (pagos em X1)
    - Aluguel: $ 60.000 (pagos em X1)
    - Propaganda e publicidade: $ 100.000 (80% foram pagos em X1 e o saldo para X2)
    - Gerais: $ 20.000 (pagos em X1)
16. O valor de Seguros antecipados existente em 31/12/X0 corresponde à cobertura dos equipamentos para o ano de X1.
17. A Cia. Exame adquiriu, em setembro de X1, uma participação na Empresa C por $ 80.000, que será avaliada pelo método de custo. O pagamento do valor da aquisição ocorrerá em X2.
18. A Empresa B pagou $ 20.000 a título de dividendos para a Cia. Exame.
19. Recebimento de $ 50.000 de dividendos que foram distribuídos pela Empresa A.
20. Os valores a receber e a pagar que existiam em 31/12/X0 foram efetivados no ano de X1.
21. O investimento na Empresa A é avaliado pelo método de equivalência patrimonial, enquanto os demais são avaliados pelo método de custo. Os resultados líquidos das Empresas A, B e C em X1, bem como as participações que a Cia. Exame detém de cada uma delas, são apresentados na tabela a seguir:

Empresa	Resultado líquido em X1 (em $)	Participação da Cia. Exame (%)
A	1.125.000	40
B	500.000	2
C	100.000	1

22. A Cia. Exame vendeu, em dezembro de X1, sua participação na Empresa B por $ 250.000, tendo recebido o valor à vista.
23. Os equipamentos existentes no Balanço Patrimonial de 31/12/X0 foram adquiridos nessa data e entraram em operação em 01/01/X1. A empresa definiu que a vida útil destes equipamentos seria 7 anos e o valor residual esperado era $ 140.000.

24. Para realizar o teste de redução ao valor recuperável dos equipamentos ("*impairment*"), a empresa identificou os seguintes valores:
- Valor em uso: $ 840.000
- Valor justo líquido de despesa de venda: $ 800.000

Informações adicionais:

25. Os resultados com investimentos não são tributados.
26. A alíquota de imposto de renda é 30%. Assuma que a despesa de depreciação é totalmente dedutível e os eventuais ajustes por "*impairment*" não são dedutíveis.
27. A gratificação da diretoria é de 10% sobre o lucro após o imposto de renda.
28. A reserva legal é de 5% do lucro líquido.
29. A reserva estatutária é de 15% do lucro líquido.
30. O saldo remanescente de lucros acumulados será distribuído aos acionistas, sendo o dividendo mínimo obrigatório de 30% do lucro líquido.

A partir dessas informações, pede-se:

a) Elaborar a ficha de controle de estoque, sabendo-se que a empresa utiliza o sistema de inventário permanente e adota o método da média ponderada móvel para a avaliação de seu estoque.
b) Elaborar, para o ano de X1, a demonstração do resultado do exercício, a demonstração das mutações do patrimônio líquido e o balanço patrimonial, de acordo com a Lei das Sociedades por Ações, sabendo-se que os dividendos distribuídos, o imposto de renda e a gratificação da diretoria serão pagos durante o próximo exercício social.

▷ Exercício 6

A empresa Materiais Esportivos Para Daguei S.A. atua no ramo de comercialização de materiais esportivos. As contas utilizadas pela empresa, em 31/12/X1, apresentam os seguintes saldos:

Caixa e equivalentes de caixa	$ 347.400	Fornecedores	$ 90.000
Capital social	$ 220.000	Reserva estatutária	$ 21.000
Estoques	$ 30.000	Contas a pagar	$ 12.000
Reserva legal	$ 11.900	Valores a receber de clientes	$ 37.500
Despesa com seguros	$ 4.200	Veículos	$ 30.000
Contas a receber (X5)	$ 6.000	Custo das mercadorias vendidas	$ 120.000
Salários a pagar	$ 3.000	Deprec. acumulada – veículos	$ 6.000
Adiantamentos de clientes	$ 24.000	Seguros antecipados	$ 12.600
Receitas de vendas	$ 254.000	Despesas com salários	$ 36.000
Despesas com propaganda	$ 7.500	Comissões sobre vendas	$ 7.200
Despesas administrativas	$ 3.500		

Os seguintes eventos ocorridos durante o ano de X1 não foram contabilizados e deverão ser registrados por você:

Informações sobre imobilizado:

1. A empresa adquiriu em 02/01/X1 uma máquina pelo valor de $ 300.000, que será pago em X2. A máquina tem uma capacidade de produção total estimada em 180.000 unidades e terá um valor residual de $ 30.000. Durante X1, a empresa produziu 16.000 unidades.
2. Os veículos constantes do balanço têm uma vida útil estimada em quatro anos, valor residual esperado de $ 6.000 e utilização constante, sendo que, até o final de X0, todos os veículos foram utilizados igualmente. Em 30/06/X1, a empresa vendeu, à vista, 25% de sua frota de veículos pelo valor de $ 5.500. O restante da frota foi utilizado durante todo o ano de X1.
3. Durante o ano de X1, a empresa adquiriu, à vista, um edifício pelo valor de $ 150.000 e fez uma grande reforma cujo valor foi de $ 30.000. O prédio ficou pronto para uso em 30/06/X1 e, após a reforma, a nova vida útil esperada para o edifício é de 14 anos, quando terá um valor residual estimado em $ 40.000. Do valor total da reforma, 50% foram pagos no próprio ano e o restante será pago em X2.
4. No final de X1, a empresa realizou o teste de recuperabilidade do custo (*impairment*) para os bens do ativo imobilizado, utilizando os valores disponíveis na tabela a seguir:

Tipo de bem	Valor justo	Valor em uso
Máquinas	$ 250.000	$ 272.000
Veículos	$ 8.000	$ 12.000
Imóveis	$ 190.000	$ 200.000

Informações sobre aplicações financeiras:

5. Durante o ano de X1, a empresa realizou diversas aplicações financeiras e os valores correspondentes a cada uma delas são apresentados a seguir:

Data da aplicação	Valor aplicado	Taxa de juros	Data de vencimento	Classificação	Valor de mercado (31/12/X1)
01/08/X1	$ 40.000	1,0% a.m.	01/08/X2	Mensurada ao custo amortizado	$ 43.000
01/10/X1	$ 20.000	2,0% a.m.	01/10/X5	Mensurada ao valor justo por meio de outros resultados abrangentes	$ 21.000
01/11/X1	$ 30.000	1,5% a.m.	01/11/X3	Mensurada ao valor justo por meio do resultado	$ 31.200

Informações sobre empréstimos:

6. Em 01/10/X1, a empresa obteve um empréstimo no valor de $ 10.000, que será pago integralmente (principal e juros) em 01/03/X2. A taxa de juros contratada foi de 2,0% ao mês (juros compostos) e as despesas e comissões bancárias cobradas no ato do empréstimo totalizaram $ 300. A taxa de custo efetivo da operação é de 2,623% a.m.

7. Em 01/10/X1, a empresa obteve um empréstimo de $ 30.000 com as seguintes características:
   - Data de vencimento: 30/09/X2.
   - Pagamento de principal e juros na data de vencimento.
   - Taxa de juros: 1% ao mês (juros compostos) mais a variação do Índice Geral de Preços do Exercício (IGPE). O IGPE variou 1% no período de 01/10/X1 a 31/12/X1.

8. Em 01/11/X1, a empresa realizou uma operação de desconto de títulos cujo valor total era de $ 20.000, com datas de vencimento em 01/03/X2. Os seguintes encargos foram pagos à vista:
   - Taxa de desconto comercial: 1,5% ao mês.
   - Despesas de cobrança: $ 200.

   A taxa de custo efetivo é de 1,831% a.m.

Informações sobre outros eventos:

9. A empresa recebeu uma autuação fiscal no valor de $ 20.000 correspondentes ao questionamento de um determinado imposto por parte das autoridades fiscais. Após uma análise criteriosa da área jurídica, a empresa considera que obterá ganho de causa sobre 30% do saldo cobrado e estima que há 99% de probabilidade de isto acontecer.

10. A empresa analisou o saldo da conta **Valores a receber de clientes** e identificou um risco de perda provável de 5% do saldo total a receber.

Informações adicionais:

- O imposto de renda é calculado à alíquota de 20% e as seguintes informações são conhecidas:
  ⇨ As despesas de depreciação dedutíveis no cálculo do imposto de renda são:
    ✓ 20% ao ano do custo de aquisição para os veículos.
    ✓ 10% ao ano do custo de aquisição para as máquinas.
    ✓ 4% ao ano do custo de aquisição para os edifícios.
  ⇨ Os ajustes relacionados com a recuperabilidade do custo dos ativos não são dedutíveis da base de cálculo do imposto de renda.
  ⇨ As despesas com estimativas e provisões não são dedutíveis para o cálculo do imposto de renda.
  ⇨ Os ajustes a valor de mercado de aplicações financeiras não afetam o cálculo do imposto.

- A reserva legal é 5% do lucro líquido.
- A reserva estatutária é 10% do lucro líquido.
- O saldo remanescente do lucro líquido será distribuído aos acionistas. O dividendo mínimo obrigatório previsto no estatuto da empresa é de 30% do lucro líquido do período.
- O imposto de renda e os dividendos serão pagos em X2.

A partir dessas informações, pede-se:

a) Efetue, em razonetes, somente os lançamentos relativos aos eventos de X1 que não haviam sido contabilizados (separe as contas do ativo, passivo e de resultado).
b) Efetue, nos razonetes, a apuração do resultado do ano de X1, o encerramento das contas de resultado, a transferência para a conta Lucros acumulados e a distribuição do resultado.
c) Elabore, de acordo com a Lei das Sociedades por Ações, as seguintes demonstrações:
    - Demonstração do resultado para o ano de X1.
    - Demonstração de mutações do patrimônio líquido para o ano de X1.
    - Balanço patrimonial em 31/12/X1.

▶ TESTES

1. Em 01/01/X2, a empresa Intensiva S.A. adquiriu um equipamento por $ 4.000.000, à vista. Nesta data, a vida útil econômica estimada para o equipamento era de dez anos e o valor residual esperado no final desta vida útil era de $ 400.000. Em 31/07/X6, a empresa vendeu o equipamento por $ 1.500.000 à vista. Com base nessas informações e sabendo que a empresa calcula a despesa de depreciação pelo método das quotas constantes, o resultado obtido com a venda do equipamento, evidenciado na demonstração do resultado de X6, foi

   a) $ 1.210.000, negativo.
   b) $ 850.000, negativo.
   c) $ 880.000, negativo.
   d) $ 450.000, negativo.
   e) $ 2.100.000, negativo.

2. Em 31/12/X1, a empresa Permanente S.A. adquiriu uma máquina por $ 820.000 à vista. Na data da aquisição, a empresa estimou que a vida útil econômica era de cinco anos e o valor residual $ 150.000. Em 01/01/X3, a empresa reavaliou a vida útil econômica remanescente da máquina para oito anos e o valor residual para $ 10.000.

   O valor contábil apresentado pela empresa Permanente S.A., no balanço patrimonial de 31/12/X3, foi

   a) $ 601.500.
   b) $ 590.500.
   c) $ 640.000.
   d) $ 630.000.
   e) $ 469.000.

3. A Cia. Extração adquiriu um ativo imobilizado pelo valor de $ 500.000 e ainda incorreu nos seguintes gastos:

   I – $ 30.000 referentes aos impostos não recuperáveis.

   II – Custos estimados de desmontagem, remoção e restauração do local em que o ativo imobilizado está localizado (ao término da utilização) no valor presente de $ 15.000.

   III – $ 20.000 referentes às atividades de promoção e divulgação.

   IV – $ 40.000 referentes aos custos de instalação e preparação do local para que o mesmo seja capaz de entrar em operação.

   Com base nessas informações, o custo do ativo imobilizado adquirido, além dos $ 500.000, deve incluir

a) I, apenas.
b) I e IV, apenas.
c) I, II e III, apenas.
d) I, II e IV, apenas.
e) I, II, III e IV.

4. A Cia. Agro apresentava, em 31/12/X0, uma colheitadeira utilizada em suas atividades registrada no ativo imobilizado. Após o reconhecimento da despesa de depreciação de X0, a companhia apresentava as seguintes informações referentes à colheitadeira:

Custo de aquisição..	$ 1.000.000
(–) Depreciação acumulada..	($ 300.000)
(=) Valor contábil do ativo..	$ 700.000

Ao realizar o teste de redução ao valor recuperável do ativo (teste de *impairment*), a Cia. obteve as seguintes informações:

- Valor em uso da colheitadeira: $ 730.000.
- Valor justo líquido das despesas de venda: $ 600.000.

Ao elaborar as demonstrações contábeis referentes ao ano de X0, a Cia. Agro

a) reconheceu uma perda por desvalorização no valor de $ 100.000.
b) reconheceu uma perda por desvalorização no valor de $ 270.000.
c) reconheceu uma perda por desvalorização no valor de $ 400.000.
d) reconheceu um ganho no valor de $ 30.000.
e) não fez nenhum ajuste no valor contábil do ativo.

5. A empresa Mercantil S.A. apresentava, no balanço patrimonial de 31/12/X4, o registro de um imóvel no ativo imobilizado composto dos seguintes valores:

Custo de aquisição..	$ 1.000.000
(–) Depreciação acumulada..	($ 400.000)
(–) Perda por *impairment*..	($ 320.000)

Em 02/01/X5, a empresa vendeu este imóvel por $ 580.000 à vista. O resultado apurado na venda do imóvel foi

a) prejuízo de $ 420.000.
b) prejuízo de $ 100.000.
c) prejuízo de $ 20.000.
d) lucro de $ 300.000.
e) lucro de $ 580.000.

11 ARRENDAMENTOS

11.1 Introdução

Os arrendamentos se caracterizam como formas alternativas utilizadas pelas empresas para disporem de ativos necessários para o desenvolvimento de suas atividades. Em muitos casos, a empresa não tem condições financeiras para adquirir um ativo ou, até mesmo, não tem a intenção de adquiri-lo, mas o mesmo é necessário para o desempenho de sua atividade. A empresa, nestes casos, pode dispor deste ativo por meio de um contrato que lhe dá o direito de usá-lo por determinado período em troca de pagamentos estabelecidos de comum acordo com o detentor da propriedade do ativo.

Esta forma de contratação começou a ser utilizada no Brasil na década de 1960 e era tratada contabilmente como simples contrato de aluguel de bens, tratamento este que permaneceu até a implantação das regras estabelecidas no Pronunciamento Técnico CPC 06 – Operações de arrendamento mercantil, editado no ano de 2008.[1] Em sua primeira versão, este pronunciamento classificava estes contratos em duas categorias: arrendamento mercantil financeiro e arrendamento mercantil operacional, sendo esta classificação efetuada em função de diversos critérios estabelecidos no pronunciamento.

Os contratos de arrendamento mercantil financeiro passaram a ser tratados pelo arrendatário (usuário do bem) de forma semelhante a uma compra financiada, sendo o bem, objeto do contrato, registrado no ativo imobilizado em contrapartida de conta do passivo representativa da obrigação pelos pagamentos assumidos no contrato. Ao longo do prazo contratual o arrendatário registrava a despesa de depreciação correspondente ao uso do ativo imobilizado e a despesa financeira (juros) correspondente ao passivo assumido.

---

[1] Os critérios definidos por este pronunciamento correspondiam ao que era estabelecido na IAS 17 emitida em 1982 pelo antigo *International Accounting Standard Committee* (IASC), norma esta que foi inspirada na norma norte-americana SFAS 13, editada em 1976 pelo *Financial Accounting Standard Board* (FASB).

Os contratos de arrendamento operacional, de outra forma, tiveram mantido o tratamento contábil que já vigorava, qual seja, o arrendatário registrava apenas os pagamentos estabelecidos no contrato como despesa de arrendamento (aluguel).

Este modelo contábil, implantado no Brasil a partir de 2010, já era discutido pelo *International Accounting Standard Board* (IASB) desde 2006, principalmente quanto ao critério adotado para os contratos de arrendamento mercantil operacional em que o arrendatário não reconhecia o ativo correspondente ao direito de uso nem o passivo correspondente às obrigações assumidas. A partir destas discussões, foi editada, em 2016, a nova norma IFRS 16 – *Leases*, que está contemplada, no Brasil, na revisão R2 do CPC 06 e culminou com a versão atualmente editada (Pronunciamento Técnico CPC 06 (R2) – Operações de arrendamento mercantil), que entrou em vigor a partir de janeiro de 2019.

11.2 Identificação do arrendamento

O termo arrendamento mercantil era usado tradicionalmente para identificar somente os contratos de arrendamento de bens entre duas entidades. No contexto da norma vigente, contudo, o termo é mais amplo e contempla qualquer tipo de contrato que atenda as características de identificação de arrendamento, independentemente da nomenclatura adotada para o contrato. Assim, os critérios aqui analisados devem ser aplicados a todos os contratos que atendam as características definidas no Pronunciamento Técnico citado no item anterior, independentemente dos aspectos jurídicos específicos que possam estar presentes.[2]

O Pronunciamento Técnico CPC 06 (R2) – Arrendamento mercantil apresenta, no item 9, o princípio básico para caracterizar um arrendamento: *"Na celebração de contrato, a entidade deve avaliar se o contrato é, ou contém, um arrendamento.* **O contrato é, ou contém, um arrendamento se ele transmite o direito de controlar o uso de ativo identificado por um período de tempo em troca de contraprestação**".

Percebe-se, do texto, que qualquer contrato em que ocorra a transferência do direito de controlar o uso de um ativo em troca de contraprestação é identificado como um arrendamento. O fluxograma apresentado na Figura 11.1, extraído do item B31 do Apêndice B do referido pronunciamento, mostra de forma gráfica e resumida os critérios a serem analisados no contrato para identificar se o mesmo contém ou não um arrendamento.

---

[2] O termo arrendamento será utilizado sistematicamente neste livro em virtude de sua aplicação intensa na prática, mas os conceitos e critérios aqui abordados devem ser estendidos a todos contratos que se enquadram na definição de arrendamento, independentemente da nomenclatura que for atribuída ao contrato.

Figura 11.1 Contrato: como identificar se é ou contém arrendamento

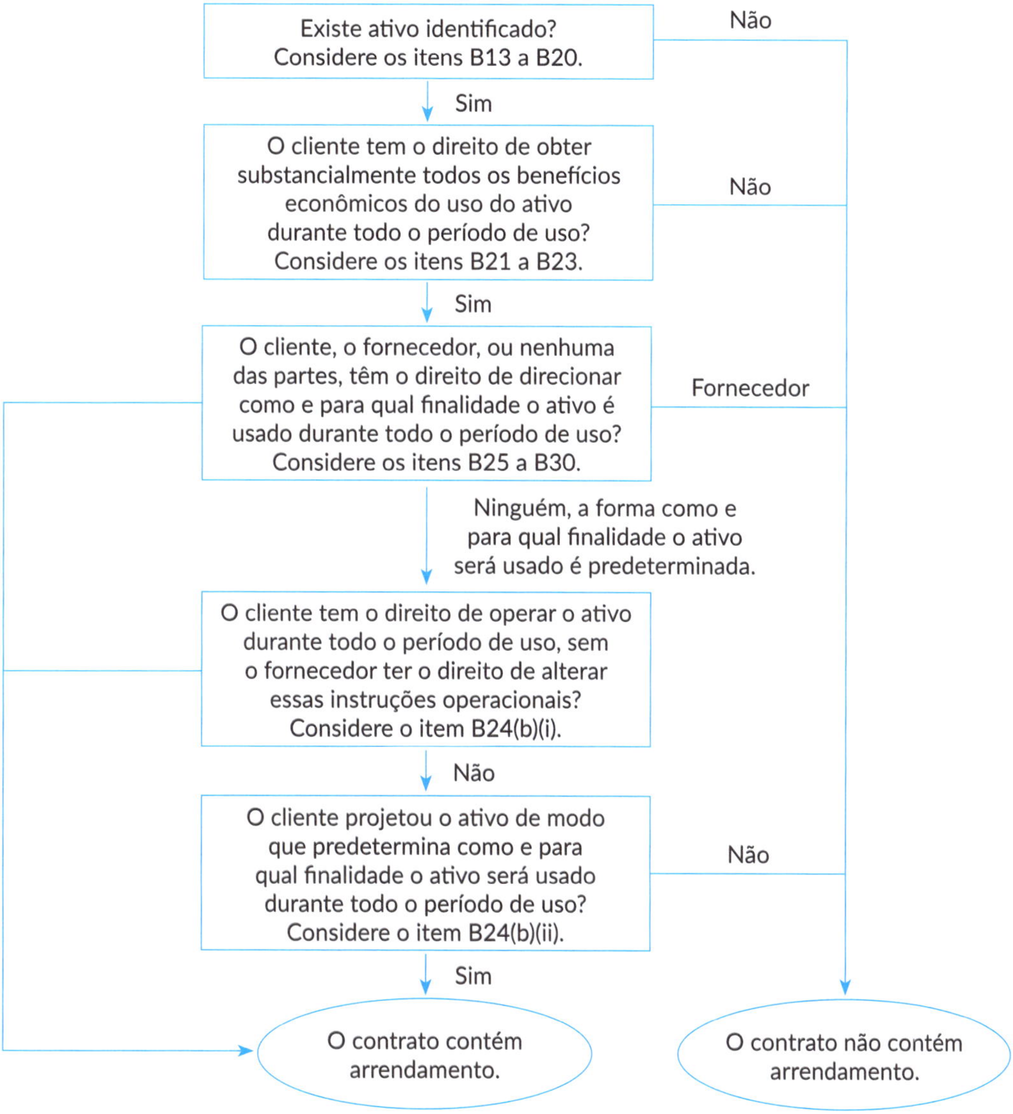

```
┌─────────────────────────────────┐
│ Existe ativo identificado?      │ ──── Não ────┐
│ Considere os itens B13 a B20.   │              │
└─────────────────────────────────┘              │
              │ Sim                              │
              ▼                                  │
┌─────────────────────────────────┐              │
│ O cliente tem o direito de obter│              │
│ substancialmente todos os       │              │
│ benefícios econômicos do uso do │ ──── Não ────┤
│ ativo durante todo o período    │              │
│ de uso?                         │              │
│ Considere os itens B21 a B23.   │              │
└─────────────────────────────────┘              │
              │ Sim                              │
              ▼                                  │
┌─────────────────────────────────┐              │
│ O cliente, o fornecedor, ou     │              │
│ nenhuma das partes, têm o       │              │
│ direito de direcionar como e    │ ─ Fornecedor ┤
│ para qual finalidade o ativo é  │              │
│ usado durante todo o período    │              │
│ de uso?                         │              │
│ Considere os itens B25 a B30.   │              │
└─────────────────────────────────┘              │
    │                                            │
    │ Ninguém, a forma como e                    │
    │ para qual finalidade o ativo               │
    │ será usado é predeterminada.               │
    ▼                                            │
┌─────────────────────────────────┐              │
│ O cliente tem o direito de      │              │
│ operar o ativo durante todo o   │              │
│ período de uso, sem o fornecedor│              │
│ ter o direito de alterar essas  │              │
│ instruções operacionais?        │              │
│ Considere o item B24(b)(i).     │              │
└─────────────────────────────────┘              │
              │ Não                              │
              ▼                                  │
┌─────────────────────────────────┐              │
│ O cliente projetou o ativo de   │              │
│ modo que predetermina como e    │              │
│ para qual finalidade o ativo    │ ──── Não ────┤
│ será usado durante todo o       │              │
│ período de uso?                 │              │
│ Considere o item B24(b)(ii).    │              │
└─────────────────────────────────┘              │
              │ Sim                              │
              ▼                                  ▼
      ( O contrato contém        )      ( O contrato não contém )
      ( arrendamento.            )      ( arrendamento.         )
```

11.3 Mensuração do arrendamento

Os critérios de mensuração definidos no CPC 06 são distintos para o arrendatário e para o arrendador. Para o arrendatário não mais se atribui classificação para o arrendamento e qualquer contrato que atenda as características apresentadas na seção 11.2 deve ser registrado contabilmente com os critérios que serão apresentados na subseção 11.3.1. Para o arrendador, contudo, foi mantida a classificação em arrendamento financeiro ou arrendamento operacional que constava na versão anterior do pronunciamento e será objeto de análise na subseção 11.3.2.

11.3.1 Mensuração do arrendamento no arrendatário

Os critérios de mensuração que devem ser aplicados pelo arrendatário são explicados a seguir, identificando o reconhecimento no momento inicial do contrato (mensuração inicial) e a mensuração subsequente (valores a serem reconhecidos durante a vigência do contrato e a posse do bem objeto do arrendamento).

11.3.1.1 *Mensuração inicial*

Conforme definido no item 22 do CPC 06, o arrendatário deve reconhecer, na data de início do contrato, o ativo de direito de uso e o passivo de arrendamento. Os valores atribuídos são definidos como se segue:

Ativo de direito de uso: deve ser mensurado ao valor de custo, que é composto dos seguintes valores, conforme determina o item 24 do mesmo pronunciamento:

> (a) *o valor da mensuração inicial do passivo de arrendamento [...];*
>
> (b) *quaisquer pagamentos de arrendamento efetuados até a data de início, menos quaisquer incentivos de arrendamento recebidos;*
>
> (c) *quaisquer custos diretos iniciais incorridos pelo arrendatário; e*
>
> (d) *a estimativa de custos a serem incorridos pelo arrendatário na desmontagem e remoção do ativo subjacente, restaurando o local em que está localizado ou restaurando o ativo subjacente à condição requerida pelos termos e condições do arrendamento, salvo se esses custos forem incorridos para produzir estoques. O arrendatário incorre na obrigação por esses custos seja na data de início ou como consequência de ter usado o ativo subjacente durante um período específico.*

Passivo de arrendamento: deve ser mensurado ao valor presente dos pagamentos do arrendamento que não são efetuados na data de início do arrendamento e incluem os seguintes componentes, conforme item 27 do CPC 06:

> (a) *pagamentos fixos [...];*
>
> (b) *pagamentos variáveis de arrendamento, que dependem de índice ou de taxa, inicialmente mensurados utilizando o índice ou a taxa da data de início [...];*
>
> (c) *valores que se espera que sejam pagos pelo arrendatário, de acordo com as garantias de valor residual;*
>
> (d) *o preço de exercício da opção de compra se o arrendatário estiver razoavelmente certo de exercer essa opção [...]; e*
>
> (e) *pagamentos de multas por rescisão do arrendamento, se o prazo do arrendamento refletir o arrendatário exercendo a opção de rescindir o arrendamento.*

A taxa de juros a ser utilizada no cálculo do valor presente corresponde à taxa implícita no arrendamento, se esta puder ser determinada. Caso a determinação da taxa não seja possível, o arrendatário deve utilizar a taxa incremental que seria obtida pelo arrendatário em um empréstimo com características semelhantes.

11.3.1.2 Mensuração subsequente

Após o início do contrato, o arrendatário deve mensurar o ativo de direito de uso de acordo com o que estabelecem os itens 29 a 35 do Pronunciamento Técnico, e o passivo de arrendamento de acordo com o que estabelecem os itens 36 a 38 do mesmo pronunciamento. Os critérios estabelecidos para a mensuração subsequente são apresentados de forma resumida a seguir:

Ativo de direito de uso: deve ser mensurado pelo método de custo que consiste no valor de custo definido na mensuração inicial menos qualquer depreciação acumulada (ou amortização acumulada) e perdas por redução ao valor recuperável.[3]

Para o cálculo da despesa de depreciação (ou amortização), a empresa deve aplicar os requisitos estabelecidos no Pronunciamento Técnico CPC 27 – Ativo imobilizado, considerando adicionalmente o prazo de vida útil de acordo com as seguintes regras:

a) Se o arrendamento transferir a propriedade do ativo subjacente ao arrendatário ao fim do prazo do arrendamento, ou se o custo do ativo de direito de uso refletir que o arrendatário exercerá a opção de compra, o arrendatário deve depreciar (amortizar) o ativo de direito de uso desde a data de início até o fim da vida útil do ativo subjacente, com os mesmos critérios que adota para outros ativos de sua propriedade que tenham a mesma natureza.

b) De outro modo, o arrendatário deve depreciar o ativo de direito de uso desde a data de início até o que ocorrer primeiro entre o fim da vida útil do ativo de direito de uso ou o fim do prazo de arrendamento.

Passivo de arrendamento: deve ser mensurado de forma semelhante a um financiamento obtido pela empresa, qual seja, os juros são acrescidos ao valor contábil em razão da fluência do tempo e os pagamentos efetuados devem ser reduzidos deste saldo. Os juros acrescidos ao valor do passivo são reconhecidos como despesa no resultado do período em que forem considerados, exceto se puderem ser incluídos no valor contábil de outro ativo de acordo com outros pronunciamentos específicos.

O valor dos juros de cada período é determinado pela aplicação da taxa de juros sobre o saldo remanescente do passivo de arrendamento. A taxa de juros a ser utilizada corresponde à mesma taxa que foi aplicada na mensuração inicial para o cálculo do valor presente dos arrendamentos.

Percebe-se, portanto, que nas demonstrações contábeis do arrendatário o arrendamento dá origem à despesa de depreciação (ou amortização) relativa aos ativos de direito de uso depreciáveis (ou amortizáveis) e à despesa financeira relativa ao passivo

---

[3] O item 34 do pronunciamento estabelece que, caso o contrato de arrendamento se refira ao direito de uso de um bem que atenda a definição de propriedade para investimento e a empresa adote o método de valor justo às suas propriedades para investimento, este método deve ser também aplicado para o contrato de arrendamento.

(financiamento) para cada período de vigência do contrato, sendo que o prazo de depreciação pode ser diferente do prazo de arrendamento.

11.3.1.3 *Exceções*

O Pronunciamento Técnico CPC 06 apresenta duas exceções em que o arrendatário pode optar por não aplicar os critérios de mensuração apresentados anteriormente, deixando de registrar o ativo de direito de uso e o passivo de arrendamento, e registrando apenas a despesa correspondente aos pagamentos do contrato. Estas exceções são apresentadas no item 5 do pronunciamento, cujo texto é reproduzido a seguir:

> 5. O arrendatário pode decidir não aplicar os requisitos dos itens 22 a 49 a:
> (a) arrendamentos de curto prazo; e
> (b) arrendamentos para os quais o ativo subjacente é de baixo valor (conforme descrito nos itens B3 a B8).

O arrendamento é considerado de curto prazo se, na data de início, possuir prazo de até 12 meses. Se, contudo, o contrato contiver cláusula de opção de compra, não pode ser considerado arrendamento de curto prazo.

No que se refere a arrendamento em que o ativo subjacente é de baixo valor, o pronunciamento apresenta nos itens B3 a B8 orientações detalhadas para identificar se o contrato é arrendamento de bens de baixo valor.

11.3.2 Mensuração do arrendamento no arrendador

Os critérios de mensuração aplicáveis ao arrendador dependem da classificação do arrendamento em financeiro ou operacional, tendo em vista que esta classificação foi mantida no pronunciamento aplicável. O pronunciamento estabelece, no item 62, que "*o arrendamento é classificado como arrendamento financeiro se transferir substancialmente todos os riscos e benefícios inerentes à propriedade do ativo subjacente para o arrendatário*". Em caso contrário, o arrendamento é classificado como arrendamento operacional.

Para orientar a classificação do contrato, o pronunciamento apresenta, no item 63, algumas situações que, individualmente ou em combinação, levariam à classificação como arrendamento financeiro. Estas situações são apresentadas resumidamente a seguir:

> (a) *o arrendamento transfere a propriedade do ativo subjacente ao arrendatário ao final do prazo do arrendamento;*
> (b) *o arrendatário tem a opção de comprar o ativo subjacente a preço que se espera que seja suficientemente mais baixo do que o valor justo na data em que a opção se tornar exercível, para que seja razoavelmente certo, na data de celebração do arrendamento, que a opção será exercida;*
> (c) *o prazo do arrendamento é equivalente à maior parte da vida econômica do ativo subjacente, mesmo se a propriedade não for transferida;*

(d) na data da celebração do arrendamento, o valor presente dos recebimentos do arrendamento equivale substancialmente à totalidade do valor justo do ativo subjacente; e

(e) o ativo subjacente é de natureza tão especializada que somente o arrendatário pode usá-lo sem modificações importantes.

Estes quesitos não são conclusivos e outras situações podem ser passíveis de análise para a caracterização do arrendamento como financeiro.

Caso, após as análises efetuadas, não seja possível classificar o contrato como arrendamento financeiro, o mesmo é classificado automaticamente como arrendamento operacional.

A seguir são apresentados os critérios de mensuração aplicáveis ao arrendador, identificando o reconhecimento no momento inicial do contrato (mensuração inicial) e a mensuração subsequente (valores a serem reconhecidos durante a vigência do contrato).

11.3.2.1 *Arrendamento financeiro*

Os arrendadores devem reconhecer no balanço patrimonial os ativos mantidos por arrendamento financeiro, apresentando-os como um recebível pelo valor equivalente ao investimento líquido no arrendamento. Esta apresentação se assemelha a forma de apresentação de um empréstimo que houvesse sido concedido ao arrendatário.

- Mensuração inicial

Na data de início do contrato, o investimento líquido no arrendamento deve ser mensurado ao valor presente dos recebimentos do arrendamento que não são recebidos nesta data, utilizando a taxa de juros implícita no arrendamento. Os valores a serem considerados no cálculo incluem os seguintes componentes, conforme item 70 do CPC 06:

(a) recebimentos fixos [...];

(b) recebimentos variáveis de arrendamento que dependem de índice ou de taxa, inicialmente mensurados, utilizando o índice ou a taxa da data de início;

(c) quaisquer garantias de valor residual fornecidas ao arrendador pelo arrendatário, uma parte relacionada ao arrendatário ou um terceiro não relacionado ao arrendador, que seja financeiramente capaz de liquidar as obrigações decorrentes da garantia;

(d) o preço de exercício da opção de compra, se o arrendatário estiver razoavelmente certo de exercer essa opção [...]; e

(e) recebimentos de multas por rescisão do arrendamento, se o prazo do arrendamento refletir o arrendatário exercendo a opção de rescindir o arrendamento.

Caso o arrendador não seja o fabricante ou revendedor do ativo arrendado e incorra em custos iniciais, estes devem ser considerados na determinação do valor do investimento líquido no arrendamento e afetam a taxa que será utilizada ao longo do prazo do arrendamento na mensuração subsequente.

Nos casos em que o arrendador é o fabricante ou revendedor do bem objeto do arrendamento, o pronunciamento estabelece, nos itens 71 a 74, tratamentos específicos a serem adotados. Estes itens não são aqui abordados por se tratarem de tópicos que fogem ao escopo deste livro.

■ Mensuração subsequente

O item 75 do CPC 06 estabelece que *"o arrendador deve reconhecer a receita financeira ao longo do prazo do arrendamento, com base em padrão que reflita a taxa de retorno periódica constante sobre o investimento líquido do arrendador no arrendamento"*. Isto significa que as receitas financeiras são apropriadas em função da passagem do tempo e os recebimentos realizados pelo arrendador são considerados parte como amortização de capital e parte como receita financeira.

11.3.2.2 Arrendamento operacional

O item 81 do CPC 06 estabelece que *"o arrendador deve reconhecer os recebimentos de arrendamento decorrentes de arrendamentos operacionais como receita pelo método linear ou em outra base sistemática"*. Os custos incorridos, incluindo a depreciação do bem objeto do arrendamento operacional, devem ser reconhecidos como despesa.

A política de depreciação para ativos depreciáveis objetos de arrendamentos operacionais deve ser consistente com a política de depreciação normal do arrendador para ativos similares. O arrendador deve calcular a depreciação de acordo com o Pronunciamento Técnico CPC 27 – Ativo imobilizado e com o Pronunciamento Técnico CPC 04 (R1) – Ativo intangível, e aplicar o Pronunciamento Técnico CPC 01 (R1) – Redução ao valor recuperável de ativos para determinar se o ativo subjacente sujeito a arrendamento operacional apresenta problemas de redução ao valor recuperável, devendo contabilizar qualquer perda por redução ao valor recuperável identificada.

▶ EXERCÍCIOS RESOLVIDOS

Exemplo (contabilização no arrendatário)

A Empresa que não compra S.A. realizou um contrato de arrendamento de um veículo que será utilizado no transporte de mercadorias a serem entregues aos seus clientes. Os dados do contrato são os seguintes:

- Data de início do contrato: 31/10/X1
- Prazo do contrato: 36 meses
- Forma de pagamento: 36 parcelas mensais
- Valor das parcelas: $ 18.262,46
- Valor residual garantido: $ 50.000
- Taxa implícita de juros: 2% ao mês
- A empresa exercerá o direito de opção de compra no final do contrato de arrendamento

Os dados sobre a utilização do bem pela empresa são os seguintes:

- Vida útil do bem: 60 meses
- Valor residual do bem: $ 20.000

A empresa incorreu em despesas iniciais no valor de $ 10.000 para customizar o veículo com suas cores e sua marca. O valor residual garantido corresponde ao valor que a empresa deve garantir para o arrendador no caso de devolução do veículo no final do contrato ou o valor que deverá pagar para exercer o direito à opção de compra, caso deseje adquirir o veículo na mesma data da última parcela do contrato. O valor residual do bem corresponde ao valor que a empresa espera obter pela venda do bem no final do seu prazo de vida útil.

A partir dessas informações, pede-se:

a) Efetue a contabilização do contrato de arrendamento, na data de início da operação, nas demonstrações do arrendatário.
b) Contabilize os efeitos no balanço patrimonial e na demonstração do resultado nos meses de novembro e dezembro de X1, nas demonstrações do arrendatário.
c) Elabore uma tabela contendo os valores que deverão ser evidenciados mês a mês nas demonstrações contábeis do arrendatário.

▷ Solução

a) **Cálculos e contabilização na data de início do contrato**

Cálculo do passivo de arrendamento

O passivo de arrendamento, na mensuração inicial, corresponde ao valor presente dos pagamentos fixos do contrato, incluindo o valor residual garantido que deverá ser cumprido pelo arrendatário. Assim, tem-se o seguinte cálculo (com a utilização de uma calculadora financeira):

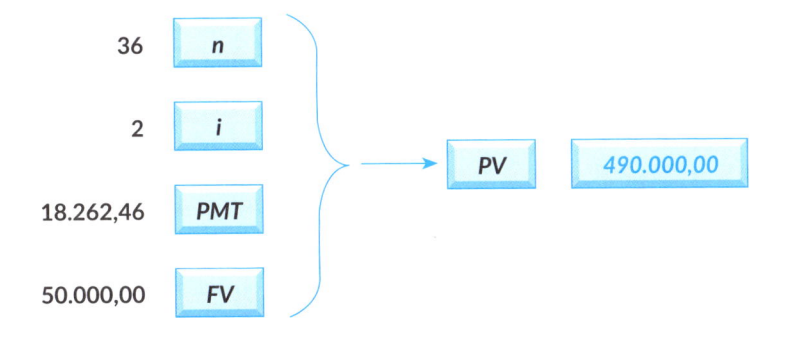

36	n		
2	i	PV	490.000,00
18.262,46	PMT		
50.000,00	FV		

Este valor corresponde ao valor presente total do contrato. Como o prazo da operação é de 36 meses, faz-se necessário dividir este valor total entre passivo circulante e passivo não circulante. O passivo circulante corresponde ao valor presente das 12 primeiras parcelas do contrato, cujo cálculo é apresentado a seguir:

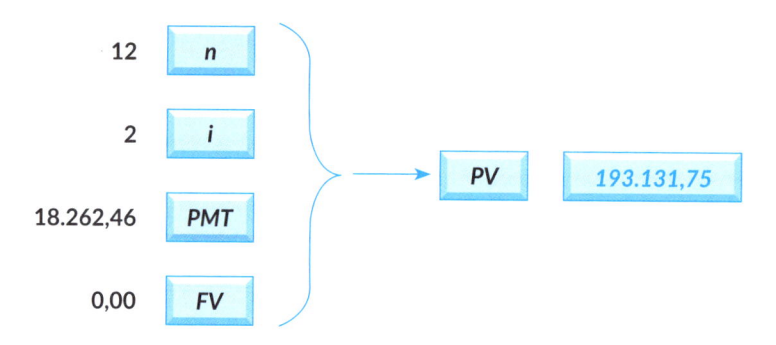

12	n
2	i
18.262,46	PMT
0,00	FV

→ PV = **193.131,75**

Obtém-se, assim, o valor a ser registrado no passivo circulante (**$ 193.131,75**) e, por diferença do valor total, o valor a ser registrado no passivo não circulante (**$ 296.868,25**), no subgrupo realizável a longo prazo.

Cálculo do ativo de direito de uso

O ativo de direito de uso, na mensuração inicial, corresponde ao custo que é composto do valor do passivo de arrendamento acrescido de eventuais pagamentos efetuados e custos incorridos até a data de início do contrato. Assim, tem-se o seguinte cálculo para o ativo de direito de uso:

Valor do passivo de arrendamento	490.000
(+) Despesas iniciais (customização do veículo)	10.000
(=) **Valor do ativo de direito de uso**	**500.000**

Lançamentos na mensuração inicial

Os lançamentos apresentados a seguir com as identificações de (1) e (2) correspondem aos seguintes eventos:

(1) Registro do ativo de direito de uso em contrapartida do passivo de arrendamento.
(2) Registro das despesas iniciais pagas no valor do ativo de direito de uso.

Ativo circulante	Passivo circulante
Caixa e equivalentes de caixa	Obrigações por arrendamentos
XXXXXXX | 10.000,00 (2)	| 193.131,75 (1)

Ativo não circulante		Passivo não circulante	
Direito de uso		**Obrigações por arrendamentos**	
(1) 490.000,00			296.868,25 (1)
(2) 10.000,00			
500.000,00			

b) **Cálculos e contabilização no final do 1º mês (30/11/X1)**

Cálculo dos acréscimos de juros no passivo de arrendamento

O passivo de arrendamento, no final do 1º mês, é acrescido dos juros do período em função da decorrência do prazo de um mês. Assim, têm-se os seguintes cálculos:

Valor dos juros no passivo circulante: 2% × $ 193.131,75 = **$ 3.862,64**

Valor dos juros no passivo não circulante: 2% × $ 296.868,25 = **$ 5.937,36**

Cálculo do valor da 13ª parcela que deve ser transferida para o passivo circulante

A 13ª parcela, que foi registrada na mensuração inicial no grupo do passivo não circulante, deve ser transferida para o passivo circulante, pois no final do 1º mês a sua data de vencimento ocorrerá dentro do período de 12 meses. O valor a ser transferido corresponde ao valor presente da parcela no final do 1º mês e o cálculo a ser realizado é o seguinte:

Valor presente no final do 1º mês: $18.262,46 / (1 + 0,02)^{12}$ = **$ 14.399,83**

Lançamentos correspondentes ao passivo de arrendamento

Os lançamentos a serem efetuados no final do 1º mês, relacionados com o passivo de arrendamento, são identificados a seguir:

(3) Registro dos juros do 1º mês sobre o saldo registrado no passivo circulante na mensuração inicial: **$ 3.862,64**.

(4) Registro dos juros do 1º mês sobre o saldo registrado no passivo não circulante na mensuração inicial: **$ 5.937,36**.

(5) Registro do pagamento da parcela do mês: **$ 18.262,46**.

(6) Registro da reclassificação do valor presente da 13ª parcela do passivo não circulante para o passivo circulante: **$ 14.399,83**.

Percebe-se que o valor do passivo de arrendamento a ser evidenciado no passivo circulante é o mesmo calculado anteriormente, ou seja, **$ 193.131,75**, pois corresponde ao valor presente das 12 primeiras parcelas que vencerão a partir do final do 2º mês.

Ativo circulante

Caixa e equivalentes de caixa

10.000,00	(2)	
18.262,46	(5)	

Passivo circulante

Obrigações por arrendamentos

(5)	18.262,46	193.131,75	(1)
		3.862,64	(3)
		14.399,82	(6)
		193.131,75	

Ativo não circulante

Direito de uso

(1)	490.000,00
(2)	10.000,00
	500.000,00

Passivo não circulante

Obrigações por arrendamentos

(6)	14.399,82	296.868,25	(1)
		5.937,36	(4)
		288.405,79	

Contas do resultado

Encargos financeiros

(3)	3.862,64
(4)	5.937,36
	9.800,00

Cálculo do ativo de direito de uso

O ativo de direito de uso deve ser mensurado pelo valor de custo diminuído da depreciação acumulada e perdas por redução ao valor recuperável, se aplicável.

Cálculo da despesa de depreciação

Valor depreciável: $ 500.000 – $ 20.000 = $ 480.000

Despesa de depreciação mensal: $ 480.000/60 = **$ 8.000**

Lançamentos correspondentes ao ativo de direito de uso

O lançamento no final do 1º mês, relacionado com o ativo de direito de uso, é identificado com o código **(7)**:

Ativo circulante

Caixa e equivalentes de caixa

	10.000,00	(2)	
	18.262,46	(5)	

Passivo circulante

Obrigações por arrendamentos

(5)	18.262,46	193.131,75	(1)
		3.862,64	(3)
		14.399,82	(6)
		193.131,75	

Ativo não circulante

Direito de uso

(1)	490.000,00	
(2)	10.000,00	
	500.000,00	

Depreciação acumulada

	8.000,00	(7)
	8.000,00	

Passivo não circulante

Obrigações por arrendamentos

(6)	14.399,82	296.868,25	(1)
		5.937,36	(4)
		288.405,79	

Contas do resultado

Encargos financeiros

(3)	3.862,64	
(4)	5.937,36	
	9.800,00	

Despesa de depreciação

(7)	8.000,00	
	8.000,00	

A partir do 2º mês do contrato, os lançamentos referentes ao passivo de arrendamento se repetirão até o final do prazo do contrato de arrendamento, enquanto os lançamentos referentes ao ativo de direito de uso ocorrerão até o final do prazo de vida útil. A tabela a seguir apresenta os valores necessários para a contabilização dos eventos desde a mensuração inicial até o final do 60º mês, quando se encerra a utilização do ativo de direito de uso. É importante esclarecer que, após o final do prazo de arrendamento, o ativo de direito de uso deve ser reclassificado para o ativo imobilizado da empresa, tendo em vista que, ao final do prazo do arrendamento, após o exercício da opção de compra pela empresa, esta passa a ser a proprietária do ativo e, consequentemente, há a caracterização de um ativo imobilizado.

Mês	Passivo de arrendamento					Ativo de direito de uso			
	Juros totais	Parcela	Passivo circulante	Passivo não circulante	Saldo total	Custo original	Depreciação acumulada	Valor contábil	Despesa de depreciação
0	–	–	193.131,75	296.868,25	490.000,00	500.000,00	–	500.000,00	–
1	9.800,00	18.262,46	193.131,75	288.405,92	481.537,67	500.000,00	8.000,00	492.000,00	8.000,00
2	9.630,75	18.262,46	193.131,75	279.774,21	472.905,96	500.000,00	16.000,00	484.000,00	8.000,00
3	9.458,12	18.262,46	193.131,75	270.969,87	464.101,62	500.000,00	24.000,00	476.000,00	8.000,00
4	9.282,03	18.262,46	193.131,75	261.989,45	455.121,19	500.000,00	32.000,00	468.000,00	8.000,00
5	9.102,42	18.262,46	193.131,75	252.829,41	445.961,15	500.000,00	40.000,00	460.000,00	8.000,00
6	8.919,22	18.262,46	193.131,75	243.486,17	436.617,92	500.000,00	48.000,00	452.000,00	8.000,00
7	8.732,36	18.262,46	193.131,75	233.956,07	427.087,82	500.000,00	56.000,00	444.000,00	8.000,00
8	8.541,76	18.262,46	193.131,75	224.235,37	417.367,11	500.000,00	64.000,00	436.000,00	8.000,00
9	8.347,34	18.262,46	193.131,75	214.320,25	407.452,00	500.000,00	72.000,00	428.000,00	8.000,00
10	8.149,04	18.262,46	193.131,75	204.206,83	397.338,57	500.000,00	80.000,00	420.000,00	8.000,00
11	7.946,77	18.262,46	193.131,75	193.891,14	387.022,89	500.000,00	88.000,00	412.000,00	8.000,00
12	7.740,46	18.262,46	193.131,75	183.369,14	376.500,88	500.000,00	96.000,00	404.000,00	8.000,00
13	7.530,02	18.262,46	193.131,75	172.636,70	365.768,44	500.000,00	104.000,00	396.000,00	8.000,00
14	7.315,37	18.262,46	193.131,75	161.689,60	354.821,35	500.000,00	112.000,00	388.000,00	8.000,00
15	7.096,43	18.262,46	193.131,75	150.523,57	343.655,32	500.000,00	120.000,00	380.000,00	8.000,00
16	6.873,11	18.262,46	193.131,75	139.134,22	332.265,96	500.000,00	128.000,00	372.000,00	8.000,00
17	6.645,32	18.262,46	193.131,75	127.517,08	320.648,82	500.000,00	136.000,00	364.000,00	8.000,00
18	6.412,98	18.262,46	193.131,75	115.667,59	308.799,34	500.000,00	144.000,00	356.000,00	8.000,00
19	6.175,99	18.262,46	193.131,75	103.581,12	296.712,87	500.000,00	152.000,00	348.000,00	8.000,00
20	5.934,26	18.262,46	193.131,75	91.252,92	284.384,66	500.000,00	160.000,00	340.000,00	8.000,00
21	5.687,69	18.262,46	193.131,75	78.678,15	271.809,90	500.000,00	168.000,00	332.000,00	8.000,00
22	5.436,20	18.262,46	193.131,75	65.851,89	258.983,64	500.000,00	176.000,00	324.000,00	8.000,00
23	5.179,67	18.262,46	193.131,75	52.769,10	245.900,85	500.000,00	184.000,00	316.000,00	8.000,00
24	4.918,02	18.262,46	232.556,40	–	232.556,40	500.000,00	192.000,00	308.000,00	8.000,00
25	4.651,13	18.262,46	218.945,07	–	218.945,07	500.000,00	200.000,00	300.000,00	8.000,00
26	4.378,90	18.262,46	205.061,51	–	205.061,51	500.000,00	208.000,00	292.000,00	8.000,00
27	4.101,23	18.262,46	190.900,28	–	190.900,28	500.000,00	216.000,00	284.000,00	8.000,00
28	3.818,01	18.262,46	176.455,83	–	176.455,83	500.000,00	224.000,00	276.000,00	8.000,00
29	3.529,12	18.262,46	161.722,49	–	161.722,49	500.000,00	232.000,00	268.000,00	8.000,00
30	3.234,45	18.262,46	146.694,48	–	146.694,48	500.000,00	240.000,00	260.000,00	8.000,00
31	2.933,89	18.262,46	131.365,91	–	131.365,91	500.000,00	248.000,00	252.000,00	8.000,00
32	2.627,32	18.262,46	115.730,76	–	115.730,76	500.000,00	256.000,00	244.000,00	8.000,00
33	2.314,62	18.262,46	99.782,92	–	99.782,92	500.000,00	264.000,00	236.000,00	8.000,00
34	1.995,66	18.262,46	83.516,12	–	83.516,12	500.000,00	272.000,00	228.000,00	8.000,00
35	1.670,32	18.262,46	66.923,98	–	66.923,98	500.000,00	280.000,00	220.000,00	8.000,00
36	1.338,48	68.262,46	–	–	0,00	500.000,00	288.000,00	212.000,00	8.000,00
37	–	–	–	–	0,00	500.000,00	296.000,00	204.000,00	8.000,00
38	–	–	–	–	0,00	500.000,00	304.000,00	196.000,00	8.000,00
39	–	–	–	–	0,00	500.000,00	312.000,00	188.000,00	8.000,00
40	–	–	–	–	0,00	500.000,00	320.000,00	180.000,00	8.000,00
41	–	–	–	–	0,00	500.000,00	328.000,00	172.000,00	8.000,00
42	–	–	–	–	0,00	500.000,00	336.000,00	164.000,00	8.000,00
43	–	–	–	–	0,00	500.000,00	344.000,00	156.000,00	8.000,00
44	–	–	–	–	0,00	500.000,00	352.000,00	148.000,00	8.000,00
45	–	–	–	–	0,00	500.000,00	360.000,00	140.000,00	8.000,00
46	–	–	–	–	0,00	500.000,00	368.000,00	132.000,00	8.000,00
47	–	–	–	–	0,00	500.000,00	376.000,00	124.000,00	8.000,00
48	–	–	–	–	0,00	500.000,00	384.000,00	116.000,00	8.000,00
49	–	–	–	–	0,00	500.000,00	392.000,00	108.000,00	8.000,00
50	–	–	–	–	0,00	500.000,00	400.000,00	100.000,00	8.000,00
51	–	–	–	–	0,00	500.000,00	408.000,00	92.000,00	8.000,00
52	–	–	–	–	0,00	500.000,00	416.000,00	84.000,00	8.000,00
53	–	–	–	–	0,00	500.000,00	424.000,00	76.000,00	8.000,00
54	–	–	–	–	0,00	500.000,00	432.000,00	68.000,00	8.000,00
55	–	–	–	–	0,00	500.000,00	440.000,00	60.000,00	8.000,00
56	–	–	–	–	0,00	500.000,00	448.000,00	52.000,00	8.000,00
57	–	–	–	–	0,00	500.000,00	456.000,00	44.000,00	8.000,00
58	–	–	–	–	0,00	500.000,00	464.000,00	36.000,00	8.000,00
59	–	–	–	–	0,00	500.000,00	472.000,00	28.000,00	8.000,00
60	–	–	–	–	0,00	500.000,00	480.000,00	20.000,00	8.000,00

Exemplo (contabilização no arrendador)

Utilizando os mesmos dados do exemplo apresentado para a contabilização no arrendatário, apresentamos a seguir os registros contábeis a serem efetuados no arrendador para o mesmo contrato. Assumimos aqui uma hipótese adicional de que o valor justo do ativo objeto do arrendamento seja $ 490.000 e, tendo em vista que o contrato inclui uma cláusula de valor residual garantido e que o valor presente dos recebimentos contratados cobre totalmente este valor justo, o contrato se enquadra na categoria de arrendamento financeiro para o arrendador.

▷ Solução

a) Cálculos e contabilização na data de início do contrato

Cálculo do investimento líquido em arrendamento

O investimento líquido em arrendamento, na mensuração inicial, corresponde ao valor presente dos recebimentos fixos do contrato, incluindo o valor residual garantido que deverá ser cumprido pelo arrendatário. Assim, tem-se o seguinte cálculo (com a utilização de uma calculadora financeira):

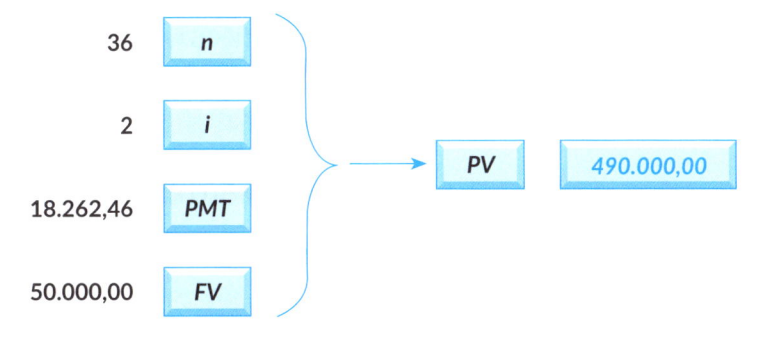

36	n			
2	i	→	PV	490.000,00
18.262,46	PMT			
50.000,00	FV			

Este valor corresponde ao valor presente total do contrato.[4]

Lançamentos na mensuração inicial

O lançamento a ser realizado na mensuração inicial é identificado com o código **(1)** a seguir:

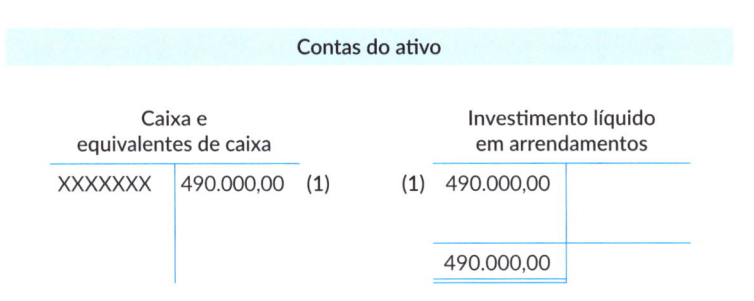

Contas do ativo			
Caixa e equivalentes de caixa		Investimento líquido em arrendamentos	
XXXXXXX	490.000,00 (1)	(1) 490.000,00	
		490.000,00	

---

[4] Por simplificação, não estamos apresentando o valor do investimento líquido segregado em ativo circulante e ativo não circulante, mas, na prática, a separação deve ser realizada e os valores correspondentes são os mesmos do exemplo anterior de contabilização aplicável ao arrendatário.

b) Cálculos e contabilização no final do 1º mês (30/11/X1)

Cálculo do investimento líquido em arrendamento

O investimento líquido em arrendamento total, no final do 1º mês, corresponde ao valor registrado no momento inicial, acrescido dos juros do período e reduzido do recebimento da 1ª parcela. Assim, tem-se os seguintes cálculos:

Valor dos juros: 2% × $ 490.000 = **$ 9.800**

Valor total do investimento líquido em arrendamento:
$ 490.000 + $ 9.800 − $ 18.262,46 = **$ 481.537,54**

Este valor corresponde, também, ao valor presente das parcelas remanescentes do contrato de arrendamento no final do 1º período.

Lançamentos correspondentes ao investimento líquido em arrendamento

Os lançamentos a serem efetuados no final do 1º mês são identificados a seguir:

(2) Registro dos juros do 1º mês sobre o valor presente registrado no ativo na mensuração inicial: **$ 9.800**.

(3) Registro do recebimento da parcela do mês: **$ 18.262,46**.

Ativo				Conta do resultado		
Caixa e equivalentes				Receita financeira		
(3) 18.262,46	490.000,00	(1)			9.800,00	(2)
					9.800,00	

Investimento líquido em arrendamentos			
(1) 490.000,00	18.262,46	(3)	
(2) 9.800,00			
481.537,54			

A partir do 2º mês do contrato, os lançamentos referentes ao investimento líquido em arrendamentos se repetirão, de forma semelhante, até o final do prazo do contrato de arrendamento. A tabela a seguir apresenta os valores necessários para a contabilização dos eventos desde a mensuração inicial até o final do 36º mês, quando se encerra o prazo de arrendamento.

Mês	Investimento líquido em arrendamento		
	Receita	Parcela	Saldo
0	–	–	490.000,00
1	9.800,00	18.262,46	481.537,67
2	9.630,75	18.262,46	472.905,96
3	9.458,12	18.262,46	464.101,62
4	9.282,03	18.262,46	455.121,19
5	9.102,42	18.262,46	445.961,15
6	8.919,22	18.262,46	436.617,92
7	8.732,36	18.262,46	427.087,82
8	8.541,76	18.262,46	417.367,11
9	8.347,34	18.262,46	407.452,00
10	8.149,04	18.262,46	397.338,57
11	7.946,77	18.262,46	387.022,89
12	7.740,46	18.262,46	376.500,88
13	7.530,02	18.262,46	365.768,44
14	7.315,37	18.262,46	354.821,35
15	7.096,43	18.262,46	343.655,32
16	6.873,11	18.262,46	332.265,96
17	6.645,32	18.262,46	320.648,82
18	6.412,98	18.262,46	308.799,34
19	6.175,99	18.262,46	296.712,87
20	5.934,26	18.262,46	284.384,66
21	5.687,69	18.262,46	271.809,90
22	5.436,20	18.262,46	258.983,64
23	5.179,67	18.262,46	245.900,85
24	4.918,02	18.262,46	232.556,40
25	4.651,13	18.262,46	218.945,07
26	4.378,90	18.262,46	205.061,51
27	4.101,23	18.262,46	190.900,28
28	3.818,01	18.262,46	176.455,83
29	3.529,12	18.262,46	161.722,49
30	3.234,45	18.262,46	146.694,48
31	2.933,89	18.262,46	131.365,91
32	2.627,32	18.262,46	115.730,76
33	2.314,62	18.262,46	99.782,92
34	1.995,66	18.262,46	83.516,12
35	1.670,32	18.262,46	66.923,98
36	1.338,48	68.262,46	0,00

Considerações sobre o arrendamento operacional

Se o contrato fosse caracterizado como arrendamento operacional, o arrendador manteria o bem arrendado registrado como ativo em seu balanço patrimonial, e registraria a despesa de depreciação (ou amortização) ao longo do prazo do contrato, adotando os mesmos critérios utilizados para outros ativos semelhantes de sua propriedade. As parcelas que serão recebidas do contrato deverão ser registradas como receitas, em base linear, ao longo do prazo do contrato. Este critério corresponde ao que era adotado historicamente para as operações tradicionais de locação.

▶ TESTES

Com base nas informações a seguir responda os testes 1 a 3.

Em 30/11/X2, a Cia. dos Transportes realizou um contrato de arrendamento para o uso de um caminhão. A empresa deverá pagar 24 prestações mensais, iguais e consecutivas de $ 14.000 cada, vencendo a primeira em 31/12/X2 e a taxa de juros cobrada na transação foi de 1,82889% ao mês. A vida útil estimada pela empresa para o caminhão, na data de aquisição, era de dez anos e o valor residual estimado de $ 30.000. A empresa adota o método das quotas constantes para o cálculo da despesa de depreciação e pretende ficar com o bem no final do prazo do arrendamento.

1. A Cia. dos Transportes reconheceu um ativo no valor de
   a) $ 270.000, em 30/11/X2, e despesa de depreciação de $ 2.000, no mês de dezembro de X2.
   b) $ 336.000, em 30/11/X2, e despesa de depreciação de $ 2.550, no mês de dezembro de X2.
   c) $ 270.000, em 30/11/X2, e despesa de depreciação de $ 2.250, no mês de dezembro de X2.
   d) $ 336.000, em 30/11/X2, e despesa de depreciação de $ 2.800, no mês de dezembro de X2.
   e) $ 270.000, em 30/11/X2, e despesa de depreciação de $ 11.250, no mês de dezembro de X2.

2. A Cia. dos Transportes reconheceu no passivo o valor líquido de
   a) $ 336.000, em 30/11/X2, apenas.
   b) $ 270.000, em 30/11/X2, e despesa financeira de $ 2.750, no mês de dezembro de X2.
   c) $ 270.000, em 30/11/X2, e despesa financeira de $ 4.938, no mês de dezembro de X2.
   d) $ 336.000, em 30/11/X2, e despesa financeira de $ 6.145, no mês de dezembro de X2.
   e) $ 270.000, em 30/11/X2, e despesa financeira de $ 66.000, no mês de dezembro de X2.

3. É correto afirmar que a Cia. dos Transportes apresentou em seu balanço patrimonial de 31/12/X2 um
   a) direito de uso no valor líquido de $ 270.000.
   b) direito de uso no valor líquido de $ 238.000.
   c) passivo de arrendamento no valor líquido de $ 274.938.
   d) passivo de arrendamento no valor líquido de $ 260.938.
   e) passivo de arrendamento no valor líquido de $ 322.000.

4. Em 31/10/X1, a Cia. Contratual assinou um contrato de aluguel de um prédio por um período de cinco anos, com pagamentos mensais de $ 5.000 sem correção. Caso a empresa rescinda o contrato, todas as parcelas remanescentes deverão ser pagas. Sabendo-se que a taxa de juros compostos cobrada em operações similares é de 1% ao mês, é correto afirmar que a Cia. Contratual

a) reconheceu um direito de uso pelo valor líquido de $ 300.000, em 31/10/X1.
b) apresentou um direito de uso pelo valor líquido de $ 224.775, em 31/12/X1.
c) reconheceu despesa financeira de $ 5.532,02, no resultado do ano de X1.
d) reconheceu um passivo de arrendamento pelo valor líquido de $ 300.000, em 31/10/X1.
e) reconheceu um passivo de arrendamento pelo valor líquido de $ 219.242,98, em 31/12/X1.

5. Considere as seguintes assertivas:

   I. O custo do direito de uso deve incluir apenas o valor presente dos pagamentos do arrendamento que não são efetuados na data de início do arrendamento.

   II. A taxa de juros a ser utilizada no cálculo do valor presente corresponde à taxa implícita no arrendamento, se esta puder ser determinada.

   III. Se o arrendatário adquirir o ativo no final do prazo do arrendamento, o ativo de direito de uso deve ser depreciado (amortizado) desde a data de início até o fim da vida útil do ativo definida pela empresa.

   É correto o que se afirma em:

   a) I, apenas.
   b) II, apenas.
   c) III, apenas.
   d) I e II, apenas.
   e) II e III, apenas.

12 ATIVO INTANGÍVEL

12.1 Introdução

Os ativos intangíveis, pela dificuldade de sua identificação e mensuração, não faziam parte do grupo de ativos evidenciados no balanço patrimonial até a promulgação da Lei nº 11.638/2008. A existência de diretrizes e orientações sobre como calcular e reconhecer esses itens, contudo, não eliminou a complexidade que envolve o tema quanto a sua identificação e mensuração.

Segundo Eliseu Martins (1972),[1] talvez a característica mais comum a todos os itens do chamado ativo intangível seja o **grande grau de incerteza** existente na avaliação dos futuros resultados que por eles poderão ser proporcionados.

No Brasil, o Pronunciamento Técnico CPC 04 define os critérios para reconhecimento e, de acordo com o item 12, mensuração dos ativos intangíveis que são apresentados a seguir.

12.2 Identificação de um ativo intangível

De acordo com o CPC 04, ativo intangível é um ativo não monetário identificável sem substância física e, de acordo com o item 12, satisfaz ao critério de identificação quando:

> *(a) for separável, ou seja, puder ser separado da entidade e vendido, transferido, licenciado, alugado ou trocado, individualmente ou junto com um contrato, ativo ou passivo relacionado, independente da intenção de uso pela entidade; ou*
>
> *(b) resultar de direitos contratuais ou outros direitos legais, independentemente de tais direitos serem transferíveis ou separáveis da entidade ou de outros direitos e obrigações.*

---

[1] MARTINS, Eliseu. Contribuição à avaliação do ativo intangível. São Paulo, 1972. Tese de Doutorado. Faculdade de Economia, Administração e Contabilidade (FEA-USP).

Como exemplos de ativos intangíveis, podem-se citar *softwares*, franquias, patentes, direitos autorais, listas de clientes, licenças de pesca, entre outros.

É importante ressaltar que os ativos intangíveis podem estar vinculados a um outro ativo que possui forma física e, nesses casos, a classificação como imobilizado ou intangível deve ser feita em função do elemento mais significativo. Por exemplo, se um *software* é necessário para o funcionamento de um equipamento, deve ser tratado como componente do ativo imobilizado; por sua vez, se o *software* não é necessário para o funcionamento do equipamento, mas dele se utiliza apenas para a geração de serviços, deve ser tratado como ativo intangível.

12.3 Reconhecimento e mensuração

Para que um ativo intangível possa ser reconhecido nas demonstrações contábeis, além de ser identificável pelos critérios apresentados no item anterior, deve atender os seguintes critérios (CPC 04, item 21):

a) for provável que os benefícios econômicos futuros atribuídos ao ativo virão para a entidade;

b) o custo puder ser mensurado com confiança.

A entidade deve avaliar a probabilidade dos benefícios econômicos futuros utilizando suposições razoáveis e justificáveis que representem a melhor estimativa do valor do ativo ao longo da sua vida útil.

O reconhecimento inicial de um ativo intangível é pelo seu custo, que representa seu valor justo na data de aquisição.

12.4 Principais formas para obtenção de um ativo intangível

Um ativo intangível pode surgir, principalmente, de três formas:

a) **Aquisição separada**

O ativo intangível adquirido separadamente deve satisfazer os critérios de reconhecimento, ou seja, gerar benefícios econômicos futuros para a empresa e ter seu custo mensurado com segurança.

Os custos de um ativo intangível adquirido separadamente incluem: o preço de compra, inclusive impostos de importação e impostos não recuperáveis, depois de deduzidos os descontos e abatimentos e quaisquer custos adicionais necessários para que o ativo esteja pronto para ser utilizado pela entidade. O reconhecimento desses custos adicionais se dá até o momento em que o ativo esteja pronto, ou seja, em condições de ser utilizado.

b) Intangíveis gerados internamente

Esses ativos dificilmente são qualificados para o reconhecimento, pois é difícil identificar se e quando vão gerar benefícios econômicos futuros, além de ser difícil mensurar seu custo com segurança. Pode-se dizer que os gastos nos quais a entidade incorre, na expectativa de obter benefícios econômicos futuros, e que não pode ativar por não atenderem aos critérios de reconhecimento (não serem identificáveis), fazem parte do ágio por expectativa de rentabilidade futura (*goodwill*) gerado internamente, os quais não devem ser reconhecidos.

No entanto, em algumas situações, o ativo intangível gerado internamente poderá ser ativado e, nesses casos, deverá atender os critérios de reconhecimento de ativo intangível. Para avaliar se o ativo intangível atende os critérios de reconhecimento, a entidade deve classificar a geração do ativo em (CPC 04, item 52):

- **Fase de pesquisa**: todos os gastos classificados como pesquisa são reconhecidos como despesa.
- **Fase de desenvolvimento**: os gastos nessa fase serão reconhecidos no ativo se, e somente se, atenderem a todos os critérios a seguir:
  (i) viabilidade técnica para concluir o ativo intangível;
  (ii) intenção de concluir o ativo intangível e de usá-lo ou vendê-lo;
  (iii) capacidade para usar ou vender o ativo;
  (iv) forma como o ativo deve gerar benefícios econômicos futuros;
  (v) disponibilidade de recursos técnicos, financeiros e outros para concluir o desenvolvimento do ativo;
  (vi) capacidade de mensurar com segurança os gastos atribuíveis ao ativo intangível durante o seu desenvolvimento.

O custo do ativo intangível gerado internamente será formado pelos gastos que puderem ser diretamente atribuídos ao processo de criação do ativo até que este esteja pronto para uso. Gastos que já foram reconhecidos anteriormente como despesas não podem ser reintegrados ao custo desse ativo.

c) Aquisição em combinação de negócios

De acordo com o CPC 15, item B5, combinação de negócios é uma operação ou outro evento em que um adquirente obtém o controle de um ou mais negócios.

Nas combinações de negócios é usual o surgimento de uma diferença entre o valor patrimonial da empresa e o custo de aquisição desta. Quando o valor pago for superior ao valor patrimonial da empresa adquirida, a diferença pode ser decorrente de ativos intangíveis que não foram reconhecidos pela empresa adquirida, da mais valia de ativos reconhecidos na adquirida e da expectativa de rentabilidade futura (*goodwill*).

Quando um ativo intangível for adquirido em uma combinação de negócios, seu custo é o valor justo, na data de aquisição, que refletirá as expectativas dos benefícios econômicos futuros gerados por esse ativo.

Assim, os ativos intangíveis adquiridos devem ser reconhecidos pelo adquirente, na data da aquisição, separadamente do ágio derivado da expectativa de rentabilidade futura (*goodwill*) apurado em uma combinação de negócios, independentemente de o ativo ter sido reconhecido pela entidade adquirida antes da aquisição da empresa.

12.5 Mensuração após reconhecimento

Após o reconhecimento inicial, a mensuração de um ativo intangível dependerá do prazo de vida útil a ele associado, conforme discutido a seguir.

12.5.1 Critérios para definição da vida útil do ativo intangível

A vida útil dos ativos intangíveis deve ser classificada como definida ou indefinida. Caso a entidade avalie que o ativo possui uma vida útil definida, deve definir a extensão dessa vida útil em tempo, volume de produção ou medidas similares. A vida útil dos ativos intangíveis que surgem de direitos legais não deve ultrapassar o período desses direitos, mas pode ser mais curta que eles, dependendo do período sobre o qual a entidade espera utilizá-los. Caso existam evidências de renovação de tais direitos com um custo baixo,[2] a vida útil do ativo poderá incluir esse período de renovação.

O período de vida útil de um ativo intangível pode ser determinado por fatores legais, que restringem o acesso da entidade aos benefícios do ativo, ou por fatores econômicos, que restringem a própria capacidade de geração de benefícios econômicos do mesmo. A vida útil do ativo deve ser o menor prazo entre os dois determinados por esses fatores.

Caso a entidade não consiga determinar, com base na análise de aspectos relevantes, um período sobre o qual espera que o ativo gere fluxos de caixa positivos, deve determinar sua vida útil como indefinida.

12.5.2 Ativo intangível com vida útil definida

Os ativos intangíveis com vida útil definida são amortizados ao longo do tempo de utilização e o critério de cálculo da amortização deve refletir de forma sistemática a utilização dos benefícios econômicos gerados por esses ativos. Caso a entidade não consiga definir com confiança o consumo desse ativo, o método linear de amortização deverá ser utilizado.

O valor residual de um ativo intangível com vida útil definida deve ser igual a zero, a menos que exista um compromisso por parte de terceiros de comprar esse ativo ou haja um mercado ativo para esse intangível onde se possa obter uma estimativa do seu valor residual ao final da vida útil. Esse valor residual deve ser estimado considerando-se o valor que a entidade espera recuperar com a alienação do ativo.

---

[2] Entenda-se por custos baixos os custos não significativos em relação aos benefícios econômicos que se espera que sejam gerados pelo intangível, e por custos altos os custos significativos em relação a esses mesmos benefícios.

A vida útil, o método de amortização e o valor residual devem ser revisados, no mínimo, ao final de cada exercício para que possam refletir possíveis mudanças e alterações na utilização do intangível.

12.5.3 Ativo intangível com vida útil indefinida

Os ativos intangíveis com vida útil indefinida não devem ser amortizados, mas devem ser reavaliados periodicamente e sempre que houver indícios de perda de valor desse ativo (*impairment*). Além disso, os critérios para definir se esse ativo possui uma vida útil indefinida devem ser revisados, e, caso haja indícios que indiquem o contrário, uma mudança de critério deve ser adotada, passando esse ativo a ter uma vida útil definida. Se assim acontecer, essa alteração é tratada como uma mudança de estimativa contábil.

Desse modo, a entidade deve revisar o valor contábil de seus ativos intangíveis para determinar seu valor recuperável e reconhecer ou reverter a perda por desvalorização ou revisar e ajustar os critérios utilizados para o cálculo da amortização.

12.6 Baixa e alienação

A baixa de um ativo intangível ocorre em duas circunstâncias:

(i) quando de sua alienação; ou
(ii) quando a entidade não espera mais obter benefícios econômicos com sua utilização ou alienação.

Os ganhos ou as perdas com a baixa de ativos intangíveis devem ser reconhecidos no resultado e são determinados pela diferença entre o valor líquido da alienação (se houver) e o valor contábil do ativo.

▶ EXERCÍCIO RESOLVIDO

▷ Exercício 1 (adaptado do exemplo do item 65, CPC 04)

Em janeiro de X8, a Alfa começou a desenvolver um novo sistema de vendas. Até o final do mês de setembro, a empresa havia incorrido em gastos de $ 120.000. A partir do mês de outubro, esses gastos passaram a atender ao critério de reconhecimento de ativos intangíveis. Ao final de X8, os gastos com o desenvolvimento do sistema totalizaram $ 190.000 e o valor recuperável do sistema foi estimado em $ 80.000.

Durante X9, os gastos incorridos no desenvolvimento do sistema totalizaram $ 150.000 e o seu valor recuperável foi estimado em $ 200.000.

A partir dessas informações, pede-se:

a) Faça a contabilização nos anos X8 e X9.

> **Solução**

Ano X8

No ano de X8, os $ 120.000 de gastos incorridos até o mês de setembro não podem ser reconhecidos como custo do desenvolvimento do sistema (os critérios de reconhecimento passaram a ser atendidos após essa data) e devem, portanto, ser reconhecidos como despesa em X8. Os outros $ 70.000 devem ser reconhecidos como Ativo intangível, uma vez que o valor recuperável é de $ 80.000.

Assim, a empresa deve realizar a seguinte contabilização:

Caixa e equivalentes de caixa			Intangível			Despesa	
XXXXX	190.000	(1)	(1) 70.000			(1) 120.000	
			70.000			120.000	

Ano X9

Em X9, o custo adicional no desenvolvimento do ativo intangível foi de $ 150.000. No entanto, a empresa deve ajustar o valor contábil ($ 220.000) ao valor recuperável do ativo ($ 200.000), pelo reconhecimento de uma perda de $ 20.000. Essa perda deve ser registrada como perda estimada, pois, caso atenda os critérios de reversão de perda de valor, em períodos subsequentes, esta deve ser revertida de acordo com os critérios do Pronunciamento Técnico CPC 01.

Assim, a empresa deve realizar a seguinte contabilização:

a) Reconhecimento do custo adicional

Caixa e equivalentes de caixa			Intangível	
XXXXX	150.000	(2)	(1) 70.000	
			(2) 150.000	
			220.000	

b) Reconhecimento da perda por redução ao valor recuperável do intangível

	Intangível			Perda por desvalorização	
(1) 70.000		20.000 (3)	(3) 20.000	
(2) 150.000				
200.000			20.000	

▶ **EXERCÍCIOS PROPOSTOS**

▷ **Exercício 1**[3]

A Companhia Sunshine Car iniciou a pesquisa e o desenvolvimento de um protótipo de carro movido a energia solar.

O projeto durou quatro anos, tendo sido efetuados os seguintes gastos:

Ano	Gastos (em $)
X0	40.000
X1	70.000
X2	80.000
X3	50.000

A seguir, um breve resumo dos acontecimentos de cada ano.

Ano X0: o projeto ainda estava na fase inicial da pesquisa, e a companhia ainda considerava a possibilidade de insucesso.

Ano X1: a companhia finaliza o protótipo do carro e inicia a fase de desenvolvimento. Além disso, efetuou uma pesquisa de mercado, mas percebeu que não haveria demanda para o carro, em razão do preço e da limitação quanto à sua autonomia. Mesmo assim, decidiu manter o projeto em curso normal, esperando mudanças que pudessem surtir efeito quanto à demanda do carro.

Ano X2: há uma repercussão mundial do novo produto e, a partir de agora, a empresa consegue projetar uma demanda suficiente para justificar a produção em larga escala.

Ano X3: o projeto é concluído, e a companhia espera iniciar a produção e vendas em X4. A companhia não consegue, nesse momento, definir o prazo de recuperação desse investimento, pois ainda não se sabe de uma forma definitiva como o consumidor vai reagir ao novo produto. Não houve a necessidade de reconhecer perdas por *impairment*.

Ano X4: as vendas são iniciadas e a companhia efetua um teste de *impairment* do projeto no fim do ano. Chega à conclusão de que o valor recuperável foi estimado em R$ 100.000.

Ano X5: a demanda não responde às expectativas da companhia e esta decide descontinuar a produção.

A partir dessas informações, pede-se:

a) Contabilizar os gastos efetuados de X0 a X3 e sua mensuração subsequente em X4 e X5, justificando sua resposta.

---

[3] Este exercício foi elaborado pelo Prof. Dr. Bruno Meirelles Salotti, da Universidade de São Paulo.

▷ Exercício 2

A Companhia Delta adquiriu um *software* pelo preço de $ 32.000. Sabe-se que a empresa obteve um abatimento de 5% sobre esse preço e teve gastos adicionais no valor de $ 1.500 para que o *software* estivesse em condições de ser utilizado.

A empresa, porém, decidiu, após determinado tempo, transferir esse *software* para outro departamento, incorrendo em gastos adicionais de $ 3.000.

A partir dessas informações, pede-se:

a) Contabilizar as operações anteriores na Cia. Delta.

▷ Exercício 3

A empresa Gama adquiriu o direito de utilizar determinada marca pelo valor de $ 336.000. Os direitos de utilização dessa marca pela empresa valem por dez anos. A empresa, porém, espera utilizar essa marca apenas durante os próximos oito anos. Não existe mercado ativo para comercializar esse intangível e tampouco um compromisso por parte de terceiros de comprar o mesmo ao final de sua via útil.

Responda: Essa marca deve ser amortizada? Se sim, indique o valor das parcelas e o período de amortização.

▶ TESTES

1. Em relação a um ativo intangível com vida útil indefinida, é correto afirmar que este ativo é mensurado inicialmente pelo

   a) custo, deve ser amortizado e está sujeito ao teste de *impairment* pelo menos uma vez por ano.

   b) custo, não deve ser amortizado e está sujeito ao teste de *impairment* pelo menos uma vez por ano.

   c) custo, não deve ser amortizado e não está sujeito ao teste de *impairment*.

   d) valor justo, deve ser amortizado e está sujeito ao teste de *impairment* uma vez por ano.

   e) valor justo, não deve ser amortizado e não está sujeito ao teste de *impairment*.

2. A Cia. Inovadora registrou uma patente por $ 50.000 à vista, cuja vida útil econômica foi estimada em 25 anos. Com base nessas informações, este ativo é mensurado inicialmente pelo

   a) custo, deve ser amortizado e está sujeito ao teste de redução ao valor recuperável pelo menos uma vez por ano.

   b) custo e não sofre amortização.

   c) custo, deve ser amortizado e não está sujeito ao teste de redução ao valor recuperável pelo menos uma vez por ano.

   d) valor justo menos eventual provisão para perdas.

   e) valor justo e deve ser amortizado.

3. Sobre os ativos intangíveis gerados internamente podemos afirmar que:

   a) Todos os gastos com pesquisa devem ser reconhecidos como ativo em desenvolvimento, pois irão gerar benefícios econômicos futuros.

   b) Os gastos na fase de desenvolvimento devem ser sempre reconhecidos no resultado.

   c) Durante a fase de desenvolvimento, a entidade pode, em alguns casos, identificar um ativo intangível se demonstrar que o mesmo gerará prováveis benefícios econômicos futuros.

   d) Se a entidade não conseguir diferenciar a fase de pesquisa da fase de desenvolvimento, os gastos com o projeto devem ser considerados como incorridos apenas na fase de desenvolvimento.

   e) Tanto a fase de pesquisa quanto a fase de desenvolvimento devem ser reconhecidas no ativo da entidade.

4. A Cia. P&D apresentava, no balanço patrimonial de 31/12/X4, uma marca com vida útil indefinida, cujo valor contábil era de $ 200.000 composto por:

Custo de aquisição: $ 290.000

(–) Perda por *impairment* (reconhecida em X3): ($ 90.000)

Em 31/12/X4, a empresa realizou o teste de recuperabilidade do ativo e obteve as seguintes informações:
- Valor em uso da patente: $ 210.000
- Valor justo líquido de despesas de venda: $ 190.000

Com base nessas informações, o valor contábil que a Cia. P&D apresentou em seu balanço patrimonial, em 31/12/X4, referente a este ativo foi

a) $ 200.000.
b) $ 80.000.
c) $ 190.000.
d) $ 290.000.
e) $ 210.000.

5. As seguintes informações sobre um ativo intangível com vida útil indefinida constavam do balanço patrimonial de 31/12/X2 da Cia. Registrada:

Custo de aquisição: $ 320.000

(–) Perda por *impairment* (reconhecida em X2): ($ 50.000)

Em junho de X3, a empresa realizou o teste de *impairment* para o ativo e obteve as seguintes informações:
- Valor em uso: $ 290.000
- Valor justo líquido das despesas de venda: $ 230.000

Sabendo que o ativo intangível não se refere à ágio por expectativa de resultados futuros e a empresa concluiu que a vida útil do ativo permanece indefinida, a Cia Registrada, em junho de X3,

a) não fez nenhum registro.
b) reconheceu uma perda por desvalorização no valor de $ 30.000.
c) reconheceu uma perda por desvalorização no valor de $ 40.000.
d) reconheceu um ganho no valor de $ 20.000 decorrente da reversão da perda por desvalorização.
e) reconheceu um ganho no valor de $ 50.000 decorrente da reversão da perda por desvalorização.

Pré-impressão, impressão e acabamento

GRÁFICA SANTUÁRIO

grafica@editorasantuario.com.br
www.graficasantuario.com.br
Aparecida-SP